信任革命

WHO CAN YOU TRUST

信任的轉移與科技所扮演的角色

Rachel Botsman
瑞秋・波茲曼 著
林添貴 譯

紀念帕梅拉・哈特根（Pamela Hartigan），我的朋友及心靈導師。

各方推薦

在這本極其發人深省的新書中，瑞秋・波茲蔓運用專業知識，讓我們既長知識、又趣味盎然，她揭示我們的生活已經發生超乎我們可明瞭的變化。任何對世界如何運作感興趣的人都必須拜讀——在未來將會發揮作用。

——威爾・迪恩（Will Dean），最強泥人障礙賽（Though Mudder）共同創辦人兼執行長

這本書不僅非常有說服力。它透過對項目、企業和平台的一系列真實世界案例研究證明，如果明智地使用，分散式信任模式將提供巨大的前景——如果使用不明智，則會產生巨大的陷阱。為了未來好，雖然有時會出錯，它有可能重塑我們所做的一切，從我們選擇的保姆到我們選擇的錢。這是這本書提供的重要信息。

——安迪・霍爾丹（Andy Haldane），英格蘭銀行首席經濟學家

一項引人入勝且精心研究的分析。每位讀者都會對我們這個時代的一個重大問題有新的了解：信任正在轉變。

——周若剛（Geoff Mulgan），英國全國科技暨藝術基金會（Nsesta）執行長

對數位時代如何改變信任有深刻的見解，包含令人著迷、啟發新思的故事敘述。一本罕見的書，會讓你深入思考你的事業、你的關係和你的生活。

——唐·泰普史考特（Don Tapscott），《維基經濟學》和《區塊鏈革命》作者

一本精心研究和富有洞察力的書，探討了重要的文化和社會事實。在這個新時代，波茲蔓正確地挑戰我們，向我們提出對於誰、為什麼以及如何信任的令人信服的問題。強烈推薦。

——柯斯蒂羅（Tim Costello），澳洲世界展望會執行長

有人能啟迪我們，有人能讓我們會心一笑；瑞秋在《信任革命》一書兩者兼具，她提供我們對信任需求和信任防備的獨特見解。閱讀它可以既嚴肅又輕鬆，讓你有收穫。

——約翰·伊萊斯（John Eales），澳洲橄欖球史上最成功的隊長

信任並沒有萎縮，只是轉移，它的轉移正在改變世界。在這本引人入勝的書中，瑞秋‧波茲蔓掌握到所有的混亂和挑戰；所有的危險和機會。及時、清晰、文字優美。這是你今年必讀的最重要的書籍之一。

——理查‧葛洛夫（Richard Glover），《雪梨前鋒晨報》和澳洲廣播公司主播

就像「時間」一樣，「信任」是我們直觀就理解的現象，但幾乎無法解釋它。然而，在瑞秋‧波茲蔓的生花妙筆下，「信任」的概念——以及它在不同時期的變化——變得清晰易懂。瑞秋‧波茲蔓強調一個中心點：我們不能將個人責任「外包」給機器人、網絡或系統。在數位時代管理信任是人類面臨的挑戰。非常引人注目。

——西門‧隆斯塔夫（Dr. Simon Langstaff），倫理中心執行長

目錄

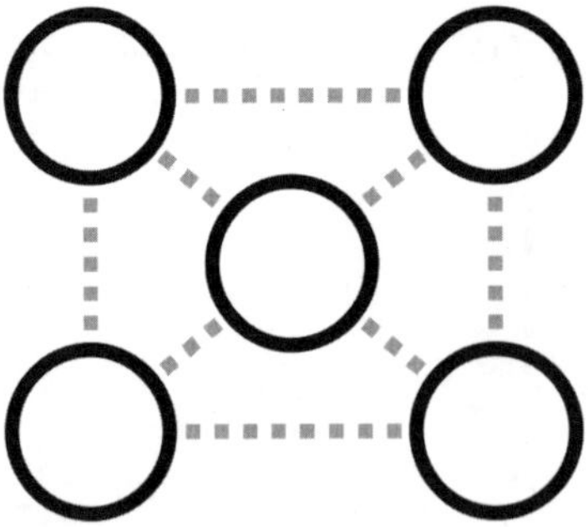

分散式信任（Distributed Trust）

個人彼此間橫向流動的信任，透過網絡、平台和系統而得以運作。

信任的演變

什麼是信任？
對於未知的人事物感到放心的關係。

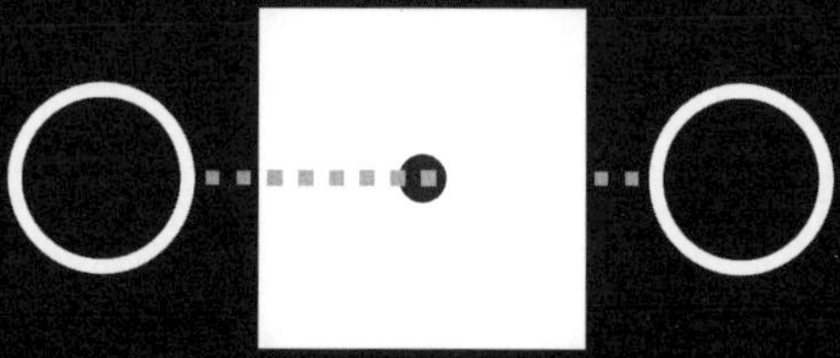

體制式信任（Institutional Trust）

向上流向領導者、專家和品牌的信任，並且貫穿法院、監理機關和公司等機構及中介者。（譬如，信任你往來的銀行會保護你的儲蓄）

地方式信任（Local Trust）

存在於小型、地方社群成員之間的信任，以及我們對熟悉的特定人員的信任。

「信任」關鍵字

閱讀本書前，先認識這些關鍵字，將有助於你了解書中內容。

信任阻礙者（Trust Blocker）

當涉及信任一個新想法或信任彼此時（例如：不相信自駕車將做出正確的安全決定），出現的障礙或交易破壞者。

信任赤字（Trust Deficit）

對企業、機構或社會缺乏信任，使其無法正常運作。

信任工程師（Trust Engineers）

設計數位系統和網絡，連接人們，並且建立或操縱分散式信任的人。

信任差距（Trust Gap）

已知和未知之間的空白。

信任影響者（Trust Influencers）

能夠不成比例地影響我們行事方法產生重大變化的一群人；他們訂定新的社會規範。

信任大躍進（Trust Leap）

信任大躍進發生於我們冒風險及從事某些新行為、或以全然不同的方式做事的時候。

信任停頓（Trust Pause）

在我們自動刷卡、點擊和將我們的信任給予某人之前，停下來思考的那段間隔時間。

信任傷痕（Trust Scar）

因信任破損而產生對體制、個人或品牌的傷痕，可能需要數十年或好幾世代才能癒合。

信任評分（Trust Score）

個人所有的行為都被評為正向或負向，然後以一個數值顯示此人整體是否值得信任的一種制度。

信任轉移（Trust Shift）

從地方式到體制式、再從體制式到分散式的歷史性信任演進。

信任訊號（Trust Signals）

我們在知情或不知情下用來決定某人是否值得信任的線索或跡象。

信任積木（Trust Stack）

信任構想，然後信任平台，最後信任其他人（有時候則是機器或機器人）的三階段過程。

信任真空（Trust Vacuum）

因為對傳統專家、領袖和菁英缺乏信任而產生的空間；這種缺乏信任使惡意者有機會趁虛而入。

信譽（Reputation）

別人依據過去經驗，長期建立起來的對你的整體意見。

信譽資本（Reputation Capital）

你在社群、網絡和市場中的信譽價值；這是個人或社群對你的信任程度的一種指標。

信譽足跡（Reputation Trails）

我們的行為或不當行為所留下的資料。

值得信任（Trustworthy）

某人幹練、可靠又誠實，因此值得我們信任。

前言

子貢問政。子曰：「足食。足兵。民信之矣。」子貢曰：「必不得已而去，於斯三者何先？」曰：「去兵。」子貢曰：「必不得已而去，於斯二者何先？」曰：「去食。自古皆有死，民無信不立。」

——《論語》〈顏淵篇〉

我結婚的那一天，華爾街爆發晴天霹靂。那一天是二〇〇八年九月十四日。我在紐約住了約十年，在下城一家「八里溪」（Eight Miles Creek）酒吧認識未婚夫克里斯。我們兩人都是城市佬，但是希望在鄉間有草地氣息的地點舉辦婚禮。幾經挑選，終於選定位於麻薩諸塞州伯克夏郡（Berkshire）迷人的老村莊新馬爾波羅（New Marlborough）的吉德尼農場（Gedney Farm）宴客。

我告訴爸爸，自己選了一座有翠綠草地和豐饒果園環繞的諾曼第風味、赤色馬廄做為場地，他說：「哦，你要在一座馬廄裡結婚喔？」接受了我的點子後，他認為我們應該乘坐舊式的馬車到場。我附和他這灰姑娘般的幻想，租了一輛由一匹灰色老母馬拖著的白色敞篷馬車，馬伕和侍從一應俱全。年邁的灰馬動作遲緩。但當天下雨，我這個新娘子竟然遲到。

來自全球各地、大約八十名賓客和近親友人，為新人祝福。在燭光和一串又一串愛迪生燈泡照亮下，這場相當傳統的婚禮，美極了。男儐相的祝詞有趣，食物可口，儘管我在沙拉裡找到一隻約莫小指大小的蟋蟀。

我處於一個古老體制的核心——以信任或終身承諾為基礎的婚姻——之中，同時，另一個體制——華爾街——卻爆裂了。我沉浸在婚禮的泡沫中，渾然不覺，直到晚上九點半左右才驚覺外在世界正在融化，我終於注意到，愛迪生燈泡柔軟的光芒與iPhone、黑莓機閃爍的藍光在競爭，許多賓客偷偷藉手機查看災情慘重到什麼地步。在銀行界服務的家人和親友試圖消化蜂擁而來的各項訊息。不可能發生的事果真發生了嗎？雷曼兄弟（Lehman Brothers）申請破產保護，美國商業銀行（Bank of America）和巴克萊銀行（Barclays）退出一項或許可以拯救這家一五八年老字號銀行的協議。而美林銀行（Merrill Lynch）同意以五百億美元賣給美國商業銀行，試圖避免財務危機。華盛頓互助銀行（Washington Mutual）、瓦科維亞（Wachovia）[1]和英國的HBOS銀行[2]隨時會應聲而倒。另一家巨型機構美國國際集團（American International Group, AIG）是信貸違約掉期交易市場（credit default swap

market）的前鋒，也岌岌可危。

兩三位朋友是摩根大通集團和高盛銀行的高階主管，接到「紅色警報」，必須先告退，回公司去參加緊急會議。翌晨股市開盤時一定會發生恐慌拋售事件，他們必須和時間賽跑，應付危局。其他一些賓客精神緊繃的喝酒、強顏歡笑，不知道明天要如何處理業務。我們跳著**Horah**舞，這是傳統的猶太婚禮儀式，我這個新娘子坐在椅子上、被抬高，而新郎倌被擺進一張白色大桌布、危險地拋向空中。這又是攸關信賴的時刻。賓客圍繞著我們，鼓掌、歡呼「喔！喔！喔！」。同一時刻，有史以來最強大的全球金融危機正在醞釀大風暴。

當然這就是全球金融體系自從經濟大蕭條以來最接近崩潰、許多企業墜崖、地動山搖的開端。現在我們已經知道，這次崩潰造成的經濟影響將在未來吞噬世界好幾年。但是，我結婚

譯注

1 瓦科維亞（Wachovia）原本依資產總值計是美國第四大金融控股集團，二〇〇八年金融風暴後由富國銀行（Wells Fargo）併購，整個品牌於二〇一一年完全消滅。

2 HBOS是英國一家從事銀行及保險業務的公司，成立於二〇〇一年，是由哈利法克斯有限公司（Halifax plc）和蘇格蘭銀行（Bank of Scotland）合併後的銀行，為英國第五大銀行，同時也是英國最大的不動產抵押貸款放貸銀行。HBOS不是任何英文字的正式縮寫，但一般認為它代表蘇格蘭哈利法克斯銀行（Halifax Bank of Scotland）。二〇〇八年金融風暴後，HBOS於次年一月由駿懋銀行集團（Lloyds Banking Group）併購。

那一天，雖然充滿傳統風味，也代表某些更深刻事物——民眾對體制的信任——的瓦解。

這項危機其咎在誰？主要原因何在？這些問題是成立來調查金融界大崩壞的「金融危機調查委員會」（Financial Crisis Inquiry Commission, FCIC）追究的中心議題，答案很確鑿。厚達五二五頁的調查報告提出的結論是：「危機是人類的作為和不作為的結果，不是大自然或電腦模式出了岔錯。套用莎士比亞的字詞，其咎不在星球、咎在我們。」換句話說，這次崩潰是「可以避免的」人為災禍。

聯邦的調查痛批監理機關難堪的失職，報告逕稱他們有如「棄守崗位的哨兵」。矛頭指向聯邦準備理事會沒有質疑泛濫、過當的質押貸款，過度依賴短期負債，過度包裝和轉售放款，以及漠視其他許多紅旗行為。然而，根據調查報告，罪魁禍首不是有毒的財務工具，而是驅動它們的人類過失：魯莽的冒險、貪婪、無能、愚蠢，以及當責（accountability）和倫理制度產生系統性的瓦解。

失去信任，等於對「制度」本身失去信心和信念。如果制度都辜負了我們，我們還應該相信什麼？我們還能依賴什麼人或什麼事？我們開始擔心還有什麼會出岔錯。還有什麼我們還不知道的缺陷可能潛伏在制度中？恐懼、猜疑和失望是傳播極快的致命病毒。信任爆炸的初步震央可以理解，就在銀行。但是它並未停止於此。自從危機以來，其他醜聞、其他揭露已讓我們看到不信任的波瀾已經遍及政府、媒體、慈善機構、大型企業，甚至宗教組織。

就和某些過於誇大的肥皂劇或傑可賓黨悲劇（Jacobean tragedy）的劇情一樣，不符倫理行為的事件已經不知收斂，從不加掩飾、甚至犯罪行為，進展為純愚蠢、可悲的例行公事。每一次都損害到公眾信心。英國國會議員的報花帳醜聞；關於大規模毀滅性武器的虛假情報；特易購（Tesco）的攙混馬肉風波；大藥廠的價格作弊；英國石油公司深水水平鑽油平台（Deepwater Horizon）的漏油事件[3]；國際足球總會（FIFA）收賄的醜聞；福斯汽車的廢氣排放醜聞[4]；新力索尼（Sony）、雅虎和標靶百貨（Target）等公司的數據遭駭；巴拿馬文件和一連串的逃漏稅事件；世界幾家最大銀行的操縱匯率事件；巴西國營石油公司（Petrobras）的石油醜聞；對難民危機缺乏有效的對策；以及未必是最後醜聞的驚爆消息：天主教神父、其

譯注

3 英國石油公司在美國路易西安那州外海四十英里處，以深水水平鑽油平台向海底鑽採石油，不幸於二〇一〇年四月二十日出事，平台起火延燒多日終於沉沒，造成十一死、十七傷；漏油對墨西哥灣造成的生態汙染嚴重程度為美國史上之最。

4 美國聯邦環保署在二〇一五年九月查出福斯汽車公司在大批汽車的柴油引擎發動機控制器裝置軟體，在官方驗車時自動調整相關參數，俾能通過廢氣排放標準；但是實際上這些車輛排放的廢氣超標十倍至四十倍。

他教士和其他「照護」機構廣泛的胡作妄為。難怪連篇累牘的頭條新聞惋嘆再也沒有人相信權威。貪瀆腐敗、菁英主義、經濟貧富懸殊——以及對上述種種事件反應荏弱——已經重挫舊體制內的傳統信任，彷彿狂風無情地摧擊古老的橡樹。

重要的是，這項危機正發生在科技快速轉換和演進的背景下，從人工智慧到自動化到物聯網。我們在日常生活中相信演算法勝過相信人類，無論是相信亞馬遜（Amazon）的推薦去選擇讀物，或是相信「網飛」（Netflix）的建議去觀賞影片。這僅是開端。我們即將坐上自駕車到處走動，把性命放心地交付給看不見的科技之手。

與此同時，許多人感到變化的速度排山倒海而來，現在只需可刷卡或按鍵即可獲得大量知識，搞得他們手足失措，以至於他們退回到迴聲室效應（media echo chambers），[5]縮小信息範圍，並強化既有的信念。變得更容易忽視、或根本不去正視相反的觀點。儘管科技有種種正面功能，卻也意味著造假和「假新聞」能夠透過沒有檢查的網路，迅速地以無法制止的動力散播開來。事實上，大規模的網路錯誤訊息，以及數位野火的可能性——二〇一六年被世界經濟論壇（World Economic Forum）列為我們社會最大的危險之一。這些迴聲室效應和錯誤訊息的結果是什麼？我們的恐懼被證實，其實經常沒有根據。我們的憤怒被放大。不信任的循環也被擴大。總而言之，我們對許多體制的信念已被牽引到一個十分重大的轉折點。

的確，近年黯淡的民調數字會讓任何政客和企業領袖嚇出一身汗。過去十七年，全球通訊公司艾德曼（Edelman）每年進行「信任度測量」（Trust Barometer）調查，向二十八個國家三萬多人徵詢他們對不同機構的信任程度。二〇一七年報告的標題赫然就是：「信任陷入危機」。對於政府、傳媒、企業和非政府組織這四大機構的信任，全都創下史上最低紀錄。傳媒遭到最沉重打擊，在所有受測國家中不受信任高達82％。英國人民信任傳媒的人數，由二〇一六年的36％，跌到二〇一七年僅剩24％。艾德曼這家公關公司的總裁兼執行長理查・艾德曼（Richard Edelman）說：「人們視傳媒為菁英的一部分，但最終還是成為自我吹捧的媒體，以及依賴同儕互相哄抬的媒介。」換句話說，這不過是從已經認識的人強化我們自己已經相信的東西。

英國脫歐公投和川普當選美國總統，是出自歷史上最大的「信任轉移」（trust shifts）的

譯注

5 迴聲室效應在媒體上是指在一個相對封閉的環境中，一些意見相近的聲音不斷重複，並以誇張或其他扭曲形式重複，以致處於相對封閉環境中的大多數人認為這些扭曲的故事就是事實的全部。在現代社會中，由於互聯網的應用、社群媒體的發展，使得這個現象更加深刻，因為部分商業網站會根據使用者搜尋結果紀錄提供相類性質的網站資料。

第一波嚴重症狀：從一塊巨石化為個體化。信任與影響力現在以人為本——即依賴家庭、友人、同學、同事，甚至陌生人——大過依賴由上而下的菁英、專家和權威。這是個人重要性勝過機構的時代，顧客是界定品牌的社會影響者。

針對體制系統有瑕疵的結構和規模，以及誰在經管它們，提出挑戰性的質疑，我們正走向另一個具挑戰的現實。過去，體制的信任（Institutional Trust）在信念的驅使下，維繫在少數人手中，關在密室進行，它不是設計來運用在數位時代。

它也不是設計來在激烈透明化、維基解密（WikiLeaks）和Cryptome[6]的時代運用，新時代的政客和企業執行長必須假設自己是在透明玻璃之後運作。想要遮掩任何事物，可說是高風險的賭博。公關吹捧再也不能遮掩齷齪的祕密或密室協商，暗盤的世界已經不管用。且以最近幾個舉世瘋傳的「私人」事務為例：婚外情交友網站艾希禮．麥迪遜（Ashley Madison）用戶的敏感資料；圖靈製藥公司（Turing Pharmaceuticals）有關其藥品定價的掠奪作法[7]之內部電子郵件；山達基（Scientology）[8]的祕密手冊；希拉蕊．柯林頓的電子郵件；甚至英國女王和倫敦大都會警察局長對於中國官員來賓的粗魯無禮，在私家庭園的私下對話也全都見光。

它不是設計來運用在人們可以在Airbnb、Etsy和阿里巴巴等平台直接交易的時代。它不是設計來運用在五年之內、預計半數勞動力將是「獨立工作者」——如自由投稿作家、合約承攬人和臨時雇員——的時代。它不是設計來運用在我們已經變成依賴臉書和谷歌等科技巨擘的時代，它們代表新型式的「網路壟斷」和平台資本主義。它不是設計來運用在我們希望能夠一刷螢幕或一敲鍵就能親自控制一切的文化，包括要控制我們的銀行戶頭到我們的約會對象。

因此，我們應該哀悼喪失信任嗎？也對、也不對。因為事實是：不論頭條新聞報導怎麼說，這並非一個不信任的時代——根本不是。把社會黏合在一起的信任，並未消失。它只是轉移了——它的影響，從雇用保姆，到經營事業，對每件事的影響無遠弗屆。

譯注

6 Cryptome是約翰．楊格（John Young）和黛柏拉．納西歐斯（Deborah Natsios）兩人在一九九六年成立的一個基金會；它的網站專門蒐集有關言論自由、隱私權、加密技術、軍民雙用科技、國家安全、情報、政府機密等相關訊息，是個著名的爆料網站。它以公布查出賓拉登下落的中央情報局分析官員、早年和東德情報機構Stasi勾結人士的身分而聲名大噪。它也重新整理發布愛德華．史諾登（Edward Snowden）已經揭發的美國國家安全局偵監作業機密文件。電子前哨基金會（Electronic Frontier Foundation）這個維護互聯網公民自由的國際民權組織，對Cryptome讚譽有加。但也有人批評 Cryptome，認為它 po 出的文件助長恐怖分子。《紐約時報》指責Cryptome 登出的地圖和照片暴露「國內基礎設施的罩門」，形同「向恐怖分子通風報信」。

7 瑞士圖靈製藥公司在二〇一五年取得醫治弓蟲症（Toxoplasmosis）的藥品達拉匹林（Daraprim）、即乙胺嘧啶（Pyrimethamine）的權利之後，把藥價抬高五十四倍，備受各方抨擊。

8 山達基另有非正式的中文譯名「科學神教」和「科學教」，是由美國作家胡巴德（L. Ron Hubbard）在一九五二年創立的一套信仰與修行活動的體系與宗教。但是它有時候被人批評是邪教。

過去十年，我一直在研究科技如何劇烈改變我們對信任的態度。二〇〇八年，我開始寫第一本書《我的就是你的》（What's Mine is Yours），討論所謂的「合作經濟」或「共享經濟」。我非常著迷科技竟然能夠解放閒置資產——汽車、房子、電鑽、技能、時間——的價值，但是我最著迷的是信任的元素，即究竟科技如何使我們願意從事過去可能視為有點詭異或高度風險的行為。

即使當時讓陌生人住進別人房子、建立一個市場的概念，似乎挺滑稽的。但今日，共享住宿市場Airbnb，價值估計已在三一〇億美元左右，使它成為全世界第二最有價值的投宿品牌。在二〇〇八年，仍然很難看到鉅細靡遺的線上描述，竟能給人信心願意搭乘陌生人以其自家汽車所經營的搭車服務。今天，優步（Uber）的價值估計約六八〇億美元，使它躍居全世界最大公司之一，比聯邦快遞（FedEx）、德意志銀行（Deutsche Bank）或克拉夫食品公司（Kraft Foods）還大。此外，線上交友配對應用軟體，如Tinder的大爆炸，每天點擊的平均數字超過十四億次，每天成功配對二千六百萬對。這些只是信手捻來的例子，告訴我們網上工具使我們能有面對面的互動，把我們最有價值的財產、經驗，甚至性命，以過去難以想像的方式交付給陌生人。

我們問一下自己：為什麼有人說他們不信任銀行家或政客，可是卻信任陌生人，願意與陌生人共乘？

有一個傳統的解釋是：人們在接受調查時不一定說老實話。可能是如此，但是這一「信任矛盾」（trust paradox）一定還有其他原因。我直覺認為還有更深沉的原因。信任會不會就像能源，不會被消滅，只是改變形式？

《信任革命》這本書描繪一個理論，大膽宣示我們處於人類史上第三次、也是最大的信任革命的開端。當我們注視過去，我們可以看到信任落入不同的篇章。第一是地方式（local），我們住在小型地方社群範圍之內，社群裡彼此認識。第二是體制式（institutional），一種經過中介的信任，透過各種合約、法院和企業品牌，把商業從地方性的交易釋放出來，為有組織的工業社會建立必要的基礎。第三次仍在嬰幼期，就是分散式信任（distributed trust）。

信任轉移未必就是舊式信任被完全取代；它只是新形式信任變得更具主導力。譬如，一個小型莊稼社群可能在某些事務上繼續依賴數百年來的地方式信任，但是更加傾向以新的市鎮法庭處理其他事務。

原本往上流向仲裁者和規範者，流向權威和專家，流向監督者的信任，現在也平行流動，有時候流向我們同胞，有時候流向程式和機器人。信任已經出現變化。舊日的權力來源，專業知識和權威，不再握有一切王牌或甚至掌握叫牌權。它的結果，姑且不論是好是壞，都不能低估。

共享經濟爆炸性地成長，是「分散式信任」發揮起來的一個教科書範例。但是這個理論也是通往理解類似暗黑網路的平台快速演化的道路，在暗黑網路上的消費者很樂於從「不值得信任」的中間人手中買下大麻菸、乃至AK-47步槍等東西。暗黑網路和數位運行的運用軟體你儂我儂的新時代，乍看似乎沒有太多共同點，其實它們具有相同的根本原則——人們透過科技，可以信任其他人。

分散式信任說明了為什麼我們現在狂熱地評比每樣東西，從餐廳到聊天機器人、到優步司機（以及為什麼乘客也被評分），幾乎立刻協助打造各種企業的興衰，同時也建立「信譽足跡」（reputation trails），一個錯誤或行為不檢，有可能一輩子跟著我們。

分散式信任幫助我們了解為什麼數位加密貨幣，如比特幣和乙太幣可能成為未來的貨幣，以及區塊鏈（讓這些加密貨幣虎虎生風的記帳本科技）如何可以用在從追蹤食物或血腥鑽石的源頭、到不需借助地產經紀出售房子等多樣事物。

分散式信任幫助我們了解我們為什麼以及如何信任訓練有素的機器人，無論它們是提供關係建議、處理停車罰單、訂購壽司，還是告訴我們是否得了癌症。

事實上，我認為真正的中斷不是技術本身，而是它創造出來的巨大的信任轉移。

分散式信任不僅僅是技術自由主義（techno libertarianism）的一種新的、理想主義的風格。這本書有許多故事展現它如何可以產生負面、黑暗或災難的後果——歧視、盜竊、甚至死亡。是的，科技可以擴大信任圈子，解開潛力合作、並與不熟悉的陌生人連結，但是它也能夠豎立和強化我們之間的界域。評比和檢討可能使我們更加負責，甚至更善待人類同胞，但是我們越來越依賴它們，也代表某些人會被永遠貼上黑標籤，淪落到數位煉獄去。而且，當我們急欲去舊迎新時，我們可能會太輕易、把太多信任擺放在錯誤的地方。

現在越來越清楚的是，體制的沒落，不論是真實或捏造，使許多人危險地接受替代方案，並且準備投下毫不懷疑的新信任，有些人會說一些非常可疑的、疑似仲裁者的話。分散式信任遠非萬無一失，真正重要的問題是倫理和道德，而不是技術。

本書頭兩章提出一個簡單的問題：我們怎麼會走到今天這步田地？它們解釋為什麼信任如此重要。接下來三章探討使「分散式信任」成為可能的三個條件——信任新思想、信任平台，以及信任其他人或機器人。這一部分說明如何調適，以及在新時代建立信任；以及在失去信任時該怎麼辦。嚴肅的是，它提問：當信任不再集中化而是分散時，誰該負責任。

本書其他章節也深入暗黑網路深邃之處，試圖了解為什麼信譽非常重要，甚至古柯鹼毒犯都得盜亦有道。它（信譽）進入在中國興起、歐威爾式的信任評分制度，它可以從決定公民的工作，甚至到是否能買火車票或飛機票等一切事物。

最後幾章探討我們的數位未來，尤其著重我們在人工智慧上快速演進的信任。如果我們養成信任智慧機器的習慣，是否會更難和人類建立信任關係？備受稱頌、探討的區塊鏈，這個數位帳本是否真如許多狂熱分子聲稱，將成為「價值互聯網」？大型銀行最後會「接管」此一原本設計來切斷中間人的科技嗎？

因新科技而能力大增的分散式信任正在重新改寫人類關係的規則。它正在改變我們看待世界和彼此的方式，使我們回歸到類似舊日村莊的地方式信任模式，只不過現在社群的規模是全球性的，它某些隱形的轡繩是由互聯網巨擘在牽拉。現在遠比任何時刻更嚴峻，必須了解此一新信任時代的影響：誰將獲利、誰將失利，以及後果將是什麼。

為什麼？因為若無信任，若對如何建立、管理、失去和修復信任沒有了解，社會無法存活，它也肯定無法欣欣向榮。信任幾乎是每種行動、關係和交易的根基。新興的信任轉移不只是科技令人目不暇給的勃興，或是新商業模式興起的故事，它更是一種社會和文化革命。它和我們息息相關。它非常重要。

1 信任大躍進

從十一世紀的貿易商到阿里巴巴——信任如何跨越障礙，平息恐懼並顛覆各種不可能。

二〇一四年九月十九日星期五，是華爾街歷史性的一天。從美東標準時間上午九點三十分開盤那一刻起，有一家公司股價一飛沖天。這家公司名叫阿里巴巴（Alibaba）。這一天股市收盤時，這家中國電子商務巨擘的市值為令人咋舌的二三一〇億美元。這是紐約證券交易所有史以來最大的全球首度公開上市募集金額，讓臉書此一知名的巨獸甘拜下風，即使阿里巴巴強大的對手亞馬遜也望塵莫及。一夕之間，五十歲的中國商人、阿里巴巴創辦人及現任董事長馬雲，成為非常、非常富有的人。

當天街頭有一大堆群眾排隊，也有一大堆人擁入紐約證交所，希望一睹這位傳奇創業家的廬山真面目。他被當作搖滾巨星歡迎。馬雲對一千多位歡呼的愛慕者宣稱：「我們今天籌募到的不是金錢，而是人們的信任。」

然而，當天在紐約證交所敲響著名的開盤鐘聲的，並不是這位有奇幻魅力、活力充沛的創辦人。馬雲讓阿里巴巴八位顧客（其中五位為女性）上台開啟當天的交易。他要展現他的確恪遵自己的座右銘：「顧客第一，員工其次，股東第三。」勞麗詩是在阿里巴巴網站做生意的數百萬名小商家之一，她銷售木珠項鍊，也是中國前奧運跳水金牌選手。另一位彼得·維布魯吉（Peter Verbrugge）是位美國農民，目前保持透過阿里巴巴賣出最多櫻桃的紀錄。在紐約證交所敲響開盤鐘聲的顧客，代表馬雲極重視的東西——阿里巴巴改造了中國各行各業買賣千奇百怪商品的方式，從衣服和尿布到活生生的純種奶山羊和冷凍雞爪，充氣性伴侶娃娃、甚至自行墮胎組具，通通能夠透過阿里巴巴賣給全世界的人。

但是馬雲的故事不僅是令人驚羨的赤手空拳、堅持百忍、拚搏致富。它也代表了不起的一項壯舉，此成績是建立微妙的信任。

要成功創辦一個需要買賣雙方相互信任的網路商場，極其困難，馬雲最了不起的是，他在中國創造電子商務的成功。傳統上，中國是個講求「關係」概念的社會。在商業上及個人生活上，信任存在於相同「關係」的人之間，譬如家庭、親友和同鄉。換句話說，是他們長久相識的人，而不是在所謂互聯網這個遙遠星球上的陌生人。事實上，不信任個人人脈之外的人是普遍的現象，但這可能造成文化障礙和企業障礙，因為人們會避免建立沒有親密連結的新關係。

我在二十五歲時第一次到上海出差。有一家著名品牌想要進軍亞洲市場，我是顧問諮商團隊的一員。頭一星期，我們和中國客戶有一系列的飲宴交際。圍著大圓桌，不論午餐或晚宴，美食珍饈一道又一道，大夥兒頻頻乾杯、暢飲啤酒。餐會氣氛熱絡、一片融洽，但是到了第三天，我開始暗忖，什麼時候才會進入主題，辦正經事呀？我非常不敏感，不知道中國生意人在關係開端時，花費相當時間社交、摸底，是一件非常重要的事情。哥倫比亞商學院教授保羅·殷格蘭（Paul Ingram）專門研究社會網絡；他解釋說：「在西方，我們往往把從心裡頭的信任（基於情感的信任）保留給家人和朋友，把從腦袋的信任（基於認知的信任）保留給商業夥伴。但在中國，即使在商場中，基於情感和認知的信任也是高度糾纏在一起的。」這在中國尤其真確，只有在事先投下許多時間證明你值得信任之後，別人才會信任你。

馬雲要面對的挑戰就是這一點。他決定要粉碎這個固若磐石的常規。

馬雲在毛澤東推動文化大革命那段期間成長於上海西南方約一百英里的杭州。家裡三個孩子，他排行老二，父母親是傳統音樂劇場的表演者。馬雲承襲了他們對表演的愛好。他日後有名的一個舉動是在公司內部活動中，戴上精緻的假髮、穿上皮衣，唱出《獅子王》（Lion King）的主題曲。

馬雲在學校功課並不出色，卻很機靈。從小他就了解精通英文的重要性。尼克森總統一九七二年訪問杭州後，各地遊客湧入該地欣賞美麗的西湖、寺廟和庭園。馬雲每天把鬧鐘訂在上午五點，起床後騎腳踏車到杭州賓館。他和遊客以英語攀談，自願免費帶領遊客四處觀光。這一幹就超過九年。馬雲說：「這些西方遊客打開我的思想，因為他們說的種種故事都和我從學校和老師那裡聽來的不同。」

多年下來，馬雲結交了許多遊客，其中有位美國年輕女郎便建議他取個英文名字。她丈夫名叫傑克，父親也叫傑克。因此，馬雲就成為馬傑克。

馬雲在二〇一四年一躍成為中國頭號首富，身價超過一九五億美元，以面對失敗、永不氣餒的毅力、強大的雄心壯志，以及另一種極重要的信任——信任自己，晉升到此一高大的地位。他十次申請哈佛大學入學許可，十次被拒。（有誰會申請十次？）他兩度參加中國全國高等學校入學考試，兩次鎩羽。當他終於在一九八八年以英文專業畢業後，獲任學校教員。為了彌補區區三美元的週薪，他在杭州街頭買賣塑膠地板。打從骨子裡，他就是個生意人。

一九九〇年代初期，中國的經濟穩定增進，意識型態障礙消除，馬雲決定辭去教職。他申請三十多個不同的工作，通通不被錄取。當他申請當公安警察時，考官簡單明瞭告訴他：「你不夠好。」馬雲在達沃斯（Davos）世界經濟論壇（World Economic Forum）演講時承認：「肯德基炸雞來到中國時，我也去應徵。二十四個人應徵，二十三個人錄取。我是唯一不獲錄取的那一個。」

一直要到一九九五年初次訪問美國，他的人生才開始轉運。馬雲在一年前開辦杭州海博翻譯社（Hangzhou Hope Translation Agency），此時前往美國，幫助一家中國公司解決他們和美國夥伴之間的財務糾紛。這趟行程變成恐怖經驗——他奉命去交涉的老美是個騙子，此人亮槍威脅他。後來他折回西雅圖，借住在朋友史都華．崔斯提（Stuart Trusty）的家；崔斯提經營的VBN公司是美國第一批互聯網供應公司之一。馬雲注意到他朋友桌上有個神祕的灰盒子，配著一個螢幕。他心裡頭想，這是什麼玩意呀？崔斯提向他保證：「傑克呀！這不是炸彈。它是電腦，你想知道什麼，它都可以替你搜尋。」

馬雲慢慢地在鍵盤上輸入「Beer」（啤酒）這個英文字。他不記得為什麼挑選這個字，可能是拼字容易吧！螢幕上出現一堆德國啤酒、美國啤酒和日本啤酒，但是毫無中國啤酒的蹤影。他又敲進「啤酒」和「中國」這兩個字。還是沒有結果。請注意，這是一九九五年。網景（Netscape）才剛創辦，雅虎（Yahoo）還在襁褓期。谷歌（Google）要在三年之後才創業。這還是非常痛苦、緩慢的撥號互聯網時期。縱使如此，馬雲已經意識到箇中商機無限。

回國之後，馬雲開辦中國黃頁（China Pages），為中國企業服務的網路黃頁查詢。他說：「我們和網路連線當天，我邀請朋友和電視台人員到我家……我們等了三個半小時，才完成半頁。我們一邊喝酒、看電視、打牌，一邊等。但是我驕傲極了。我向『一屋子的客人』證明互聯網是存在的。」馬雲後來把這家黃頁事業脫手，以價值人民幣一百萬元（約值十四萬八千美元）賣給國有的杭州電信公司；當時這是一筆極大的金額。接下來，他前往北京，向對外貿易及經濟合作部建言，提出如何讓中國企業發展「電子商務」的方法。他說：「我的老闆希望利用互聯網控制小企業，但是我想要利用互聯網幫助小企業增益能力。」馬雲真正想做的是開創事業。

馬雲革命性的觀點是協助改造中國整個出口經濟，把中國中小型企業和西方顧客連結起來，把西方公司和無數的中國工廠串連起來。當時亞馬遜（Amazon）和電子灣（eBay）已在美國創業，但是中國境內還沒有類似的公司。

今天，全中國80％以上的網路交易物品，均是透過阿里巴巴旗下各個網路市場進行。它那蜘蛛網般的企業總部就在馬雲的家鄉杭州，占地超過十五萬平方公尺，有庭園和寬敞的開放空間辦公室。總部容納數萬名員工和其他後來馬雲相繼創辦的企業。他底下的「淘寶公司」（Taobao），創立於二〇〇三年，它就像電子灣，任何人都能夠透過它把任何東西直接賣給買家。但是它更像是跳蚤市場，你可能碰上價廉物美的東西或是奇珍異寶，譬如活毒蠍，或是賣家用自己的奶汁製造的肥皂。全中國有數百個「淘寶」村，它們的經濟大半是依賴民眾在此一平台上出售地方產品。

接下來他在二〇〇八年又創辦天貓商城（Tmall），這家網路商城等於是巨大的百貨商場，把全球知名品牌——從迪士尼（Disney）到巴寶莉（Burberry）——的商品直接出售給中國消費者。阿里巴巴集團每年有四億三千萬個活躍的買家，而中國每三個人就有一個人從這個商場購買東西。

二〇一四年九月，阿里巴巴股票首度公開上市交易的那一天，活力十足的馬雲對他公司立下的歷史里程碑興高采烈。他當時接受媒體訪問，有個字詞一再出現。馬雲說：「信任。請信任我們，信任市場，信任年輕人。信任新科技。世界已經變得更加透明。你所擔憂的一切，我在過去十五年已經擔憂過。」馬雲毫不停頓，又說：「當然，信任必須去贏來。因為當你信任了，一切就簡單了。如果你不信任，事情就複雜了。」他在一分鐘之內，不下八次提到「信任」這個字詞。

打從一開始，馬雲就知道建立信任的重要性，尤其是在中國的文化裡——這也是他不斷提到這個字詞的原因。我們稍後會再談到他如何建立信任。但是首先我們要解開信任這個概念。馬雲可能跟我們大家一樣，也難以界定它——當我們談起「信任」時，確實的意思是什麼？它會打開什麼樣的門？

信任不是一種精緻的東西，一種生活中可以選擇的附加物品。我們日常生活的許多活動都得依靠它。除非我們信任別人，否則怎能吃飯、開車、工作、採買、搭飛機、看醫生、細說內心祕密？政治學者艾瑞克．烏斯蘭德（Eric Uslaner）說：「信任就是社會生活的雞湯。」

舉例而言，當我點購外賣壽司時，我必須信任餐廳會使用新鮮的配料，廚房會乾淨，他們不會盜取我信用卡上的個人資料，送餐員不會帶著我的晚餐跑了。信任使我們能有大大小小的合作動作，積漸起來就是增進經濟效率。諾貝爾經濟學獎得主、美國學者肯尼士・亞羅（Kenneth Arrow）曾經提到：「實際上每個商業交易其中都有信任的元素，當然，任何交易都需要花費一段時間進行。所以可以合理地認為，世界經濟落後的大部分原因是因為缺乏相互信任。」

信任使我們感到有充分信心可以冒險，打開自己、接受弱點。它代表我們在知道確切結果、或是別人會怎麼動作之前，就向某人做出承諾。這也適用在其他事情上，譬如小至訂購壽司，大至結婚這種終身大事。如果在我們購買或是做任何事之前，就覺得我們將會上當被騙或被占便宜，恐怕很少事情能夠持續推進。

社會科學家、心理學家、經濟學家和其他人把信任當作一種近乎神奇的經濟靈丹，使社會團結、經濟前進的黏著劑。這一部分，眾議咸同。然而，信任的定義多年來普遍有爭辯。事實上，對信任定義的學術論文，其數量多過對其他任何社會學概念的討論。

信任明明不是一種結構或實體的東西（除了可能出於握手一言為定，或書面合約的形式），我們卻說它是「建立」或「摧毀」，似乎有點奇怪。但它就像「幸福」或「愛」這些字詞，我們往往把它們視為普世的想法。信任也和愛一樣，有許多面貌。它不像某種可以預測的引擎，有一份手冊，只依據特定方式運作。信任隨著情勢、關係的差異而不同。簡單地說，信任是高度涉及情境因素的東西。

「那麼，信任這個字詞，對你具有什麼意義？」

這是過去五年我向數百個人提出的問題。這些人包括創業家、政治人物、大公司領導人、科學家、經濟學家、銀行家、設計師、學者、學生，甚至五歲小童。他們的答案五花八門。這個問題通常會使對方停頓一下，然後發出「嗯，我認為」的聲音。他們會說：「這很難界定，對不對？」是的，的確很難界定。信任，對不同的人，有不同的定義。我得到的最誠實的答案，有點諷刺意味，來自一位保險經紀人。他說：「沒有清掉通話紀錄，就把電話交給我太太！那就是信任。」

許多人認為信任就是很有信心地依賴別人。譬如「信任就是可以依賴我的丈夫／醫生／朋友」。在這種情況下，信任指的是針對特定人的一種屬性，通常特定人是我們熟悉的人。我們越和一個人長期互動，我們就會越有信心他們將會如何行為，他們是值得信任的。這種信任叫做個人化的信任（personalized trust）。

普遍化的信任（Generalized Trust）是我們對可識別、但不知其名的群體或事物的信任。我在牛津大學薩伊德商學院企管碩士班的一名學生說：「信任就像一份合同，保證一種結果。」譬如，我信任郵局會派送我的信件。把這兩種不同的信任混在一起，也很常見。譬如，我或許對我銀行的經理有高度的個人信任，但是對我的銀行做為金融機構，卻只有脆弱的信任。

我最喜歡的一個有關信任的定義，來自我兒子的一位朋友。他當時只有五歲，來我們家玩。我兒傑克在喝茶時告訴他，我正在寫一本書。這群小朋友很失望我沒寫類似《星際大戰》（Star Wars）或《哈利波特》（Harry Potter）的書，但還是問一些有趣的問題。我問他們，他們覺得信任是什麼。這個孩子一口氣就答覆：「信任就是賣冰淇淋的說他要給你冰淇淋，他給你冰淇琳是因為他要給，我不用擔心他不給我冰淇淋。」哇！從一個小娃口裡說出來！事實上，它很接近著名的德國社會學家尼克拉斯．魯曼（Niklas Luhmann）給的定義。魯曼寫說：「信任就是對一個人的期待有信心。」

我是全國道路暨汽車駕駛人協會（National Roads and Motorists' Association, NRMA）的理事。這是澳洲最受信任的品牌之一，它就像美國的美國汽車協會（American Automobile Association, AAA），或英國的皇家汽車俱樂部（Royal Automobile Club, RAC）；基本上，假設你的車子拋錨了，無論你位於何方，它會派人來幫你拖吊或修車。最近，有位婦人打電話到 NRMA 呼叫中心。聽起來，她非常苦惱。她呼吸急促，顯然也哭了。原來，她在公路上開著車，突然驚覺剛經過前幾年兒子出車禍慘死的現場。她把汽車停到路邊，驚惶失措起來。她

第一通電話就打到NRMA。路邊急救人員在幾分鐘內找到她，陪她坐在哪兒兩個多小時。他們一起聽收音機、談她已故世的兒子。他一直等到她覺得自己能開車了才離開。我聽了這故事，非常感動，但也很好奇去打聽，她為什麼打電話給NRMA？她的車子沒有故障啊。為什麼她沒打給警察、救護車、她老公或同事？她的答覆是：「我知道你們會派人來。」這就是信任。

我所研究的好幾百個對信任的定義，絕大多數可以歸納為一個簡單的道理：信任是對結果的評估，評估事情有多大可能順利。換句話說，當不良後果的可能性很低時，就會培養出信任。五歲小娃說的沒錯。五歲小娃往往比成年人更能自然信任他人，他沒有太多失望或擔心結果的經驗。就成年人而言，信任變得更加複雜，它不但在心裡盤算、也在頭腦裡打轉。莫頓・德意奇（Morton Deutsch）說得好，信任是「有信心你會從另一個人那裡得到所期望的東西，而非所害怕擔心的東西」。信任是我們的最高希望和我們的最深憂慮的混合。

如果你翻找有關「信任」這個字詞的圖像，會出現各種各樣的圖案，通常圖案中會出現某種潛伏的危險。譬如，人們在表演空中飛人。兩隻手，伸出去抓住對方、但還未接觸到。下墜中的一方依賴另一個人——通常是伸出雙臂——試圖抓住他。有一隻獅子睡著，而一隻老鼠在離獅子鼻子幾公分的地方遊走。這之中有一個共同點，就是存在著一個發生未知事件的灰色地帶。這些圖像傳達了強大的信任因素：脆弱性和期望。

想像一下，你和未知事件之間存在著一個差距：當你依賴一個陌生人、去一家不曾去過的餐廳，或者第一次搭乘的自駕車，已知和未知之間的差距就是我們所說的風險。實際上，風險可以定義為針對重要的不確定性進行管理。但是有些不確定因素，根本無關緊要。譬如，如果我是英格蘭的農民，大雨的可能性就是對我的生計至關重要的一種不確定。但是，如果我在中國管理一家製衣廠，英格蘭天氣的不確定性就無關緊要。如果沒有未知數，如果我們能夠保證結果，就沒有風險。譬如，我們肯定知道太陽會在早晨升起。

信任和風險就像兄弟姊妹一樣。信任是把你從已知和未知之間的差距拉近的強大力量；正如耐吉球鞋（Nike）所說的：「做，就對了」（Just do it）。它就是已知和未知之間的橋梁。也因此我對它的定義很簡單：信任是對未知數有信心的關係。（如左圖）

當你透過這個稜鏡看待信任，它開始說明為何它能使我們對付弱點、信任陌生人或繼續向前走。它顯示為何充分信任是馬雲等人創新及創業成功的關鍵成分。蘋果電腦、亞馬遜和網飛等公司不斷挑戰假設，甘冒風險，允許它們員工進入陌生水域尋找新構想。但它們也曉得如何讓顧客接受新商品，因此試辦新東西的初期風險，很快就不再相干。

馬雲發覺互聯網提供機會，釋放中國早已存在、卻被多年共產主義壓制下去的創業精神。他早先發覺的是，科技如何使信任成為可能——讓不認識的賣家似乎是熟人。但是要如何在以關係為基礎的國家，建立起陌生人之間的新形式信任呢？

信任的躍進

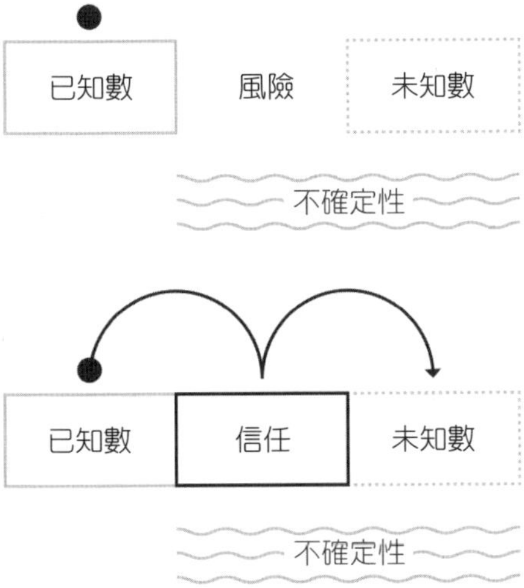

除了古代傳統依然存在之外，阿里巴巴開業時，中國全國人口不到1%上網。而這1%網民當中，更少人想到從網站上買東西。人們不熟悉互聯網的概念，更不用說電子商務。事實上，根本沒有電子商務的歷史，沒有線上支付系統，或甚至快速、安全送貨的方法。阿里巴巴是如何破解信任密碼呢？

當我們透過互聯網交易商品時，通常買賣雙方互相都不認識。我們擔心是騙局，也擔心貨品真假或品質。假設我從一位電子灣賣家買Fitbit智慧手錶時，它可能會是全新、或是翻新、仿冒品，或甚至是贓物。很多地方都可能會出岔錯。總是會有發生非預期的後果或是風險的機率。馬雲發現要建立網上買賣雙方之間的信任，他需要利用科技降低不確定性，或把風險降低到足以允許交易進行。

馬雲也注意到，信任問題越大，商機就越大。馬雲有點像史蒂夫・賈伯斯（Steve Jobs）；他知道開發新方法解決擋住市場之路的障礙，要比等待別人解決問題，利益大得多。以支付來講，我怎麼曉得你會付錢？我怎麼知道你會寄出我已付錢的商品？這是典型的雞生蛋、蛋生雞的信任問題。

馬雲說：「整整三年，阿里巴巴只是信息的電子市場。你有什麼？我有什麼？我們談了許久，但是沒做任何買賣，因為沒有支付工具。我找銀行商量。沒有銀行肯做。銀行說：『不行呀！這種事行不通的。』因此我也不知道該怎麼辦。」馬雲很清楚，如果他沒有取得許可證照，就發動一個支付系統，他會抵觸中國嚴格的金融法令，被抓去坐牢的。但是他決定放手一搏。為什麼？馬雲說：「這件事對中國太重要了，世界要能信任這套系統。」

二〇〇四年，公司推出一個線上系統「支付寶」（Alipay）。它不像PayPal的直接支付，支付寶先收下買家付的錢，把錢存放在代管戶頭*。賣家送出貨，等到買家檢查貨品、確認滿意之後，錢才從代管戶頭釋出。這是降低不確定性的簡單例子，這是買賣雙方交割的例子。馬雲回憶：「當時我和許多人談起支付寶，大家都說：『這是你提出來的最蠢的點子。』」這的確踩到中國高度管制的銀行業的痛腳。但是馬雲不在意別人認為這個點子有風險或愚蠢。「只要有人願意用它。」果然人們還真的在使用它。今天，超過四億人使用支付寶付錢買東西。光是這家單一公司，就約價值五十億美元以上。二〇一五年，中國所有的線上支付大約七成——不論是買商品、交房租、付公共事業費用和電話費、繳學費——全透過支付寶。馬雲一向勇敢做大夢。

除了支付以外，人們怎麼知道他們可以信任馬雲放到網路上的、他們並不認識的小企業和個人呢？三十八歲的王自強（譯音）是阿里巴巴在紐約證交所掛牌交易首日鳴鐘的賣家之一，我們以他為例子來說明。王自強原本是掙扎著討一口飯吃的農村民工，幹過菜販、建築工人和快餐店送貨員。儘管沒唸多少書，王自強一直對電腦和互聯網有濃厚興趣。他搬到有「中國矽谷」之稱的北京中關村，六年多來做過許多體力重活。二〇〇六年，存夠了錢買了一部電腦後，他回到華北山西省老家小農村。克服萬難在家裡安裝妥當互聯網之後，他就開設網路商店，販賣少許當地農產品，如稻米和黃豆等。他的朋友和家人都不懂究竟他在幹什麼？二〇〇八年北京奧運紅火之際，王自強生意有了轉機。他開設「開心農場」（Farmville）——不是熱門電玩，而是一家網路商店，販賣當地村民自種的各種新鮮蔬果。銷售很快就衝破每天兩百筆以上。時至今日，他每個月淨利超過人民幣八萬元（約一萬三千美元），在網路上大家都喊

＊escrow account，指第三方代表交易雙方保管交易價金。

他「王小幫」——指的是他熱心腸、肯幫別人。但是為什麼那麼多人信任這個遙遠偏鄉賣家的正當性呢？

答案至少有一部分繫於阿里巴巴在二〇〇一年推出的服務「一達通」（TrustPass）。賣家要取得「一達通」認證，必須通過第三方認證和銀行帳戶驗證的過程。阿里巴巴也幫助賣家建立本身大大方方的品牌和視覺上的店面。譬如王自強會拍下農村田野生活的彩色照片，和他賣的新鮮蔬果收成時的放大照。他希望他的店有「鄉土味」，和供應商連結。「一達通」代表阿里巴巴的突破，不僅是建立信任、也財源滾進。

平均而言，經過「一達通」認證的賣家比未註冊登記的賣家，多收到六倍的查詢。這使得阿里巴巴有完美的理由開始向小商家收費（原先大部分的服務都是免費）。波特・艾里斯曼（Porter Erisman）是馬雲的好朋友和長期員工，他說：「這使得為其地位付錢的客戶顯得更值得信任。它也使得堅守免費帳號的會員顯得比較不值得信任。總而言之，如果他們生意已經不錯，為什麼不願意稍微付點錢證明呢？」

阿里巴巴的流動黃金不是網路購物，而是信任。這也是為什麼當馬雲發現它被嚴重破壞時，大發雷霆。二〇一一年二月，阿里巴巴五千多人的銷售團隊當中有一百多人收賄，允許騙人的賣家逃避驗證過程、開立帳戶。這種欺騙行為已經進行了兩年多。其影響呢？二三二六個賣出大量低劣品質或甚至贗品商品的賣家，被認證為「黃金級供應商」。

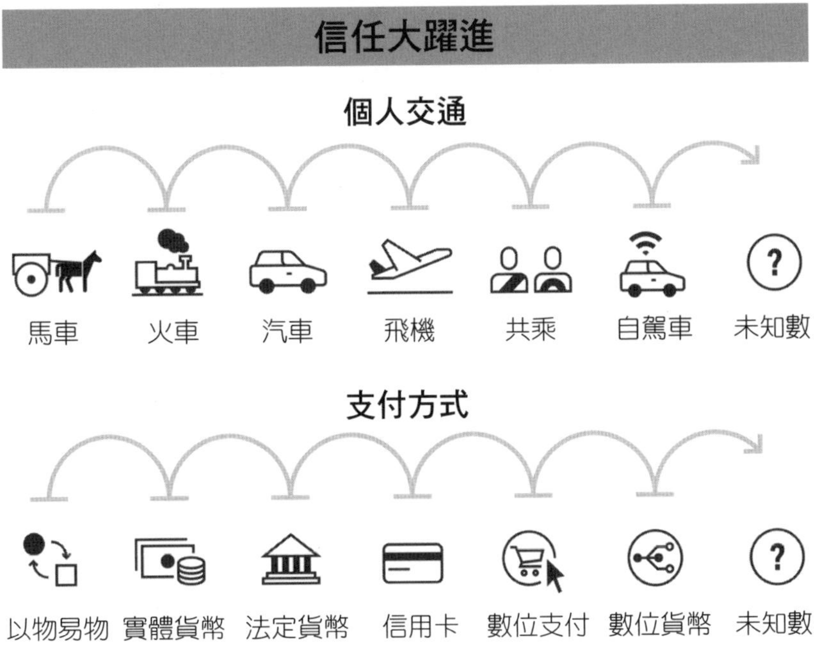

馬雲曉得碰上十分嚴重的信任問題了。他必須即刻有所行動。他必須發出響亮、清晰的訊號以保護公司的信譽。因此在知情下開設帳戶的銷售員，以及知情不報的員工，全部遭到開除。當時的首席執行官衛哲和首席營運長李旭輝，雖然沒有涉入弊端，也都引咎辭職。馬雲說：「我們最重要的一項價值是誠實。這表示我們員工的誠實、和我們網路商場的誠實，它是我們小生意人客戶可以信任的安全地方。我們必須發出強烈的訊息，我們絕不會在我們的文化和價值上打折扣。」他的行動明顯產生效用。二〇一六年，阿里巴巴集團超越沃爾瑪成為全世界最大零售商。

馬雲已經向中國人（以及世界其他國家）證明，做生意不需要事先就有親密的私人交情。陌生人不一定會欺騙人。

阿里巴巴的故事是一個很有力的例證，讓我們明白科技是如何使得全世界數以百萬計的人能夠信任大躍進（trust leap）。信任大躍進發生在我們冒風險做新動作，或是以根本不同的方式做事之中。

信任大躍進創造新的可能性；它們打破障礙，幫助我們形成新關係；它使我們能以預想不到的方式混搭構想和模組；而以阿里巴巴而言，開啟了原本無法想像的新市場、新網絡和新同盟。信任大躍進帶我們越過畏懼的裂口，存在於我們和未知數之間的鴻溝。

設想一下，人類最早從以物易物變成使用紙鈔。以物易物是直覺的行為——我給你一隻雞，換一個金屬鍋。紙鈔代表一個人必須信任，這麼薄薄一張印成的紙會有實質的價值，且能保持那個價值。他們必須信任發行紙鈔的機構——通常是政府和銀行——會決定適當的價值。這就是信任大躍進。

你還記得第一次把信用卡個人資料放上互聯網的時候嗎？那也是信任大躍進。

我記得十八歲時和我老爸有過一次激烈討論。我在電子灣上看到一輛漂亮的海軍藍色標緻（Peugeot）二手車待售。它的價位處於我父母親讓我買生平第一部汽車所訂的預算範圍內。從照片看，它的車況不錯。我老爸當時是會計師，問我是否知道什麼叫做「檸檬市場」（a market for lemons）？當時我不知道。接下來利用午餐時間，老爸給我上了一課喬治．艾克羅夫（George Akerlof）有關對商品品質不確定問題的經濟學理論。簡單來講，艾克羅夫認為市場上有兩種二手車：一種是好的，一種是有瑕疵的（即所謂「檸檬車」）。買車人事先不知道這是好車、還是檸檬車。老爸認為電子灣上面，這種事屢見不鮮。我們無法試乘或檢查這輛汽車。他也指出這位賣家用的網路化名「隱形巫師」（Invisible Wizard），好像也不能使人有信心。因此我們捨棄電子灣，找到離家不遠的一家汽車商行；同一家車行賣車給我哥哥，我家以前也向它買過另外三輛車。在我爸看來，電子灣似乎是不理性的購物方式。他在一九九九年還未準備好接受信任大躍進。

我們第一次信任大躍進時，感覺有點怪怪的，甚至像在冒風險，但是很快就覺得這個主意應該算正常。我們的行為通常相當快就改變了。當其他人看到足夠的人在信任大躍進之後安然無恙，而且還受惠，數百萬人將跟進。我家老爸現在已經上了電子灣的癮。現在他可能會考慮在電子灣上買車——當然或許也不會。

信任是新構想通過的導體。信任驅動改革。

歷史上，人類已展現明顯的傾向，改變我們的做事方法——銀行、貿易、旅行、消費、學習和約會。要明白我們在採取信任大躍進時有多棒，我們需要把時光倒帶，回到互聯網之前或甚至印刷機發明時。

西元一〇〇五年某天，有封手寫信跨越地中海。信上充滿西西里著名商人桑洪．賓．達烏（Sumhun ben Da'ud）憤怒的文字。他對商業夥伴約瑟夫．賓．奧卡（Joseph ben' Awkal）大為不滿，桑洪一再要求約瑟夫給付數百個第納爾（dinar）[9]給埃及的債權人，因為他們欠人家錢，約瑟夫都置之不理。當時埃及一個中產階級家庭每個月總開銷也不超過三個第納爾，這可是非常龐大的數字。話已經在地中海地區的貿易商圈子傳開，這兩個生意夥伴是不能信任的人。桑洪大嘆：「我的信譽全毀了。」

桑洪和約瑟夫都是一個關係緊密圈子、所謂「馬格里布貿易商」（Maghribi traders）的成員。十世紀因為政治動盪離開巴格達的猶太人，在北非沿海的馬格里布地區定居，衍生出此一團體。大約一五〇年前，在埃及福斯塔特（Fustat）一座古老的猶太人教會的庫房裡，找出幾近完美狀態的一千多封他們的私人信函。這些信讓人興奮，因為能夠一窺這些貿易商的生活，以及他們在改造長距離貿易所扮演的角色。

假設住在舊開羅的一名商人想在西西里的巴勒摩（Palermo）銷售他的紡織品和香料。他可以搭船長途跋涉——當時的海路旅行既危險、又耗費時間。或者自己不出門，他可以雇用海外代理人，代理人可在當地處理卸貨到出售物品等事，以及代表商人打點各種行賄事宜。

今天看起來，這是稀鬆平常的事，但是在當年這可需要極大的信任大躍進。被欺騙、被A錢的可能性極高。代理人可能謊報價錢、中飽私囊或乾脆偷走整批貨。一旦出事，商人可能要隔好幾個月才會發現。我們今天所習知的正式規範或法定合約還不存在。馬格里布商人面臨的問題是：他們沒辦法知道，在地中海另一端所聘請的代理人究竟在幹什麼。

當一方掌握的資訊少於另一方時，經濟學家稱之為資訊不對稱。經濟學家肯尼斯·阿羅（Kenneth Arrow）在討論醫療照護時最早提出這個概念。醫生通常比起病患更清楚某一醫療方式的價值和有效性。他們處於強大的「專家」地位，病患往往遵循醫生的建議。阿羅指出，醫生有時候可能會操縱此一資訊不對稱以方便自己，譬如，推薦比較昂貴的藥或不必要的手術。

我們周遭到處都是資訊不對稱的狀況，因為要找到兩個人在任何對話上有完美、平等的訊息，可說是鳳毛麟爪。壽險經紀人清楚複雜的保單二三一條款的意思；阿里巴巴賣家拉克祖克·凱夫特（Rakjuk Kft）很清楚他要賣的那頭安卡拉（Angora）山羊是否誠如廣告所謂真的是「沒有寄生蟲」、「完全純種」的冠軍；二手車銷售員清楚漂亮的小飛雅特的真實歷史；南

譯注

9 第納爾是通行於中東、北非及東歐數十個國家的貨幣之單位。

非開普敦市Airbnb的民宿主人最清楚他的地方是否真的有兩間臥房（或者其中一間臥房是在廚房裡搭出來的隔間的，而且還得爬搖搖欲墜的木樓梯才能進出），以及一望無垠的大洋（或是你窩在陽台右角、透過望遠鏡，勉強才看到郵票般大小、所謂的蔚藍海洋）；海外代理人才曉得他們是否以公平價格或騙人的價格，在出售商人的乳香油或橄欖油。資訊不對稱產生對未來的未知數，以及需要信任。

馬格里布貿易商如何使得在千里之外的代理人，在沒有直接監督下不說謊、欺騙或偷竊呢？他們所創造的系統非常靈巧，它開始了陌生人之間長距離貿易的時代。

馬格里布貿易商具有相同的宗教、共同的家族關係，而且最重要的是，有同樣的動機要確保他們的代理人照規矩做事。他們活在地方式信任（local trust）的時代中，有高度的社會資本（social capital）。這個主意數百年來讓社會學家如皮耶・布迪厄（Pierre Bourdieu）、羅伯特・普特南（Robert Putnam）和詹姆斯・桑繆爾・科爾曼（James Samuel Coleman）等人為它傾倒。普特南在二〇〇〇年初版發行他那本影響深遠的專書《獨自打保齡球：美國下降的社會資本》（*Bowling Alone: The Collapse and Revival of American Community*）中說明：「實質資本指的是實質物品，人資本指的是個人財產，而社會資本指的是個人之間的連結——社會網絡和互惠準則（norms of reciprocity），以及由它們產生值得信任的感覺。普特南認為，關係緊密的市郊（suburbs）變成了「富人郊區」（exurbs）和「衛星城市」（edge cities）——廣大的無名地區，居民花很多時間通勤上班、留在辦公室裡、獨自一人看電視，沒有時間和朋友、鄰居、社區團體、甚至家人社交往來。

社會資本——共同的價值、關聯和支援，可以在各式各樣網絡和社群中被找到。譬如，一群鄰居守望相助，使得街坊更安全；學校舉辦舊貨大拍賣替本地「街友」募款蓋收容所；陌生人在公車上撿到你的錢包、送到警察局；昔日同事幫你找到新工作。佛蘭西斯．福山（Francis Fukuyama）在他一九九五年出版的經典名著《信任》（Trust）中寫說：「從這種共同價值中出現信任，而且這種信任有巨大、且可以衡量的經濟價值。」

商人們以一套集體制裁制度形成一個聯盟。這個關係緊密的團體經常通信，彼此溝通，公開分享誰是優良代理人、誰是不負責任的代理人等資訊。然而他們不能只依賴讓騙子丟臉這個方法。光是糾舉他們並不足以阻礙惡劣行為。他們也必須獎勵誠實、負責的代理人，來對抗欺騙能提供的短暫收穫。

馬格里布貿易商設計一套簡單的信譽評比系統，最值得信任的代理人可以拿到最多的生意。如果某個代理人詐騙一個商人，整個貿易圈立即摒棄他。所有商人都必須集體宣誓，絕不知情地雇用騙子。代理人也曉得若要長期成功，要靠生意不斷。貿易商能夠不再擔心受騙，是因為雙方都曉得誠實才會有好報。（這也是為什麼桑洪．賓．達烏對於他的生意夥伴的行徑快要抓狂的原因。）

而且，事實證明，如果商人不知道每一件不法行為也沒關係；他們可以發現真相的這種威脅，已經足以讓代理人誠實地行事。如果人們知道他們受到觀察和評判，即使他們實際上並沒有一直都受到觀察，也會循規蹈矩。

就和馬雲在一千年以後會這麼做一樣，馬格里布貿易商創造一套制度降低未知數，使人願意冒險、以不同方式做事。透過簡單的當責機制，他們能把本地網絡擴大進入國際貿易，跨越地理、語言和文化界限。

信任大躍進擴大了可能性，讓我們可以創新發明，也有人可以成為發明家。信任大躍進擴大了我們合作和創造的範圍，開闢了新的機會視野。這就是為什麼信任如此重要，以及為什麼建立對未知事物的信心，一直是歷史進程中創新和經濟發展的核心部分。只要看看馬雲的例子，這個男孩一再被告知他什麼事都辦不來，可是他對自己進行了信任大躍進，並說服了一個緊張的國家與他一起躍進。

2 喪失信心

公共體制信任度的崩跌，是我們現在深陷權威危機的根源。

你很可能從來沒聽過一位美國女子珍．海勒（Jean Heller）的名字。這位年輕記者剛從研究所畢業兩年，就挖掘出一段美國政府隱瞞了四十多年的黑暗祕密。

故事是這樣的：從一九三二年至一九七二年，住在塔斯基吉（Tuskegee）的六百名非洲裔美國人被聯邦公共衛生署（United States Public Health Service）選來進行人體實驗。塔斯基吉是阿拉巴馬州最窮困的一個農村，當時有全國最高的梅毒患病率。這是美國最不道德的一項醫學研究實驗—後來竟然對此一可恥行為輕描淡寫，稱之為「塔斯基吉研究案」。

在這項實驗，塔斯基吉的黑人農民（有許多是不識字的文盲）遭受痛苦的腰椎穿刺，每天抽血，一旦身故，還被解剖。為了吸引這些人加入研究計畫，政府答應提供他們免費午餐、免費交通進出醫院、免費醫藥、免費喪葬。這些農民從來沒被告知他們得的是什麼病，或是這些病的嚴重性。六百人當中有三九九人被植入梅毒病原，另外二〇一人沒病，但做為對照組。醫生只告訴所有的參與人，在幫他們治療「不潔的血液」。這些深信不疑的弱勢族群很容易被操縱，成為《惡血》（Bad Blood）一書作者詹姆斯．瓊斯（James H. Jones）所謂的俎上肉，接受「醫學史上對人類最長的非治療實驗」。

駭人聽聞的是，實驗單位聽任這些農民遭受梅毒的痛苦蹂躪，如盲、聾、痴呆、心臟病、癱瘓，然後死亡。這些人不曉得他們得了梅毒，在不知情之下又傳染給太太和子女。海勒的報導發表於一九七二年七月二十六日的《紐約時報》。它說：「塔斯基吉研究開始於盤尼西林被發現可治梅毒的十年之前，是盤尼西林普遍使用的十五年之前。可是，即使盤尼西林已經普遍，而且使用它有可能幫助或拯救一些實驗對象，還是沒用在他們身上。」

為什麼？因為這項研究的目的不在治療參與者的梅毒。目標是在觀察這項疾病的長期效應，並且透過解剖分析不診治的梅毒對黑人身體的影響是否與對白人的影響一樣。有位醫生解釋說：「在我看來，我們對這些病人去世之前沒什麼興趣。」

海勒的報導躍為頭版新聞，引起各方強烈撻伐。國會議員大表震驚，否認他們事先知情。這項恐怖的研究立刻停止，但是它能持續進行四十多年，證明有太多人長久以來視若無睹。

為回應各方抨擊，國會調查後決定成立「人體研究保護辦公室」（Office for Human Research Protections），監督倫理標準。聯邦亦通過立法，要求「機構審查委員會」（Institutional Review Boards）監督臨床研究，及確保適當保護所有參與研究的病患。

二十年之後，政府從最高層以下仍為塔斯基吉事件的「道德與倫理夢魘」道歉。一九九七年，柯林頓總統在八名年邁的研究倖存者陪同下，於記者會中宣稱：「有段時候，我們國家沒有信守理想、我們國家打破攸關民主基礎——與人民的信任關係。針對我們的非洲裔美國公民，我表示抱歉，你們的聯邦政府策劃如此明顯種族歧視的研究。這種事絕對不容許再犯……道歉只是第一步，我們也承諾要重建已被打破的信任。」

醫學研究史上可恥的這一篇章，很長一段時間震撼美國人——尤其是黑人病患——和醫療體系之間的信任基礎。然而，直到近來才有人試圖量化信任崩解後果的規模有多大。

今天非洲裔美國人的健康結果是全美國所有主要種族、族裔和人口團體中最末一名。黑人男子平均壽命期四十五歲，比起白人男子少了三歲。原因很多，包括所得差距、飲食和醫療照護取得等。但是此一差異有沒有可能與此有關，塔斯基吉研究案後，一般非洲裔美國人不信任醫療照護部門呢？如果是的話，程度有多大？

這些問題引起史丹福醫學院馬瑟拉・阿爾珊（Marcella Alsan）和田納西大學經濟學者瑪麗安娜・瓦納麥可（Marianne Wanamaker）兩位研究人員的興趣。爬梳不同的全國人口和健康調查數據之後，兩人在二〇一六年證實其他研究人員從前的假設：在塔斯基吉研究案曝光之後數十年，非洲裔美國人男性仍然抱持高度的不信任。差別在於阿爾珊和瓦納麥可在影響生死狀況上得出確實數字。

某人不信任醫生時，通常就不去做診察，或需要照護時也不去看醫生。研究人員認為，在一般概率上，這導致四十五歲以上的黑人男子生命壽期降低一點四歲。然而，或許最怵目驚心的發現是，超過三分之一以上的生命壽期差異——年老黑人男性和年老白人男性之間的差異，可以歸因於塔斯基吉實驗曝光後的影響。這是很驚人的發現：數以百萬計不住在阿拉巴馬州的男性，他們和塔斯基吉研究案所造成的信任破裂無關，但他們的生命壽期也下降。換句話說，不信任變本加厲。

約瑟夫．拉維尼爾博士（Dr. Joseph Ravenell）二〇一六年在TED上針對一直持續到今天的這個問題有過精彩演說。他指出，高血壓是五十歲以上黑人男性主要死因之一，這個問題若及時診斷出來，有適當治療，是可以防止的。那為什麼黑人男性死亡率這麼高呢？拉維尼爾說：「因為黑人男性平常不去治療高血壓或是低度治療高血壓，有一部分原因是不想去和初級醫療照護系統打交道。我們早先對黑人男性健康的研究顯示，就許多人而言，醫生辦公室讓人聯想起恐懼、不信任、不尊重和不必要的不愉快。」因此，人們就不去看醫生，尤其是如果他們自己覺得身體還不錯的話。的確，拉維尼爾的研究發現，許多黑人男性信任他們的理髮師勝過信任自己的醫生。

這和事件之後就訂定的法規和倫理標準沒有關係；塔斯基吉研究案的回響還未散去，還影響某些人的決定。這些發現也告訴我們一個更大的故事：它們顯示一樁破壞信任的事件可以對一個組織或制度製造一個世代的傷痕，要花上數十年時間去療癒。有時候創傷更是深刻到無法修補。

想到類似塔斯基吉研究案這些破壞信任的事件全都成為過去，也學到了教訓，並且糾正，就很安慰。事實上今天的體制式信任比起以前任何時候更遭到破壞。為什麼普通老百姓覺得更加遭到菁英及當權者背叛？為什麼這些菁英本身也走向沒落？我們只需要看看巴拿馬文件（Panama Papers）就得到驚人的證明。

它從一則短訊開始——當然是匿名。「哈囉。我是約翰．杜。對於資料感興趣嗎？」收訊人巴斯提昂．歐伯邁爾（Bastian Obermayer）是德國《南德日報》（Süddeutsche Zeitung）一名調查記者，時年三十八歲。這則神祕訊息出現在他手提電腦時是二〇一四年底，歐伯邁爾正坐在慕尼黑一個寧靜街坊的公寓裡。他立刻回覆：「我們很有興趣。」

消息來源以加密信件回覆，他／她將洩漏許許多多高度機密的資料，「多過你以前所曾經見過」。消息來源一開頭就清楚表示，他不是為錢，他只要求正義。無名氏說：「我無法說明理由、而不洩漏我的身分……但是我要揭露這些罪行。」

在二〇一五年這一年裡，超過一一五〇萬份文件轉移過來，它們後來被稱為巴拿馬文件。它們是從巴拿馬莫薩克・馮賽卡（Mossack Fonseca）律師事務所電腦伺服器所擷取的長達四十年之久的數位紀錄。資料的數量十分驚人；檔案約有占了2.6TB，包括四八〇萬封電子郵件、二一〇萬個PDF檔、三百萬個資料庫檔案、一百萬個圖像，以及其他機密合同、信函、銀行紀錄和財產權狀。這批文件是新聞史上最大的單一一件資料外洩，比起二〇一〇年「電報門」（Cablegate）大出兩千倍。電報門是維基解密（WikiLeaks）公布從全世界兩七〇個大使館、領事館送回華府的二十五萬多件機密外交電報。這些電報包括指控貪汙，以及美國大使館官員沒有提防、透露出的許多評論，譬如貶抑俄羅斯總統佛拉迪米爾・普丁（Vladimir Putin）是個「阿爾發狗」（alpha-dog）；哈密德・卡札伊（Hamid Karzai）[10]是「偏執狂」；又把當時的伊朗總統馬哈茂德・阿赫瑪迪內賈德（Mahmoud Ahmadinejad）比擬為希特勒。

巴拿馬文件揭露，從一九七七年至二〇一五年期間，莫薩克・馮賽卡律師事務所替世界各國領袖及其家屬在全球避稅天堂開設二十多萬個境外空殼公司，它的客戶包括普丁總統、前任聯合國祕書長科菲・安南（Kofi Annan）的兒子科佐・安南（Kojo Annan），足球明星萊納爾・梅西（Lionel Messi），以及其他許多重要的世界菁英。但是除了它揭露的真相駭人聽聞之外，揭密本身就是一個相當精彩的信任故事。

想像一下，有人交給你汗牛充棟的機密文件。你會怎麼辦？新聞記者天性就愛追獨家新聞、搶第一。但是歐伯邁爾不眠不休忙了兩個多月之後，他發覺光憑他們德國報社裡小小團隊根本吞不下來。資料數量太大，他需要幫手，而且是許許多多幫手。因此他採取不尋常的作法，和全世界數百名記者分享檔案。

歐伯邁爾先找傑拉德·賴爾（Gerard Ryle），一位他非常尊敬、以前一起合作追蹤盧森堡和滙豐銀行洩密案的夥伴。賴爾是位於美國華府的非營利機構「國際調查記者同盟」一組織（International Consortium of Investigative Journalists, ICIJ）執行長。這個組織成立於一九九七年，旨在建立全世界新聞記者網絡，揭發全球醜聞。譬如，國際調查記者同盟最先揭露在伊拉克和阿富汗，戰爭復建合同不公平地給予曾捐獻大筆錢給小布希競選總統的公司們。

賴爾出生在愛爾蘭，是個冷靜、說話輕柔的人。你可以想像他就像一種在宴席上不太說話、但凡開口大家都會記住的人。他是個資深的採訪記者，是調查記者的典型代表，能夠上窮碧落下黃泉、非要刨根究柢挖出真相不可。他在二〇一一年出任國際調查記者同盟執行長。

譯注

10 卡札伊是美軍攻入阿富汗後扶植的阿富汗總統。

二〇一五年六月，賴爾和歐伯邁爾在華府全國記者俱樂部安排一場祕密會議。來自平常互相較勁的新聞媒體，如英國《衛報》（the Guardian）、英國廣播公司、瑞士《星期日報》（SonntagsZeitung）和法國《世界報》（Le Monde）的記者們，坐下來開會。會議中，眾家記者決定這項計畫需要有個代號。大家同意以希臘神話從眾神偷火的普羅米修斯（Prometheus）為名。在接觸文件之前，所有的記者必須簽署保密協定。它要求大家按照兩個規則運作。第一、挖到任何消息，一律分享；第二、必須在同一天、同一時間發表；賴爾有權決定發表日期。

消息來源洩露的所有文件全都儲存在一個可以搜尋的資料庫中，它的代號是「黑光」（Blacklight）。如果你想要某個特定人名，譬如「伊安．喀麥隆」的資訊，資料庫一搜尋，一會兒就提供叢集共用磁碟區（cluster shared volumes, CSV）檔案，附上所有吻合的文件。然而，某些人很難辨認——莫薩克．馮賽卡律師事務所用「維尼熊」或「哈利波特」等代號指稱某些最神祕的客戶。

從冰島到奈及利亞到俄羅斯，各地記者通力合作，拼湊起故事全貌，這是從一個國家的編輯部裡孤軍奮鬥幾乎不可能完成的任務。賴爾說明：「一位記者在查印度資料時，它可能把他帶到巴西或法國，然後你就出現這種建立信任的行為，這位印度記者把資訊和法國記者分享。」

國際調查記者同盟領導團隊有一位靈魂人物是三十三歲、西班牙籍的瑪兒·卡布拉（Mar Cabra），資料暨研究組主任。她的同仁稱譽她是「資料天才」。瑪兒清清楚楚記得有位同仁在客戶名單中發現梅西那天的情景。「虛擬編輯部出現一則訊息：『天啊！我發現足球明星梅西的名字！』其他記者如響斯應：『天啊！梅西耶！』」有人在文件中發現梅西的名字，就等於人人都發現了。

經過九個月辛苦爬梳數萬份文件之後，記者們過於緊張、也累壞了。好幾次，賴爾必須安撫緊張兮兮的記者，他們的直覺是必須趕快報導他們已經發現的不公不義。他說：「我費盡心力讓大家穩住陣腳。」這些記者散布在不同的時區，以不同的文字寫作，而且駐守在不同社會和政治環境的國家裡。技術上而言，賴爾不是他們的上司，不能強迫他們做他們不願做的任何事。總歸一句話，每個記者都有權自由地報導他們認為合適的新聞。不過，非常了不起，這個故事保密了近一整年。

賴爾熟悉新聞記者的習性。他說：「記者最大的弱點，不論他們肯不肯承認，就是自我本位。但是在這項計畫中，我們大家非常的無私。我試圖給大家一種共同成就大事的歸屬感。」如果大家團結合作就會有更大、更好的一則新聞，這是胡蘿蔔，但是賴爾曉得他也需要棍棒。「我跟大家講得清清楚楚，如果他們破壞信任，只要一次，國際調查記者同盟就再也不跟他們合作。」

在大家協議好的解禁時間前十分鐘，推特上突然出現一則預想不到的訊息：「數據新聞史上最大的大爆料剛爆開，它涉及到貪瀆。」發出推文的是愛德華・史諾登（Edward Snowden）。訊息傳進來時：茱麗葉・賈賽德（Juliette Garside）和她的上司及巴拿馬文件團隊一起坐在《衛報》辦公室裡。她說：「我們的手指都盤旋在鍵盤上，等著把新聞發出去，但是我們都很守規矩，等候確切的解禁時間。此時，史諾頓的推文出現，立刻大爆鍋。編輯部人人都大喊『go, go, go！』」

二〇一六年四月三日，星期天，德國時間晚上八點，全世界數十家新聞機構開始發布有關巴拿馬文件的頭版新聞。消息一出來不到幾個小時，冰島首都雷克雅維克數千民眾走上街頭表達憤怒，要求總理下台。巴拿馬文件透露，西格蒙杜爾・戴維・貢勞格松（Sigmundur Davio Gunnlaugsson）在英屬維京群島有一個海外祕密避稅戶頭，登記在溫特瑞斯公司（Wintris Inc.）名下，用來和他富有的太太持有投資。據報導，他避掉了五億冰島克隆那（約四百萬美元）的稅款。更糟的是，他的戶頭在二〇〇七年開立，當時冰島正處於財政融化的邊緣。貢勞格松在新聞爆料後不久即辭職下台。

吹哨人原本接觸的歐伯邁爾，是最早從檔案中發現普丁也涉案的記者。他一再看到俄羅斯大提琴師瑟蓋・羅都金（Sergei Roldugin）的名字。再深挖，發現羅都金和普丁是總角之交，也是總統女兒瑪麗亞（Mariya）的教父。據報導，羅都金擁有莫斯科羅西亞銀行（Bank

Rossiya），這家銀行涉及到與境外公司有數十億美元的交易。

總合起來，《富比世》雜誌世界五百大巨富當中的二十九人、十二位現任或前任國家領袖、一四〇名政客都名列巴拿馬文件。文件涉及到沙烏地阿拉伯國王、伊安・卡麥隆（Ian Cameron）——英國前任首相大衛・卡麥隆（David Cameron）已故世的父親、英國貴族院六名議員、巴基斯坦總理納瓦茲・夏里夫（Nawaz Sharif）；伊拉克前任副總統艾雅德・阿拉威（Ayad Allawi）；烏克蘭總統佩德洛・波洛申科（Petro Poroshenko）。

坦白講，名字出現在文件並不足以證明有不當行為；有很多正當理由把錢放在海外公司和信託裡。譬如，外國人要買一戶度假屋，可能會在本地登記一家空殼公司去買產業。莫薩克・馮賽卡律師事務所的確也極力否認有違犯任何法律，它的許多客戶也都喊冤。即使如此，排山倒海來的資訊提供確鑿的實例，讓人看到富人和權貴人士是如何利用境外稅務機制，使得國家少收許多稅款——大部分人可都認為他們應該要納稅才對。

民眾的憤怒聲音大、火氣也大。富人想方設法避免一般人都躲不了的稅款而日益有錢。國家領導人把錢藏到國外，少繳應交給自己統治的國家之稅款。

這是我們對於居於社會高層、理論上應該為民服務的菁英的期待嗎？

新聞大爆料之後的幻滅感覺，不只關係到金錢；它也涉及到公平和平等。為什麼有錢有勢的菁英就可以另有一套遊戲規則？新聞爆料使得社會契約動搖，這摧毀了默契：我們全都工作辛勤，繳稅，以及「同舟共濟」。

巴拿馬文件向一般人揭露幕後真相，證實了為什麼體制式信任以令人驚駭的速度敗壞的根本原因；許多人覺得受到背棄，眼睜睜看著菁英和掌權者在不合倫理的行徑下發財致富。套用諾貝爾經濟學獎得主約瑟夫・史迪格里茲（Joseph Stiglitz）著作的書名，信任產生「大鴻溝」（Great Divide）。

體制（institution），根據十八世紀義大利政治哲學家詹巴蒂斯塔・維柯（Giambattista Vico）的觀察，基本上是由許多人所接受及使用的作法、價值和法律的歷史所組成的社會結構。我們通常把體制想成實體的東西——宏偉的大學大樓、古代的石砌教堂、國會大廈等，但是它們也可以是一種思想、約束或社會規範。譬如，婚姻也是一種體制；家庭單元或英國君權制度也是體制；宗教、財產權或其他法律憲章也是體制。歷史學家尼爾・弗格森（Niall Ferguson）在《大墮落》（The Great Degeneration）寫：「簡單講，體制之於人類就有如蜂巢之於蜜蜂。它們是一種結構，我們在它之中把自己組織為團體。你進到裡面就知道了，就好像蜜蜂進入蜂巢也會知道一樣。體制也有界域，通常就是牆壁。」換言之，不論是實體或概念，它們是寶貴規則的建築方塊，社會因一再重複它們而建造起來。它們影響我們的行為，以及我們如何與其他人彼此互動。

對體制的信任隨著醜聞、不景氣、戰爭和政府的更迭而高低起伏。過去，比較容易遮掩類似塔斯基吉研究案的不當行為，長達數年、甚至數十年之久。現在已經進入數位時代，劣質體制和當家掌權的領導人及菁英，比以前更容易被揭發、很快就失去我們的信任，甚至永久不能恢復。對於銀行、政府、媒體、教會或其他菁英體制深刻失去信心，並不是新鮮的現象。回到其他任何文明時代，你會發現許多例證，譬如一八七二年的「莫布里耶信用公司醜聞」（the Crédit Mobilier Scandal），不法之徒成立一家空殼公司，利用它行賄美國國會議員，把利益輸送到它的營建項目。這項醜聞成為美國南北戰爭內戰之後貪瀆橫行的象徵。[11]隔不到幾年，又在一八七五年爆出「威士忌幫事件」（Whisky Ring），數百個政客、釀酒廠和經銷商聯手勾結低報銷售數字而逃漏稅。然而，史無前例的是，今天我們看到在公民與體制、在老百姓與菁英之間，信任崩壞的程度和速度更加嚴重。可怕的是，針對各個國家和年齡族群一再進

譯注

11 一八七二年曝光的美國莫布里耶信用公司醜聞，涉及到國會於一八六七年授權興建第一條橫貫大陸鐵路——聯合太平洋鐵路（Union Pacific Rail Road）。美國莫布里耶信用公司這家營建公司行賄得標後，高報工程款，向鐵路公司收帳，並以九百萬美元的現金及股票贈送給華府十五位有力人士，包括副總統、財政部長、四名參議員和眾議院議長及議員。

行的各個民意調查，通通顯示近似悲哀的數字。

一九七〇年代，水門醜聞和越戰之後，對政府及軍隊的信任急墜之際，蓋洛普開始調查美國人對他們的主要體制，如銀行、媒體、公立學校、有組織的宗教以及國會，有多少信心？大約十分之七美國人認為他們可以相信主要體制在絕大部分時間善盡職責。

四十年下來，蓋洛普持續不斷進行相同的調查。二〇一六年，它透露美國民眾對十四種體制的信任，平均只有32%。除了對小型企業和軍隊這兩項之外，每種主要體制的信任度都跌到歷史低點。第一次開辦調查時，75%美國人表示對華府聯邦政府處理國際問題，有「很大或相當大」的信任和信心，對政府處理國內問題表示信心的也有70%。目前這兩者數字分別是49%和44%。對於國會的信任度更慘，從一九七三年的42%跌到今天只剩9%。聯邦最高法院原本是社會信任的礎石，也同樣大挫——從一九七三年的45%跌到今天的36%。但是，信任流失的並不只限於政府組織。民眾對銀行的信心也下挫（從60%跌到27%），對大企業的信心下挫（從26%跌到18%），對教會的信心下挫（從65%跌到41%），對報紙的信心下挫（從39%跌到20%）。

就年齡族群而言，千禧年世代最具疑心。根據哈佛大學政治研究中心（Institute of Politics）二〇一五年進行的調查，86%的千禧年世代不信任財金機構。四分之三的千禧年世代「有時或絕不」信任聯邦政府能善盡職責，更有令人咋舌的88%「有時或絕不」信任媒體。

信任下墜的現象也不只限於美國。西歐和英國的情形也一樣。受人尊敬的民意調查機構益普索莫里（Ipsos MORI），針對英國人民對二十四種不同職業的信任感，追蹤了三十多年；它們從政客到髮型設計師都有。護理師躍居最受信任的榜首，信任度高達93％。但是在這種調查中，要注意的項目是那一類下跌最大。它顯示原本十分強大的體制也很容易跌得一塌糊塗。根據益普索莫里調查，目前最大的輸家是神職人員。一九八三年開始調查時，85％的民眾信任神職人員，會說真心話。它是最受信任的職業。到了二〇一六年一月，神職人員的信任度下跌十八個百分點，在最受信任的職業排行榜上淪為第八名。你要想一想：現在的一般英國人相信在巴士上或超級市場隨機遇上的陌生人，願意跟他們說真心話，竟然超過他們在教堂懺悔時，願意信任神職人員的程度。

那麼究竟是為什麼許多菁英體制的受信任度同時崩跌呢？這裡有三大原因，或許有點重疊：問責不公平（某些人犯錯遭到懲處，別人犯錯卻輕易獲得縱放）；菁英和權威沒落（數位時代使階層拉平，毀損對專家及對富貴、權勢人物的信任）；隔離的迴音箱（生活在我們的文化破敗區中，對其他聲音充耳不聞）。

當某些人違反規矩或規矩變得沒有意義時，體制要維持可信度和我們的信心，必須要有懲處存在——失去權力或地位、罰款等。以涇渭分明的交通規則為例。在英國，法律規定是靠左邊開車。假設在一個星期內，我們看到數百輛汽車在公路上靠右邊開車而不虞受罰，交通規則的權力立刻就解體。同理，體制內的搗亂分子一定要受到懲罰或付出代價。如果他們安然無事，我們對這個體制的信心一定動搖。近年來，我們看到許多領導人不用為行為負責。就以銀行業為例。二〇〇八年的金融大崩盤——自從經濟大蕭條以來最大的人為經濟災難——為什麼只造成一個投資銀行家坐牢，以及華爾街最低度的改革？這對我們的信任會有什麼影響？

過去二十多年，銀行業的裙子被掀起來，讓大家看清楚它髒兮兮的內褲。從安隆（Enron）到安達信（Arthur Andersen）、房地美（Freddie Mac）到房利美（Fannie Mae）、雷曼兄弟（Lehman Brothers）到貝爾史登（Bear Stearns）、美國國際集團（AIG）到北岩銀行（Northern Rock）[12]、尼克·李森（Nick Leeson）[13]到伯尼·馬多夫（Bernie Madoff）、BHS 年金基金慘敗到倫敦銀行同業拆款利率醜聞（Libor scandal）[14]，族繁不及備載，在在造成對信任的重大打擊。不過，最大的打擊或許是只有一小撮執行長、對於金融危機難辭其咎的「財金大班」遭到懲罰。少許人丟了差事，如美國商業銀行的肯尼斯·劉易士（Ken Lewis），而倒閉的雷曼兄弟公司前任執行長狄克·傅爾德（Dick Fuld），卻帶了數百萬美元的退職金揚長而去。訊息很清楚：如果你有錢有勢，你可以不守規矩，只要能賺很多錢就行。這是嚴重的道德敗壞的案例；當公司倒閉了事情，銀行家不必面對任何實質後果。

某些銀行家，如馬多夫和李森，天生就是壞胚子，不值得信任。但是，絕大部分銀行並沒有塞滿壞蛋，通常銀行從業員在有毒的文化環境中工作，它普遍流行的獎勵結構允許——甚至培養——不道德的行為和不當的利益。他們本身也如此承認。

拉巴頓・蘇洽洛（Labaton Sucharow）是美國一家信譽卓著的律師事務所，進行獨立的調查，想找出金融圈人士是怎麼看待他們同業中的其他專業人士。半數以上的受訪者相信，他們的競爭者從事非法或不道德的行為。將近四分之一承認，如果能逃脫法律制裁，他們會從事內線交易。略低於三分之一認為財金界專業人員可能需要從事非法或不道德行為才能成功。英

譯注

12 北岩銀行是英國第五大貸款機構，曾經占英國房屋抵押貸款市場的18.3%。一般銀行的資金來自客戶的存款，而北岩銀行則主要從其他金融機構借貸，然後再轉借給買房子的人。北岩銀行是英國次級房貸市場的貸款大戶，給購房者的貸款經常多達十足房價，有時超出購屋者收入的五、六倍，還給那些購屋出租的投資者大量貸款。二〇〇七年，北岩銀行身陷次級房貸風暴，英格蘭銀行為了維持銀行體系的穩定，被迫介入，注資北岩銀行以解決其流動資金短缺的危機。

13 李森是英國霸菱銀行（Barings Bank）新加坡分行投資交易員，從事衍生性金融交易。他私下挪用公款進行投機交易，不料一九九五年一月十七日日本阪神大地震打亂整個亞洲股市，李森的投資也隨之遭殃。最後，銀行發現李森的交易累積了高達十四億美元的損失，也就是銀行可以交易的資本的兩倍。他的交易舞弊導致霸菱銀行這家英國歷史最悠久的投資銀行倒閉。

14 倫敦銀行同業拆款利率（London Interbank Offered Rate, Libor）是透過世界各地主要銀行提報的利率所計算的平均利率。醜聞是有些銀行低報或高報其利率，以便從交易中獲利，或是給人印象以為它值得信任。二〇一二年七月，《金融時報》刊登爆料，自一九九一年起即有這種行徑。

格蘭銀行（Bank of England）總裁馬克．卡尼（Mark Carney）承認：「醜聞接二連三爆開，意味著現在認為這個問題只是少數幾個壞蘋果作祟，根本站不住腳的。問題在於存放它們的桶子。」

約克郡出身的財金界新秀安迪．哈達尼（Andy Haldane），現任英格蘭銀行首席經濟學者，是卡尼的股肱。他在主張「大改造」的金融法規大辯論中成為關鍵人物。沒錯，《時代週刊》在二〇一四年把哈達尼列為全球一百大最有影響力人物，推許他是「不怕說真話的中央銀行家」。哈達尼針對拉巴頓．蘇洽洛的發現回應：「這些發現雖然很驚人，但是它的意義不在確實有多少百分比。更根本的是，它們透露出財金界如何看待自己，是它對財金界的社會認同舉起的鏡子……需要改變的不只是他們的財務，銀行業和銀行家的社會學和心理學也需要改變。」問題是，你能規範文化嗎？

除非銀行界的行為改變，否則我們對財金機構的信心不會恢復，而我們也看到在腐敗桶子內的人逐漸受到嚴懲重罰。財金機構系統性的信任崩壞，歸結起來就是對不同的人運用不同的規矩。美國政治評論家兼作家克里斯多福．海耶斯（Christopher Hayes）在他的大作《菁英日暮途窮》（Twilight of the Elites）中寫：「除了我們所熟悉的其他種種不平等，如所得、財富和接觸政治人物等之外，我們現在面臨最根本的問責不平等。我們若是向無權無勢者實施問責原則，對有權有勢者實施寬恕原則，我們不會有公正的社會。」

二〇一五年，消息曝光，一千一百多萬輛德國福斯汽車（Volkswagen）在廠方知情下裝置軟體程式，用來瞞騙政府的廢氣排放測試，執行長馬丁．溫特康（Martin Winterkorn）旋即辭職。在這樁所謂「柴油門醜聞」之後，他的退職金是令人瞠目結舌的一五九〇萬歐元。同樣的，二〇一六年約翰．齊爾考特爵士（Sir John Chilcot）調查報告出爐，發現在世界貿易中心遭受攻擊之後，為了合理化進攻伊拉克所提出來的大規模毀滅性武器之情報是刻意誤導的，卻沒有任何個人或機構遭到嚴懲。我很鮮明地記得，在二〇〇三年，看著「反恐戰爭」開始的新聞報導，炸彈照亮了巴格達天空。往後十多年的軍事干預製造天文數字的人為破壞，產生極大的財務代價。眾人翹首期待的齊爾考特報告，洋洋灑灑二六〇萬字終於在二〇一六年六月發布，裁決非常明確：進犯伊拉克的法理基礎「令人非常不滿意」。報告證實，有關薩達姆．海珊（Saddam Hussein）所謂擁有大規模毀滅性武器的「情報」，「有瑕疵」，而且誇大其詞。英國首相的進攻理由可能已經摧毀英國選民的信任，但是當時的政治人物如湯尼．布萊爾和小布希總統都沒有真正被追究責任。這兩位領導人強悍地拒不道歉，更是於事無補。

誠如馬瑟拉．阿爾珊和瑪麗安娜．瓦納麥可兩位教授在塔斯基吉案研究已經證明，特定的事件可以引爆對整個制度強大的不信任。如果政客能夠以假的藉口把我們帶進戰爭，我們不免開始懷疑，我們怎能信任政府更廣大的決策過程。如果國際足球總會（FIFA）顧問委員會委員查克．布萊澤（Chuck Blazer）會受賄，在其他體育組織的貪瀆一定也很盛行。如果我們不能信任銀行家的行為，財金制度一定破產。如果我們不能信任記者會正確報導金融危機、伊拉克戰爭或總統大選，新聞界一定辜負我們，成為不了有可信度的事實真相來源。如果我們不能信任天主教神職人員舉報濫權行為，或許這代表教會領導人只忠於體制、並不忠於他們號稱要服務的人民。

這就好像我們原本依賴的安全網——我們對廣大的社會及其體制的信任——被扯破，而我們陷入信任自由落體般的直墜。這不僅是腐敗的個人做了壞事、沒被懲罰；巴拿馬文件告訴我們，懸在社會上方的道德羅盤也狂亂地亂抖。

我們也很容易明白，為什麼既有體制「失去信任」既成為老生常談、也成為我們當代的真正危機。問題更因我們有許多人陷於想法近似的人共有的資訊之迴音箱，反覆聽到此一訊息而更加擴大。

二〇一六年六月二十九日，臉書宣布即將變更向個人發布新聞的演算法。臉書工程部門主管拉爾斯．巴克史特洛姆（Lars Bäckström）寫：「我們將在未來數週更新發布新聞方式，以便你所關心的朋友所 po 的東西會出現在你的塗鴉牆的上方。」這個聲明聽起來平淡無奇，但是它的意義非同小可；問題在於它將把朋友 po 的內容置於傳統媒體 po 文的上方。

鑒於 41.4% 以上的人都透過臉書點閱新聞台，這一改似乎造成新聞台點閱數激烈下降。

不過，更重要的是，臉書新的演算法代表我們看到的意見和新聞的方式會有深刻改變——它們涉及到挑戰我們或擴大我們世界觀。

社會學家把和我們相似的人連結的先天趨勢稱為「趨同性」（homophily）。這種相似可能是在種族、年齡、性別、教育、政治歸屬、宗教和職業等層面，或甚至我們的居住地。我們也群聚在重大興趣上，譬如是否喜歡哈巴狗、泰國食物或下棋上面。互聯網會擴大趨同性，把人在推特、臉書和紅迪（Reddit）等社群媒體上歸納為線上芳鄰。在網上，比在離線時，更容易找到和我們思想、生活、投票相似的群體。它製造響亮和兩極化的迴音箱，減少了建設性異議、辯論或啟蒙的空間。

根據皮優研究中心（Pew Research Center）最近的調查，將近三分之二的美國人從社群媒體上接觸新聞。甚且，臉書三分之二用戶的頭號新聞來源就是臉書。這等於將近一半的美國人口。演算法的調整代表將限制我們接觸相反的觀點，不論是總統大選、氣候變遷、疫苗安全或伊斯蘭國等議題。另類觀點和相對的資訊很難打進某人的迴音箱裡。極大多數狀況下，我們只會看到我們可能會同意的意見和新聞。

如果你對川普當選總統或英國脫歐（Brexit）公投感到驚訝，你可能是活在作家和Upworthy共同創辦人伊萊・帕理澤（Eli Pariser）在二〇一一年指出的「過濾氣泡」（filter bubble）[15]效應當中。歐巴馬總統二〇一七年一月十日晚間在他的卸任告別演說中說：「赤裸裸的黨同伐異、經濟和區域分化、媒體分裂為合乎每個人品味的管道，一一加劇——這一切都使得這種整理分類變得似乎自然，甚且不可避免。而我們日益變得在自己的泡沫中有安全感，以致於我們只接受合乎我們意見的資訊，也不問它真假，而非根據顯而易見的證據。」

脫歐公投之後，英國互聯網活躍人士、mySociety創辦人湯姆．史坦伯格（Tom Steinberg）對過濾氣泡的疫情，提出強大的例證。他寫：「我積極透過臉書搜尋哪些人慶祝英國脫歐公投勝利。」但是毫無收穫。演算法一定已經假設他對這個議題不感興趣。「過濾氣泡是那麼強大、延伸極為深遠，深入到臉書的客製化搜尋，以致於儘管事實上今天全國過半數老百姓明顯歡欣鼓舞，儘管我積極設法聽取他們的心聲，我卻找不到任何人表示高興的訊息。」

人們通常會說「像我這樣的人」是最有可信度的消息來源。根據艾德曼信任度測量（Edelman Trust Barometer），現在，一個朋友、或一個臉友，被認為具有政府領導人兩倍的可信度。理查．艾德曼（Richard Edelman）說：「一般民眾現在不依賴報紙和雜誌，反而選擇自我肯定的網路社群。」臉書演算法是新的「自我參考的世界」的證明。我們不僅變成自身偏見的受害人，也很容易特意挑選讓我們怒火上升的新聞。不信任體制會孕育更多的不信任，直到可怕的模組變成有傳染性。

川普會在傳統權威陷入信心危機時期，於二〇一六年殺出重圍、當選總統，並非偶然。

這位華府「圈外人」在選戰期間保證要「抽乾沼澤」（drain the swamp）——清理政治既有體制。這位「誰是跟班人」電視節目前任主持人，喜愛在推特上信手亂傳假新聞，他告訴選民，他將「搖撼各種事物」，他凡事皆有不同作法，從禁止穆斯林入境美國、到廢除俗稱歐巴馬健保的平價醫療法案（Affordable Health Care Act）。他保證會和目前領導美國的「非常非常愚蠢的人」截然不同。川普從頭到尾沒改口——他會「使美國再次偉大」（英國脫歐派也有同樣膾炙人口的口號：「拿回控制權」）。

他聲稱要「實話實說」，那代表了許多人醉心的透明形式。馬基維利（Machiavelli）曾經寫道：「那些做出偉大事情的王公們，已經考慮過如何說話不算話，也已經知道如何通過精明和狡猾來欺騙人們的思想。」換句話說，川普可能在競選期間撒謊。但是，正如美國脫口秀主持人史蒂芬·寇伯特（Stephen Colbert）向民眾解釋的那樣，川普體現了「真實性」：講出

譯注

15 過濾氣泡意即個人化資料過濾、篩選小圈圈。這是一種網站針對個人化搜尋而提供篩選後內容的結果。網站內嵌的演算法會透過使用者的地區、先前活動紀錄或是搜尋結果，來給予使用者想要的、或是觀點一致的結果。這種結果可能會導致，使用者越來越看不到他們不同意的觀點或資訊，使得認知過於單向，並處於他們的文化、意識型態氣泡之中。主要的例子為，谷歌的個人化搜尋結果、以及臉書的個人化動態消息、亞馬遜與網飛（Netflix）的過濾性推薦系統。

許多人「感覺正確」的想法。

克里斯多福．海耶斯說：「對菁英政治夢想緩慢死亡的深刻認識，導致公共體制信任度下降，更是我們現在深陷權威危機的根源。既然人們無法拋棄美國夢的中心前提，所以他們把自己的憤怒和懷疑集中在它所形成的破碎體制上。」川普的崛起是痛苦的產物。

二〇一六年民主黨全國代表大會上，歐巴馬總統稱讚希拉蕊．柯林頓（Hillary Clinton）——前第一夫人、聯邦參議員、國務卿——是「歷來最夠資格的總統候選人」。這場選舉其實就是涉及信任的競賽。

我應該先表明，我曾經在柯林頓基金會工作將近三年。我很尊敬柯林頓參議員，但是她活生生是個威權人物，越來越多人不願意再信任這種人。柯林頓參議員投票支持伊拉克戰爭；她處理班加西領事館遭受攻擊事件的手法；她和柯林頓基金會關係不清楚；她使用私人電子郵件伺服器（以及它日後神祕毀損）；以及有消息揭露，她數次接受數十萬元酬勞向華爾街銀行家演講，可是又宣稱要規範管理他們——凡此種種都使她像個典型的老派政客，被致命地貼上「圈內人」的標籤。紀錄影片製作人麥可．摩爾（Michael Moore）在選前十二個月就在部落格裡，神準預言川普會勝選。他寫：「讓我們面對它：我們最大的問題不是川普——而是希拉蕊。她非常地不得人心——將近70%的選民認為她不值得信任、不誠實。她代表的老派政治，除了一心一意想當選之外，沒有真正信仰任何東西。」

英國脫歐的故事也大同小異。二〇一六年六月三日，英國脫歐派主將、司法大臣麥可・葛夫（Michael Gove）接受天空新聞網（Sky News）法賽爾・伊斯蘭（Faisal Islam）專訪，有一段言詞激烈的交鋒。葛夫說：「我認為這個國家的人民受夠了專家。」這句令人不安的評語的確深駐我腦子裡。他又把十位諾貝爾經濟學獎得主發表聯名信警告脫歐的後果一事，拿來和一九三〇年代效忠希特勒的納粹科學家批評物理學者愛因斯坦一事相提並論。他們有高度爭議性的論點，但是總結出「後真相」的世界（post- truth world）——這是牛津字典選出的二〇一六年年度代表字，意即：「涉及或代表一個環境，在這個環境裡客觀事實對於形成民意的影響力，沒有情感和個人信念來得大。」瑞士出生的英國哲學家艾倫・狄波頓（Alain de Botton）在二〇一六年十一月十五日於推特po文說：「新的雙言巧語（doublespeak）[16]字典：菁英等於可憐；受教育等於笨；持懷疑態度等於發牢騷；遺憾等於反動；專家等於白痴。」

英國女王二〇〇八年在倫敦政經學院聽取有關金融危機的動盪時，向教授、學者們提出

譯注

16 雙言巧語的目的是蓄意為政治目的創造新詞彙，試圖影響詞彙使用者的態度。

大哉問：「為什麼沒有人注意到？」幾乎十年過後，從科學家到民意測驗家到經濟學家，幾乎每位專家都問起這個問題。在脫歐公投之前，YouGov 發現超過半數以上脫歐派不信任學者、也不信任經濟學家。三分之二的脫歐派認為不應該太依賴「專家」、最好是依賴「普通老百姓」——相形之下，非脫歐派的人士只有四分之一有這種想法。為什麼人們不信任專家呢？我們需要相信專家是誠實的、正直的，而且心懷公共利益。有時候我們被涉及利益的一方鼓勵不要信任專家，因為他們針對氣候變遷、經濟或甚至香菸之害講出「不討人喜歡的真相」。

英國脫歐和川普崛起是從歷史上最大信任轉移中出現的第一波嚴重症狀：信任和影響力現在落在個人身上，而非體制身上。

畢卡索曾經說過一句名言：「每個創造的行為，先前都是破壞的行為。」它不僅適用在藝術，也適用在信任。體制式信任崩解之際，它允許新制度有空間崛起。科技拆解傳統的信任階層，使得信任能跨越巨大的人類、組織和智慧裝置的網絡。分散式信任的跡象已然出現。譬如區塊鏈科技，它有能力創造歷史的數位紀錄，而且沒有一個個人有力量抹除它，或是改變它。區塊鏈提供新的信任模式，在此一模式中，信任不需要再經由中央權威，譬如政府或銀行中介，原本未必會彼此信任的人，可以就某一真相或事件的共同記錄取得共識。

數十億美元的公司，如阿里巴巴和優步（Uber）的崛起，靠的就是陌生人之間彼此信任，這是現在信任可以跨越網絡和市場的鮮明例證。特斯拉（Tesla）或許像是一家智慧汽車公司，但是事實上分散式信任支撐著該公司創辦人兼執行長伊隆・馬斯克（Elon Musk）的宏大計畫。馬斯克曾經說過：「你只要在特斯拉手機應用軟體上一按，就可以把你的車加入特斯拉共享車隊。」這可以使車主在上班、度假或因任何原因不用車時，讓他們的自駕車載客而賺取外快。

它現在還處於初期階段，但是我們已經看到分散式信任促成以下種種新生事物的興起，譬如 **Kickstarter** 和 **Patreon** 等群眾募資平台、社群媒體平台、對等式放貸、**GitHub** 等開放資料項目、大規模開放在線課堂（Massive Open Online Courses, MOOC）、Stack Overflow（一個程式設計領域的問答網站）和維基百科（Wikipedia）等資訊分享中心、公民科學項目，其他許多繞過傳統機構和中間人的個人對個人協議和去集中化的交易。

它的潛力極大，但是這裡有個重點。分散式信任固然聽起來像科技自由主義者的夢想。另一方面，這個用於連接世界各地陌生人的相同工具，也可以用於令人深感不安和邪惡的方式上。想想資訊和知識送達公眾的方式有深沉的變化，那麼媒體的黑暗面也會非常巨大。

從一九六二年至一九八一年，新聞主播華特・克朗凱（Walter Cronkite）每天晚上出現在數以百萬計美國家庭中。他那和藹、平穩的聲音、修剪整齊的小鬍子、冷靜的姿態、豐富的魅力，每天夜裡啟迪兩千多萬觀眾深刻的信心。這位哥倫比亞廣播公司《夜間新聞》主播引導全國走過動盪的悲劇時代——核子爆炸、民權運動、水門事件、伊朗人質危機、越戰和馬丁路德・金恩（Martin Luther King）遇刺身亡。克朗凱拿下黑框眼鏡，噙淚報告甘迺迪總統遇害的新聞，成為那個時代的經典畫面。他也在一九六九年七月二十日興奮地報導阿波羅十一號登陸月球。他經常代表數百萬美國人的感情和思想。

那個時代，夜間新聞是許多人日常生活日復一日都要打開電視機關心的寰宇動態。九十二歲高齡才去世的克朗凱是道道地地的老派新聞記者，他的魅力很簡單——極大多數的美國人尊敬他、喜歡他、信任他。他贏得客觀、直率報導的信譽。如果克朗凱說了，肯定是真的。一九七二年，他在全國「信任指數」調查排行榜上以七十三分名列前茅，成為全國最受信任的公共人物。

克朗凱播報新聞結束時，代表性的結尾詞是「今天就這樣了……」（And that's the way it is…）。他會隨著當天新聞的性質，以幽默、諷刺或感傷的語氣講這句話。這是今天新聞播報員還不能忘懷的結尾詞——可能永遠無法忘懷。

克朗凱受惠於活在人們相當相信媒體和權威的時代。坐在主播台上那十九年期間，他就是全國新聞的聲音，當時可沒有部落格這回事。哥倫比亞廣播公司（CBS）、國家廣播公司（NBC）和美國廣播公司（ABC）三大新聞網壟斷一切；這個大環境現在已因網路粉碎，碎裂為數百萬新聞製作人和消息來源激烈競爭觀眾和點閱率。在臉書上，現在「主流」新聞與我們朋友po的生日照片或晚餐吃了什麼美食的照片相互競爭我們一閃而過的注意力。克朗凱贏得觀眾的信任，不過他也該慶幸他沒在「後真相」時代播報新聞。人們對媒體可信度的信心早已付之一炬，這把火有一部分是媒體咎由自取，但是也可以說是受到有權有勢人物想要汙衊喜好刺探隱私的媒體所煽動。甚且，現在幾乎已無共識，不曉得誰在說實話。互聯網使我們很難分辨事實與虛構，它很容易破壞真相。

據估計，每天全世界有三百萬則以上的部落格po文。紅迪（Reddit）是最大的部落格網站之一，史蒂夫．霍夫曼（Steve Huffman）二〇〇五年共同創辦它時，還不滿二十歲。紅迪是853,824個訊息板（所謂subReddit）的巨大結合，這些訊息板從一般性質——睡眠、音樂、政治、美食——到專屬類別都有。譬如，「沒脖子的怪動物」板上，超過三萬一六八個沒脖子動物狂熱人士貼出顯然是沒有脖子動物的照片。紅迪也在互聯網上刊出某些最歧視女性、種族歧視、反猶太人和仇恨的內容，包括「死小孩照片」「約會強暴」「監獄誘餌」「痛揍女人」「看著黑鬼死」和「痛恨胖子」等subReddit——紅迪後來把它們都下架，但足足花了兩年多時間才完成。紅迪會爆紅是因為它號稱是民主的網路論壇，言論自由、信仰特異；任何人都可以放言高論，即使它蠻橫、有毒害或虛假不實。

霍夫曼和他維吉尼亞大學的死黨亞歷克西斯．瓦尼安（Alexis Ohanian）共同創辦紅迪，目標很單純：要成為「互聯網的首頁」。這個網站設計成為，使用者把他們認為有價值的項目「給予好評」（upvote），把似乎不值一顧的東西「給予惡評」（downvote），換言之，大家一起規劃何者可出現在紅迪的首頁。這是一個強大的網站，故事在這裡生根、傳染。霍夫曼幾乎達成他的首頁美夢——目前紅迪已經成為全美國第七位最受歡迎的網站，每個月上網使用者超過二億五千萬人次。紅迪日漸茁壯。

「史培茲」（Spez）是現年三十三歲的霍夫曼在上面的代號。他在網路上和人吵架，互槓多年，也不諱言自己有本事駭入其他網站，甚至還冒出以假訊息騙朋友女友的新聞。二〇一六年十一月，他運用自己的技能和身為版主的編輯特權，祕密進入親川普的分類貼文裡，修改評論。他以為神不知鬼不覺，沒有留下竄改的痕跡。但是他立刻覺得和踢館的人幹架不是智舉，在一個小時之內把那些評論又改回原始模樣。

但是他動作不夠快。這個小動作和互聯網上其他動手腳的行為一樣，很快就被逮到。這可以單純視為一個青年創業家在壓力下鬧出來的幼稚行為。可是，各方的反應十分強烈——這個動作被認為等於是在搞新聞檢查。事件之後兩天，霍夫曼向社群貼出通稱「TIFU」（Today I Fucked Up，今天我搞砸了）的道歉。他寫說：「我很抱歉：我很抱歉辜負了你們大家對紅迪的信任。我應該誠實的與這個社群找到共同點來進行溝通，但是我沒有這麼做。」

祕密編輯使用者的使用紀錄，按照紅迪的標準，在倫理上是嚴重違反權力的行為，傷害到廣大線上群族的信念。使用者覺得賀夫曼濫用他版主的特權，背叛了大家。溫哥華使用者路卡斯．席勒辛格（Lucas Schlesinger）寫道：「非常惡劣的濫權。這會讓我不免懷疑紅迪管理人究竟還編輯了哪些其他評論。」問題不在這個動作本身，而是它代表的可能性。

數千名使用者在Change.org上聯署，要求霍夫曼辭去執行長職位。然而，看來霍夫曼就像其他銀行家和政客一樣，不會因為他的行為面臨任何真正的懲罰。他只是遭到公開打臉而已。

賀夫曼的濫權可能很短暫、也有限度，但是它代表深刻的意義。我們正處於一個混亂不明時期的分界點；一個混沌的灰色地帶，體制式信任遭到有系統的破壞，分散式信任正要崛起以取代它，也不知這究竟是好事還是壞事。當我們面臨推翻傳統體制和舊權威來源，守住高度個人問責的新時代；在一個守門員、裁判、專家和權威退到一邊、受到破壞或完全撤走的狀況下，我們必須了解是什麼因素在運作。它要求我們有新種類的警戒和決策。系統變化的規模太龐大，帶來了巨大的挑戰。譬如，我們要選擇哪一種針信任攻擊去做挑戰？在百萬個其他可疑的部落格沒被抨擊下，為什麼我們僅追打霍夫曼的行為呢？相信我們可以從個人手中拿走權力，那是一種謬誤。我們反而需要更深刻思考的是，個人行為的後果——以及最終責任應該在哪裡。

3 陌生的熟悉

從壽司到自動駕駛汽車——幾個說服人們信任新觀念的創意實例。

大部分時間，我父母不認為應該把小孩放在蠶繭裡保護。他們要我哥哥和我透過經驗，勇敢、試錯的摸索我們的世界，即使稍微受傷也無妨。他們會把我們爬框架摔下來、騎腳踏車跌倒、攀牆或騎馬不成，當成是一般情況，不至全家因此聚在一起哀聲嘆氣。我們這家子會把小災難當做考驗。然後「立刻站起來」。

但是有些事、危險的事，我父母教我們要避免。例如：別把手指伸進插座裡、陌生人敲門時別開門、別把塑膠袋罩在腦袋上、別用手碰火或滾燙的熱水壺、過馬路前一定要左顧右盼、注意兩面是否來車等。

我清楚記得有一天媽媽問我：「你知道什麼叫做陌生人嗎？」當時我四歲半，即將進入幼稚園，踏入新世界。我們去拿了我生平第一套學生制服要回家，那套制服真難看，全身難看的橄欖綠色，白綠格子襯衫，配上綠色的羊毛短褲。我們走在大馬路上，她清楚地解釋，陌生人未必就是好人或壞人，只是我們不認識的人。有一種「安全的陌生人」，可以信任他們。譬如，警察、糖果店阿姨或消防人員等。

當然還有其他陌生人。譬如，開著車子的陌生人。我媽反覆說明，如果有人停下汽車，要我上車，我要趕快大聲叫、跑開。這一點我做得很好。如果有人突然到學校要接走我，即使是阿姨或媽媽的朋友，都需經過我們安排的一個暗號「綠色番茄」。相對於她其他相當合理的父母經，她深怕陌生人開車綁架我的意念，可以說是幾近於偏執。

說來也是美麗的嘲諷，成年後的我工作卻專注在需要陌生人彼此信任的概念上，甚至包含汽車上的陌生人。過去無法想像的這種信任模式，已經在全世界如雨後春筍般湧現。我們才正要開始了解它是怎麼運作的。

安舒爾．蘇卡（Anshul Shuka）是個二十九歲的醫生，居住和工作在新德里西南郊區一個快速成長的城鎮古爾岡（Gurgaon）。他定期會開車回老家齋浦爾（Jaipur）探望家人和朋友。路途不近，大約二四〇公里，視交通狀況，他那輛深灰色現代汽車大約要開四個鐘頭。蘇卡提供三個空位，招攬同時要到同一個方向去的共乘客。每個位子「收費」六百盧比（大約七英鎊），他透過全世界最大的長途共乘平台「巴拉巴拉汽車」（BlaBla Car）刊登廣告。

蘇卡在簡介上自稱是「巴拉巴拉」，意即其他乘客若是在漫漫長途中喜歡聊聊，但又不喜歡一路說話到底，他可以配合話題。如果他希望一路說不停，他就是「巴拉巴拉巴拉」。如果他喜歡安安靜靜開車，他就只是「巴拉」。他的簡介說明他喜歡聽音樂、不抽菸、不帶狗或其他寵物同行。他得到評分不差，總分五分得分四點七分。曾經和蘇卡共乘的二十六歲女乘客馬妮莎・瓦斯岱（Marisha Vasdey）給他的評分是「優秀」。她說：「這趟行程很棒、很舒服。從體育到《冰與火之歌：權力遊戲》（Game of Thrones）——他竟然沒看過！——到政治，聊得很愉快。我推薦和他共乘。」

巴拉巴拉汽車是二〇〇六年法國一家新創公司，點子很單純：駕駛人「出售」他即將出門旅行時的空位，但只能收汽油和過路費的分攤費用。他們不能從中賺錢營利（不符合規定）。這是雙贏的安排；乘客以相對便宜的代價旅行，而駕駛人可彌補旅行的費用。巴拉巴拉汽車像是合算的社群服務。從某一層意義看，它的確是；但它也是商業活動。這家公司在二〇一七年市值十二億英鎊。巴拉巴拉汽車藉由收取預訂費來賺取利潤，預定費大約是旅行成本的15%。

值得注意的是，巴拉巴拉汽車的定價模式和優步不同，不過它也不是設計來和計程車競爭。它的平均行程大約三二〇公里（二百英里），相當長，因此比較直接威脅到巴士和火車。和我們從未見過面的人在車上相處的時間也比較長。我們可能會碰上「後座駕駛人」，一路上告訴我們該怎麼做；說不定會碰上有怪異幽默感的人，或是我媽常說的精神病殺人犯。

現年四十一歲的共同創辦人佛瑞德里克．馬智拉（Frédéric Mazzella）最早是在二〇〇三年十二月起心動意，要給空位子創造市場。他當時正在巴黎工作，答應家人會和他們共度聖誕節；他們住在法國旺岱地區（Vendee），約於首都西南方四二〇公里處。馬智拉埋首工作，直到最後一刻才安排行程。這時候，火車車票全部售罄，而他自己又沒有汽車。不得已，他央求姊姊露西繞路兩小時來接他。

在那個寒冷的冬天夜晚，走在公路上，他注意到絕大部分汽車只有一個人——一位駕駛，並無其他乘客。馬智拉說：「當時我就想，太沒有道理了。真是浪費呀！我們為什麼不把這些空位子放上某種搜尋引擎，讓乘客方便搜尋和訂位，就好像訂火車位一樣呢？」

馬智拉很驚訝，發覺根本沒有這種網站存在。是的，偶爾有人在克雷格清單（Craigslist）上貼文揪伴，但也就是這麼樣而已。雖然他有很長一段時間忙其他事，沒空多想，但是一直沒有忘掉這個點子。最後，隔了三年，他在二〇〇六年覺得時機成熟了，可以開辦一家共乘公司。撮合買家和賣家的網路商場如 Etsy 和電子灣正要起飛，YouTube 和臉書等社群網路也正在開始集結動力。如果網民開始分享照片、音樂和日常思維，為什麼不能分享汽車空位呢？

馬智拉找了好朋友、程式設計師佛蘭西斯．納培志（Francis Nappez）商量。兩人設立一個網站，起初命名CoVoiturage（法語，意即「共乘」）。第一個網站很基本、也難看。它沒有使用者簡介，也沒有同儕評論或評分。駕駛人只能提出電子郵件和電話號碼，以類似網路分類廣告的方式宣告他們的行程。人們必須彼此聯絡、協議價錢，及做必要的安排。這裡頭出現許多摩擦，費時又費力。最重要的是，陌生人還是陌生人。

從書面上看，共乘是個極大的商機。光是在法國，每年大約有十億個空位在大城市之間旅行，而且每年有七億多次以上的旅行行程超過一五〇公里。

可是這個主意起先並沒有如馬智拉所想像立刻起飛。沒錯，整整歷經十多年，這個平台才真正受到注意。人們根本還沒準備好接受必須的信任大躍進，接納這種新的旅行方式。它早期的模式忽視某些重要關鍵，而且非常人性的一些問題：公司專注在解決撮合駕駛人和乘客之間的協調問題，卻沒有解決信任的問題。

二〇〇七年，馬智拉決定到歐洲工商管理學院（Institut Européen d'Administration des Affaires, INSEAD）修企管碩士課程。他在學校認識尼古拉・布魯松（Nicholas Brusson），公司現任的營運長。他們決定提案把CoVoiturage參加歐洲工商管理學院的創業競賽。他們很失望，只拿到第四名。評審提出的最大問題都環繞在信任上面——它和尋找順風車的市場有什麼不同？

馬智拉說：「當時iPhone還不存在。人們才正開始明白，我們正要跨進數位時代。這時候，我提出一個點子，任何想要旅行的人可以找個往同方向行動的駕駛人連結起來。世界花了一段時間才準備好接受這個點子。」他必須找出方法解決我們從孩提時候就深鑄腦海的教訓：千萬不進入陌生人的車子。

讓素未謀面的人彼此信任共乘汽車，是非常艱鉅的問題。基本上它是把搭順風車的概念改造成付錢、事先規畫和基於互信而共乘。但是事實上問題不始於讓人們互相信任這種個人信任。問題始於如何建立普遍化信任，也就是我們如何先取得對這個點子本身的信任。

許多年來，已經更名的巴拉巴拉汽車採取錯誤的方法要爭取人們接納這個點子。公司試圖強調環保，大談共乘對地球的好處。但是這招不管用，不足以說服人們採用這種服務。下一招就是試圖把軟體賣給企業客戶，以便他們提供員工共乘服務。這個想法合乎邏輯：員工不完全是陌生人，信任已經存在。但是每家公司都希望有不同的特點，以符合他們特殊的需求。馬智拉說：「我們花了大量時間、資源和注意力完成好幾個客製化的平台。可是卻找到規模化的解決方案。經過一段時間，我們發覺企業對企業的模式（B2B）不會賺錢。」

當他注意到現在已很明顯的一個問題時——使用者常常取消預定，卻沒受到懲罰——轉機出現了。「乘客會在啟程前一小時或三小時打電話來說：『喔，抱歉啦，我不能來了。我祖母生病了。』」馬智拉開玩笑說：「我們乘客祖母生病的比例高於一般人。」乘客會在線上向好幾輛汽車訂位，以防某位駕駛人在最後一分鐘變卦。駕駛人為防乘客臨時取消，也超收乘客訂位。彼此沒有堅守承諾，造成一團亂。

巴拉巴拉汽車因此實行一個辦法，事後回顧這個辦法其實出奇的簡單。二〇一一年，公司推出乘客必須在線上付費，而且非常重要，必須事先預付。乘客在訂位時已經先繳費。這不僅解決了在車上交錢的尷尬，也造成事先的承諾。取消訂位率由35％降低到不足3％。服務開始真正起飛。線上支付移除了妨礙信任的一個因素、一個當涉及到信任新想法或彼此的人時會出現的破壞因素。

巴拉巴拉汽車截至二〇一七年四月，在二十二個國家，每季載客量超過一千二百萬人次。我們不妨做個比較，它每個月載客量大於歐洲之星（每季載客量二五〇萬人）或英國航空公司（每季載客量一千萬人）。馬智拉引述法國小說家、詩人和劇作家維克多·雨果（Victor Hugo）的一句話：「沒有任何東西比時機成熟的想法更加強大。」

巴拉巴拉汽車證明，科技使數百萬人在某個點子上信任大躍進，可以不管文化規範，去做新鮮的事，或以和過去不同的方法做事。

過去十年，我曾經研究數百個重新設計產品、服務或資訊的價值的網站、市場和系統，接觸了許多人。信任在這些案例運作上有很多迷人的細緻差異，我們將在本書一一探討這些細

信任積木

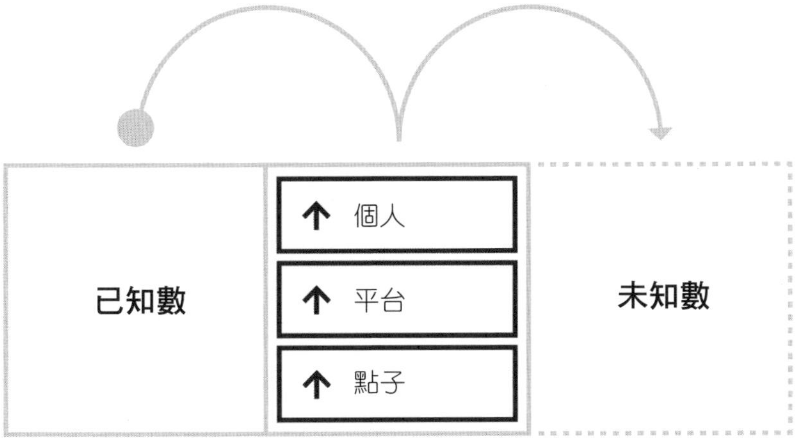

緻的差異。但是在這些差異底下，人們其實會遵循一個共同的行為模式來形成信任。我稱之為「攀爬信任積木」（Climbing the Trust Stack）。

所謂信任積木就像這樣：首先，我們必須信任構想，然後公司，最後我們必須信任其他人（有時候則是機器或機器人）。

以巴拉巴拉汽車為例，我們來說明它是怎麼運作。第一層，我們必須信任共乘是安全、值得一試的點子。這一定需要有足夠的了解和確定性，或降低不確定性，才能使我們願意嘗試點子。下一個階段就是對平台和公司有信心。在這個案例中，就是曉得巴拉巴拉汽車會在共乘之前剔除掉壞蘋果，以及若有問題時可來幫助我們。第三、也是最後一個階段是，我們使用不同的資訊會判斷其他人是否值得信任。在最後層次，才發生真正的信任。但是我們不能不先通過兩個不同階段，才能進到第三階段。

我們第一次攀爬信任積木時，會覺得有點怪怪的、甚至覺得有風險。但是我們一進到新構想似乎不只正常、也有必要的階段。我們便覺得放心可以信任大躍進，一旦做了信任大躍進，我們的未來行為會變，通常會很快就變。

是什麼東西誘導我們接受新點子呢？就是信任，它影響新點子能傳播多遠、多快和多持久。

信任新發明不會是偶然就發生。有些普遍的心理和感情障礙必須先克服。使它能夠發生的條件可以歸納為三個主要概念：第一是加州卷原則，第二是「我在裡頭有什麼好處」因素（WIIFM factor, what's in it for me），第三是信任影響者（trust influencers）。

第一，要讓不熟悉的東西變成更熟悉。以壽司為例，壽司的概念是在一九六〇年代末期引進美國，當時娛樂、音樂、時裝和食物的品味都出現旋風式大改變。起先，美國人不能接受壽司。請記住，當時一般家庭坐下來吃的晚飯是肉塊配淋上肉汁的馬鈴薯泥。在絕大多數上餐廳吃飯的人心目中，吃生魚片被認為很奇怪、又危險。這時候洛杉磯市中心小型壽司吧「東京會館」（Tokyo Kaikan）的廚師真下一郎（Ichiro Mashita）出現一個新點子。他想到：「如果把陌生的成分配上黃瓜、蟹肉和酪梨這些熟悉的成分，會是怎麼樣呢？」真下一郎也發覺美國人喜歡米飯在外頭、海苔在內側。換句話說，如果把壽司捲反轉過來會讓美國人更覺熟悉。

沒想到果真一炮而紅。加州卷成為許多人認識日本料理的入門。美國人現在一年吃掉的壽司總值二十二億五千萬美元。《鉤癮效應》（Hooked）一書的作者尼爾・艾歐（Nir Eyal）寫：「加州卷的教訓很簡單——人們不要真正新的東西，他們要的是以不同手法做出的熟悉的東西。」

所謂加州卷原則就是把新東西和某些熟悉的東西結合，使它產生「陌生的熟悉」。這種現象就是心理學家羅伯・查瓊克（Robert B. Zajonc）所謂的「重複曝光效應」（mere-exposure effect）或「熟悉法則」（Law of Familiarity）。我們可以理解，人類處於他們熟悉的人或事物中間，往往會更舒適坦然。根據這一點，就有許多可以發揮的地方了。

譬如，蘋果電腦在設計上採取賈伯則所謂的「擬真風」（skeuomorphism）。這是一個包羅萬象的詞語，指的是設計靈感來自實體世界的一般物件或元素。iPhone的日曆像實際的日曆。筆記本的應用軟體像黃色記事本。第一代Mac電腦上的垃圾桶就和金屬垃圾桶一模一樣。最早出現的播客（podcast）應用軟體看起來就像古早味的捲式錄音帶，而iBooks看起來就像真正的木板書架。熟悉的元素未必是新東西能夠運作所必需，但是它打動我們的懷舊記憶。它們的角色是使我們腦子能在電光石火一瞬間抓住從未經驗過的東西。蘋果電腦傳奇的設計師卓尼・艾維（Jony Ive）就說，目標是要「建立陌生熟悉感的東西。」

當我在牛津大學修美術學士課程時，必須選修一門現代哲學與批判理論。我們唸笛卡兒（Descartes）、伏爾泰（Voltaire）和盧梭（Rousseau）等人的作品。上課地點是牛津一棟舊大樓的大講堂。講堂裡有一大堆深色木板，牆上掛了一大堆老人家的大型油畫肖像。我們的教授向學生們解說：「藝術就是一種思考方式，探討生命的意義。」坦白說，我認為這些課很自大、非常痛苦。事實上，我有時候還會作夢夢到在課堂上苦撐。當時我不曉得如何抽象思考。但是有一天教授講到伊曼努爾・康德（Immanuel Kant），我卻聽得入神。康德在《純粹理性的批判》（The Critique of Pure Reason）寫道：「人類的理性是就是知識體系。」——意即我們的思想遵循一個清楚有組織、界定的結構。早在賈伯斯發想之前，康德就認為人類需要某種系統或熟悉的模式鋪路，以便理解新生事物。

或許你曾經駐足、停在一件藝術品之前，心想：「這是什麼玩意兒啊？」我記得自己曾經在泰特現代藝術館（Tate Modern），站在以一二〇塊磚頭排成的一個長方形之前；呃，這就是用來蓋普通房子那種不起眼的磚頭嘛。雕塑家卡爾・安德烈（Carl Andre）這件作品取名「等值物 VIII」（Equivalent VIII）。安德烈以利用「可辨識的東西」創作「思想藝術」著名。但是磚塊有什麼思想？我完全不懂。我怎麼做？我立刻走開了，移向下一件展示品。當我們碰到新發明和新經驗，搞不清它是什麼玩意，都會這麼做。我們不去理它，繼續向前走。

直到最近，我才醒悟到這正是我對信任的看法。明白地講，我們要信任一個新點子，我們需要一條容易找得到、能夠跨過去的橋梁。未知數必須被降低直到我們腦子裡想：「我明白了，它就像……」我們必須把「等值物VIII」轉化為「拆解柏林圍牆」。我們必須把陌生的海苔放到裡面、米飯放在外面。

讓我介紹一家公司，它曉得如何打造一道橋梁，讓人們可以輕鬆地由已知數走向未知數。這家公司叫做Airbnb。

祖德．安亭（Judd Antin）在Airbnb的正式頭銜是研究主任。他的職責是了解使用這個住宿平台的客人和主人腦袋在想些什麼。他希望找出他們真正的想法，以及真正發生了什麼。假如你想知道主人用什麼奇怪、令人意想不到的方式為客人備妥落腳住宿之處，安亭的經驗研究團隊可以告訴你。有個主人為了不讓客人使用某一浴室的特定馬桶，他用一盆裝在沉重的水泥筒的多刺的仙人掌，擺在馬桶上。

三十八歲的安亭是個社會心理學家，也從加州大學柏克萊分校拿到資訊管理與系統博士學位。他的研究大部分集中在為什麼人們在不同的線上環境會以某種方式動作。譬如，人們如何管理多個數位身分？女性和男性在維基百科上編輯時會有不同嗎？（答案是——的確不同。）安亭給你一種感覺，當他對某件事感到興趣時，他會入迷去研究。他是那種不認為任何問題是笨問題、但認為你或許可以換個方式問問題的人。事實上，我們透過Skype交談時，有好幾次他就這麼對我說。

他從來不把他研究的人稱為「實驗者」或「參與者」。他甚至不用「使用者」這個字詞。他永遠稱呼他們「客人」和「主人」。他不用「空間」這個字詞，他稱呼它們是「家」。他形容自己的研究是「性感」。安亭解釋說：「當我說性感時，我的意思是我們研究主題的確香噴噴的。讓另一個人進入你家的點子有很多面向，你可以花多年時間深入思索。這個研究需要深入了解問題，想出如何把發現轉換為設計、產品和溝通方案。」

安亭的團隊必須了解是什麼使人們安心信任Airbnb的構想。當客人初次上Airbnb網站時，他們曉得他們要去度假，或只是需要有個地方落腳。但是在他們開始動作之前，有許多個「what if」和未知數。第一、也是最根本的問題是：「共享住宅的構想究竟是什麼？」

即使是投資人，剛開始也無法接受這個構想。事實上，許多人笑著把Airbnb創辦人送出門，認為這個構想太危險。以克里斯．沙卡（Chris Sacca）為例，沙卡是著名的創業家，美國主要創投基金「小寫資本公司」（Lowercase Capital）負責人。沙卡常常洞燭機先，的確能見人之所未見。他是最早支持推特、優步和Instagram的投資家之一。他也是Airbnb三個創辦人——布萊安．切斯基（Brian Chesky）、內森．布萊卡斯亞克（Nathan Blecharczyk）和喬．傑比亞（Joe Gebbia）——在二〇〇八年出示原始計畫的第一批投資人。但是他拒絕投入種子基金。

沙卡說：「我把他們拉到一邊，正色告訴他們，老兄，這是超級危險的想法。你們打算某人還住在裡面時，把他的房子的一個房間出租出去？有人會被強姦或謀殺的，到時候你們雙手就沾滿鮮血了。這絕對不會成功的。」

投資人評估一個計畫時會思考「what if」的情境。講明白就是：「使用這個產品或服務時，會發生什麼最壞的狀況？」以Airbnb來說，很多狀況會發生，也的確發生許多狀況。

沙卡不是起先擯斥Airbnb、錯失機會的唯一一位投資家。我在二〇〇九年撰寫第一本書，探討所謂「共享經濟」時，碰到Airbnb的創辦人。回家後，我告訴老公克里斯，我們應該投資他們。我鉅細無遺說明人們如何將他們的房子拍照——臥房、廚房、甚至浴室，然後世界各地的人都可以預訂這些地方。他習慣聽我不斷分享點子，徵求他的意見。但是這次他一臉怪異表情瞪著我，彷彿我胡言亂語。我繼續努力，試圖說服他，我堅持說：「電子灣是個數十億美元的事業，陌生人透過網路買賣各式各樣東西，包括二手貨舊汽車。當時，大家都認為皮耶．歐米迪亞（Pierre Omidyar）發神經，它不會成功的。」他還是不為所動，我只能端出我一再掛在嘴上的口頭禪：「未來是由樂觀者，而非悲觀者創造的。」

克里斯是個律師，精於辯論。他回應說：「這不是電子灣。人們也不是在網路上匿名買賣東西。這裡涉及到人們的家。這是人們在真實世界會碰面的事情。」他說得對，但也是大錯特錯。Airbnb 現在是全世界第二位最有價值的旅宿品牌，市值估計可達三一〇億美元。我把 Airbnb 的市價表貼在我們家冰箱上，也在它上方寫下一句話：「永遠要聽老婆的話！」

回顧起來，很容易指出沙卡和我老公這種人，說他們是如何如何的犯錯。但是，誠如我所說，我們也很容易理解為什麼他們會那樣想。Airbnb 的成功，是因為它能夠讓人們做出驚人的信任大躍進，克服天生的「陌生人危險」的偏見。

我想請你自己做個很快的實驗。下次當你坐在陌生人隔壁位子時，請他們跟你交換手機只要一分鐘。你向他們說明，你會拿著他們手機，他們也可以拿著你的手機。告訴他們：「你要怎麼用它，都可以。」

我在許多不同時間和不同的人玩過這個遊戲，有些人是財務顧問、學生和房地產經紀人。我在晚宴場合、會議廳和教室做過實驗。大家的反應是可以預料得到的。有人當下就拒絕；有人很緊張地傻笑；有人猶豫地拿了手機，但是把它的螢幕朝下放置；有人一直問還要多久才結束啊。只有少許人直接進入實驗，查看手機上的短訊、照片和推特文字。有些人甚至就在推特和 Instagram 上 po 文。但是，絕大部分參與者覺得非常不舒坦。這還只是把別人的手機拿在手上不到一分鐘。

Airbnb 必須在涉及我們生活中最親密的一件東西——我們睡覺的地方——的交易建立信任。安亭說：「我們必須在從未見過面的人之間建立奧林匹克級的信任。」也正因如此，他的工作是如此有趣和富有挑戰性。安亭告訴我：「我們已經這麼大，但是絕大多數人還是不曉得，還有許多人只是模模糊糊知道Airbnb、卻未必真正了解。」他們腦子裡第一個念頭是：「這究竟是什麼玩意兒？」

有些人第一次上Airbnb網站，他們甚至會想，Airbnb是否擁有他們在網頁上看到的所有房子，而公司想把它們租出去。安亭說：「聽起來有點可笑，是吧？其實不然。這只是他們所了解的度假模式而已。」

有許多研究針對人們怎麼會「理解」這個觀念去分析。最顯著的是，在首頁上並沒有「Airbnb是如何運作？」這樣的影片。沒錯，有人會去找「關於我們」或「信任與安全」這些欄目去查看究竟，但是它們擺在首頁下方。正面中央，我們在Airbnb網頁上看到的第一個東西是個簡單的問題，刻意故作玄虛的問：「哪裡？」

安亭告訴我：「人們理解這個觀念的方法之一是，聯繫到他們了解的某些東西上去。我們注意到新客人來到網站時，他們通常都不會去看教育材料。他們不是沒注意到它們，就是沒有共鳴。他們反倒直接到搜尋方格，搜尋他們所住城市的地點，因為這是他們知道的地方，對不對？」

譬如，住在倫敦的第一次客人想在紐約找個地方落腳，他們可能不是搜尋紐約，而是搜尋倫敦。他們甚至找更貼近自己家的地方，譬如搜尋坎登區（Camden）。安亭解釋說：「他們看到搜尋結果的地圖，客人的反應是：『喔，喔，我明白了。這是某人的房子，就在我家附近，靠河邊哪裡，如果你想要，你可以住在哪裡。現在，我明白了。』這就是『啊，哈』的時刻。」關鍵的是，Airbnb如此設計網頁，就是鼓勵這種行為。它可以設計一個拉下選單，讓客人從一份名單中選擇目的地。但是這樣就會過分制式化。它沒辦法讓新的使用者方便地找到他們能夠理解的東西，例如：附近其他像他們的房子也在出租。

換言之，我們信任我們所知道的東西，但是我們也可以信任我們認為我們已知道的東西：事實上很新、但又顯得陌生的熟悉的東西。

熟悉不是說服我們信任新觀念唯一的有關聯東西。一旦我們跨越「我明白啦」的駝峰——加州卷原則，下一個需要跨越的障礙是「我在裡頭有什麼好處」因素。

一七九六年五月十四日，英國醫生愛德華．詹納（Edward Jenner）在他園丁的兒子、八歲的男孩詹姆斯．菲普斯（James Phipps）身上進行實驗。詹納在小男孩雙臂用手術刀畫兩刀之後，塗上小量的牛痘水皰。小菲普斯果如預期，略為發燒，但是沒幾天就復原了。兩個月後，詹納又給小男孩接種。這次他用的是天花病的膿液。果如這位醫生預料，無疑也讓他鬆了一口氣的是，小男孩沒有染上天花。進一步檢驗顯示小菲普斯已對天花產生免疫力。這就是疫苗接種（vaccination）概念的誕生——拉丁字vacca就是牛的意思。詹納又是從哪裡得到這個主意？

詹納在格洛斯特郡（Gloucestershire）鄉下行醫，他的病人大部分在農場工作，與牛群接觸。詹納還是醫學院學生時就注意到，擠牛奶的女工染了牛痘，這是一種相當溫和的小病，卻不會染上天花這種當時最致命的一種傳染病——數百萬人因之喪生，其中包括五位當政的國王。可以說迫切需要找出這種病的治療方法。

一七九七年，詹納投交一篇小論文給英國皇家學會，描述他實驗的結果。但是論文遭到退件。既然不見容於同儕，詹納自己出版一本書，詳細敘述牛痘的確可以預防天花的理論。可是他的想法引起普遍爭議和批評。反對的理由五花八門，宗教、科學和政治原因都有。教會聲稱，牛是上帝創造的低等動物之一，要把病牛身上的某種東西接種到人類身上，是一種醜陋、「非基督徒的」行為。有些醫生貶抑他的研究「不合倫理」。其他人則是自私地不希望詹納成功，因為他們販賣治療這種疾病的其他藥品，賺取大把銀子。一八〇二年，報上出現一幅諷刺漫畫〈牛痘〉（The Cow Pock）——〈新接種法的美妙結果〉（the Wonderful Effects of the New Inoculation!）來綜合當時人的感想。它諷刺畫出向一群嚇壞的年輕人注射疫苗，而後從他們身體不同部位長出牛來。

詹納被告知他的想法太前衛，需要更多證明。他不因這些譏笑而氣餒，又在其他幾個小孩身上實驗，包括自己十一個月大的兒子，把小量牛痘注入人體皮膚。他注射過的每個小孩都顯示對天花具有免疫力。

這位年輕的鄉下醫生並沒有發現免疫接種的概念——這在中國和非洲已有長久的歷史，但是他是第一位刻意使用疫苗，以科學方法試圖控制傳染病的人。詹納後來被譽為「免疫接種學之父」。一八五三年，即詹納去世三十年之後，英國政府規定在英格蘭和威爾斯強制注射牛痘疫苗。一九八〇年五月八日，世界衛生大會宣布天花已從全世界絕跡。但過去詹納的新方法有數十年之久不獲採用。為什麼？人類還沒預備好在疫苗理論上信任大躍進，因為他們沒有完全了解其風險和好處——他們沒有看到箇中的好處。

這種疑慮到今天都還存在。反對疫苗運動自從詹納最先發現療效以來就存在，一九九〇年代末期發生一系列事件又激起已經在沸騰的恐懼和懷疑，它又死灰復燃。事件之一是英國醫學雜誌《刺胳針》（The Lancet）在一九九八年出現一篇文章，作者安德魯．威克菲德（Andrew Wakefield）醫生及其團隊，暗示痲疹、腮腺炎和德國痲疹三合一疫苗與自閉症之間可能有關聯。威克菲德只根據他對十二個小孩進行的研究，就寫出這樣一篇論文。這些小孩研究對象是仔細篩選出來的，整個研究案大部分經費出自代表家長及控告疫苗製造商的律師。文章旋即遭到批評，也被撤回，但是損害已經鑄成。加州大學社會醫學系主任夏朗．考夫曼博士（Dr. Sharon Kaufman）就個人對於醫學知識的發現之信任和不信任，進行廣泛的研究。她說：「絕大多數家長不是反對疫苗本身。他們活在一個高度警覺風險的年代——我們大家都是如此。不信任政府體制和製藥業，有許多機會『看到』可疑跡象。」即使人們不相信疫苗引起類似自閉症這種有害的副作用，反疫苗故事的力量卻引起恐懼的情緒，傷害我們的信任——不論我們如何理性思考。

美國著名的社會學家詹姆斯・薩繆爾・科爾曼（James Samuel Coleman）出生於一九二六年，對我們如何做決定有深刻的研究。具體來說，就是人們如何決定是否信任新點子。科爾曼生活在一個出現許多偉大新科技、發明的時代，譬如：第一部電視機、第一部錄放影機、第一架商用載客噴射飛機等。基本上，他的研究告訴我們，我們決定是否信任是根據對利弊得失做出評估。我們會估算信任這個構想是否對我們的生活有利或有弊。

這聽起來很明顯，對不對？但是它引起了一個關鍵點——直到我們理解它之前，我們並不想要採用新發明。這不是說我們全都需要確實理解科技是如何運作，不論是當年的內燃機或今天的區塊鏈。然而，我們的確需要知道它能做什麼、它能給我們什麼。在這個鴻溝跨過之前，我們不肯放棄我們已經有的東西。

在電視上建立信任是一回事。在有力量能傷害、或甚至殺死我們的東西身上建立信任，可又是另一回事。我們現在就面臨自駕車這個新生事物。某些工程師團體估計，到了二〇四〇年，路面上跑的汽車有75%將是自動駕駛車輛。但是你要如何讓人們信任機器，直到敢讓它們替你掌握方向盤？布萊安・拉瑟羅普（Brian Lathrop）博士是對這個議題有第一手了解的專家。

拉瑟羅普自從二〇〇四年起，就在德國福斯汽車公司（Volkswagen）電子研究實驗室任職。他拿到認知心理學博士學位，專精人類介面設計，是福斯汽車公司自駕車的研發負責人。他轉戰汽車製造業之前在美國太空總署任職，當時飛行員才開始使用自動飛行技術。他對於「模式混亂」（mode confusion）這個令人擔心的現象有極大興趣。拉瑟羅普解釋：「這發生在飛行員心裡，究竟是自動飛行器還是他們在控制飛行的時候。自駕車也面臨完全相同的挑戰。」

在我們對話中，拉瑟羅普對於自駕車面臨的挑戰，有出奇開放的言論。他天生活力充沛，但是你不會說他是個傳道士。他應該更像是一個樂觀的務實主義者。

二〇一六年三月，美國汽車協會（American Automobile Association, AAA）展開一項廣泛調查，想了解會員對自駕車有多大的信心。美國四分之三的駕駛人表示，他們會「害怕」坐自駕車。只有五分之一的人表示，他們會信任自駕車、坐上自駕車。受訪者提出的理由包括：「信任自己的駕駛技術大於信任科技」（84%）；「覺得這項科技太新、還未經過證明」（60%）；「對於這項科技了解還不夠」（50%）。

YouTube 上有一段影片，七十歲的老祖母秀莉第一次坐上特斯拉 S 型汽車、開啟自動駕駛功能時的驚險經歷。汽車跨越車道、穿過車流之際，秀莉尖叫：「喔、不！有車過來耶！天老爺呀！噢！噢！喔！喔！它要往哪裡去呀？」看著這段影片，實在很痛苦。在影片上，你可以聽到她兒子比爾啟動自動駕駛功能後，不斷對老媽的反應大笑。他老媽大叫：「天啊！我沒命了。」她看起來一副心臟病即將發作的慘象。事實上，秀莉只要抓住方向盤，就可以從機器手中取回控制權。但是她腦子一片空白。

我問拉瑟羅普，讓人們相信自駕車可以載他們出入有多難。我原本以為他會仔仔細細、源源本本解釋智慧設計如何克服類似秀莉這種人的恐懼感。我預期他會引述種種安全統計數據。但事實上，他有完全不同的反應。他說：「人們很快就信任自駕車，甚至太輕易信任它了。」

是的，拉瑟羅普看過有些人像秀莉一樣，第一次坐上自駕車就嚇得三魂六魄通通飛了。然而，他們只是少數。其他人完全肅然起敬，心想：「哇，它幫我開車耶。」接下來有趣的事出現了。隔了幾英里——通常自駕車跑了約二十分鐘之後——這個經驗就變成正常、甚至有點無聊了。智慧汽車載著你逛街，其實並不興奮。因此拉瑟羅普擔心車上乘客會打瞌睡。

他最大的關切變成：「自駕車上的人睡著了，你該怎麼辦？」他認為大家都還不夠正視這個問題。拉瑟羅普半開玩笑地說：「從信任等式上來說，這不是好事！」

人們太容易信任自駕車，這個說法太奇妙了，因此我逼著拉瑟羅普多加說明。當然，讓人們使用自駕車的第一步需要極大的信任大躍進，對不對？他回答說：「你想想看。絕大多數人都很安心當乘客。他們習慣由同事或朋友開車。」換句話說，當自駕車的乘客其實也聯繫到我們熟悉的一些經驗。「我們要求人們的信任大躍進其實不是新經驗，只是要求人們信任機器開車，而不是人在開車。這個躍進並不巨大。」這是陌生的熟悉。

拉瑟羅普承認，人們坐進自駕車之前，他們也會有一些問題要問。可以預料得到的問題是：「如果別的車在前面切進來，自駕車會有反應吧？」「自駕車會變換車道吧？」最常見的問題是：「它會開得跟我一樣好嗎？」拉瑟羅普指出，很少人會問起預料不到的情況。譬如，如果車子前面出現一頭鹿、或一隻狗，會怎麼樣？在忙碌的運動比賽會場，車子在停車場會怎麼樣？研究人員還未對所有這些問題找出答案。有些情況很難模擬安全或甚至預測。這些沒有預見到的問題，或者用拉瑟羅普的話來說，「1%的角落問題」，就是他的團隊需要解決的問題。但是問題在於，第一次使用者很快就不問問題了。他們進到車子裡，讓它自動駕駛。

自駕車最後的成功——開自駕車成為一般人的常態，這並不是依賴工程上的成功。它也不依賴我們了解相關科技是怎麼運作。它依賴的是讓人們信任某個點子的第二個原則——「我在裡頭有什麼好處」因素。我們想知道自己會有什麼好處。在這個個案上就是：機器取代人開車的好處大過風險嗎？

典型的美國通勤族每天平均有五十二分鐘堵在車陣中。累計起來美國人光是堵車每年就要浪費四十億小時，這些時間應該要用在更有建設性的用途上面。拉瑟羅普告訴我：「人們想知道如果他們不用開車了，能做些什麼事。」他們想像可以看電影、講電話、工作和吃東西。他說：「當你在交通號誌燈前停下來時，抬頭打量一下周圍。這些行為都不是新行為。我希望讓人們能做他們已經在做的事，但是要以更安全的方式去做。」的確，自駕車最大的好處就是安全。

我在青少年時期，才剛通過駕照考試一小時，就把我的汽車撞爛了，而且還不是小碰撞。我正在倫敦北方漢普斯特德花園郊區（Hampstead Garden Suburb）一處繁忙的十字路口等候紅燈轉綠。既然塞車，我想放輕鬆一下。就開始轉收音機，從首都台轉到維京台和其他電台，想找一首歌來聽。分神之下，我愚蠢地決定開動車子。碰！你絕對忘不了金屬相碰撞的聲響。我的車子飛起來，跌落到路的另一邊修剪整齊的樹籬上。往後五年，我又有三次車禍紀錄。我的確是差勁的駕駛。我的經驗提醒我，為什麼自駕車很重要。

根據世界衛生組織的統計，人類錯失和不一致的駕駛造成90%以上的車禍，每年因而有一二〇多萬人喪生。據估計，無人駕駛汽車到了本世紀中葉，可以降低高達90%以上的交通致命事故。分析下來，光是美國，每十年可減少三十多萬人喪生，每年因車禍產生的醫療照護成本可以節省一千九百億美元。在英國，畢馬威（KPMG）會計師事務所估計，自駕車在二〇一四至二〇三〇年期間可減少兩千五百人喪生。但是我們仍然高度懷疑這個好處。卡內基美隆大學（Carnegie Mellon University）電腦科學學院院長安德魯·摩爾（Andrew Moore）告訴《大西洋月刊》說：「直到證明它是更加安全，例如比起人類駕車安全一百倍之前，沒有人會願意實現自駕汽車。」

人類不是「風險相共」（risk mutual）的人，意即他們不會把平順和厄運等量齊觀。譬如，假設我丟了一件鍾愛的海軍藍色格子外套，那種失望感會比我找到另一件外套的快樂感──即使它們完全一樣──還更強大。人類的傾向就是對失去的感受強過對獲得的感受。「損失厭惡」（loss aversion）是以色列心理學家丹尼爾．康納曼（Daniel Kahneman）和阿摩司．特沃斯基（Amos Tversky）首先發現的概念，他們改變了人們對人類如何思考的想法。人們傾向堅守現狀，這會讓他們感到比較安全、比較好，即使我們曉得我們可以彌補損失。

沒有疑問，我們喜歡新東西，但是這些東西往往是就我們已經放心的思想再提升或改進。譬如，高解析度、無線平板螢幕肯定比需要電線和遙控器的笨重的彩色電視機要來得好。我們很容易更換新品。但是目前媒體並沒有盡力協助培養自駕車比人類開車來得安全的概念。事實上，媒體往往助長反面印象：自駕車會害你喪命。

二〇一六年五月七日約書亞．布朗（Joshua Brown）的特斯拉S型自駕車衝進一輛十八輪大拖車的側邊。四十歲的布朗當場喪生。出事時，這輛汽車啟動自動駕駛功能。報導說，警方趕到現場時，車上的DVD播放器正在播放哈利波特電影。事件當天發布的一則部落格貼文中，特斯拉表示：「自動駕駛儀和駕駛人都沒有注意到在明亮陽光照射下拖車的白色側面，因此並未啟用煞車。」換句話說，這輛自駕車不夠完美，而駕駛人也因為哈利波特而分神。

拉瑟羅普告訴我：「媒體喜愛這種故事，它們煽惑炒作。我了解為什麼。但是這起事故極端罕見。」沒錯，這是特斯拉顧客開了約一億三千萬英里後，第一樁自動駕駛功能啟動下發生的致死車禍。以美國所有車輛做統計，估計每九千四百萬英里會有一件致死車禍。換句話說，自駕車的安全度高出三千六百萬英里。

拉瑟羅普認為環繞著自駕車的許多訊息沒有用處。他說：「我們需要沖淡對自駕車可以完美無瑕的期望。我們需要人們了解，自駕車的利大高過弊。」

拉瑟羅普的觀察有趣的地方在於，它顯示建立信任未必懸於保證完美。事實上，保證結果會百分之百妥當，反而會招致災禍。

不論是決定捨棄著名旅館品牌，如萬豪酒店（Marriott）或希爾頓酒店（Hilton），而採用 Airbnb，或是決定信任一輛智慧汽車，我們列出的正反雙方意見都環繞在同一個層面——價值和確定性。不論是什麼概念，問題基本上是一樣的：這些經驗會替我的生活創造價值嗎？我要怎麼肯定會有那個價值？

你一定聽過「早期採用者」（early adopter）這個名詞，指的是在別人之前就先採用新產品或新科技的個人或企業。我的大伯就是一個早期採用者。他似乎總是搶在風潮之先就使用新生事物。他喜歡佩戴一個「捷足先登」胸章。他會津津樂道介紹你應該試用某些新東西，譬如數位錢包、幫你找出哪種食物最適合你體質的消化追蹤儀、奈斯特恆溫控制器（Nest Learning Thermostat）[17]等等。早期採用者總是喜歡找些新東西來玩，然後成為它們的宣傳家。他們往往有強烈、激動的意見（我不是說它們不好），讓我們說他們是並非完全了解，但是知道很多的人。毫無疑問，早期採用者是創新發明能夠起飛的重要關鍵。可是，很有趣的是做為一個群體，以讓後進的大多數人爬上信任積木的第一層而言，他們未必是最有影響力的群體。我們需要的是第三個要素——我稱之為信任影響者。

信任影響者是能夠不成比例地使我們的行事方法產生重大變化的一群人；他們訂定社會規範。

每一種新思想都會有信任影響者，但是有時候我們必須很努力，才會在預料不到的地方找到他們。

在一個未必令人特別興奮的概念上——匯錢到國外，我們可以找到非常棒的信任影響者的實例。

幾乎每個偉大的新創事業背後都有個人遭遇挫折的故事。有關「聰明匯款」（TransferWise）的故事是：塔阿維特・辛里庫斯（Taavet Hinrikus）出生在愛沙尼亞，當時它仍是蘇聯的一部分。那是一個非常艱苦的成長環境。辛里庫斯說：「你必須勇敢以有創意的方法解決問題，才能搞定事情。」二〇〇二年，二十歲的辛里庫斯結識尼克拉斯．曾斯特洛姆（Niklas Zennstrom）和賈納斯．弗里斯（Janus Friis）這兩位剛起步的創業家。他們腦子裡在思索一個主意：如何能夠以數位方法把人們說話的聲音和字詞傳遞給另一個人呢？就像是不用電話機通電話，當然就不需付電話費。沒錯，這就是Skype最初發想時所用的敘述。辛里庫斯成為這個團隊第一位職員。

Skype成長非常快。二〇〇六年，公司需要把辛里庫斯從愛沙尼亞調到倫敦幫助展業。他賺的是歐元薪水，但是匯入他的愛沙尼亞銀行戶頭。每兩個星期，辛里庫斯必須把錢轉到一個英國銀行戶頭，支付他的房租、飲食及其他開銷。每次錢一匯入，總是比他預期的數字少了很多。他覺得這整個經驗實在是不必要的痛苦。

譯注

17 奈斯特恆溫控制器是奈斯特實驗室開發的一種自動調控溫度計，可在Wi-Fi環境操作，最適化住家或辦公室的溫度，達成節約能源效果。

有位朋友克里斯托・卡爾曼（Kristo Käärmann）面臨相同的問題，只不過方向恰恰相反。卡爾曼在德勤會計師事務所（Deloitte）擔任顧問師，領的是英鎊薪水。他必須把錢匯回愛沙尼亞，支付房屋抵押貸款。卡爾曼說：「每次匯錢，我都損失5%。」這些錢被銀行賺走了，也就是手續費和不利的外幣匯率。

辛里庫斯和卡爾曼想出一個簡單、但聰明的主意。辛里庫斯說：「我們想出來我們可以『交換』錢呀。我把我的錢從愛沙尼亞戶頭匯到他的愛沙尼亞戶頭，他把他倫敦銀行裡的錢匯到我在倫敦的戶頭裡。這一來，消除掉不公平的匯率和銀行手續費，我們省下許多錢。」這對朋友覺得他們碰上大好機會了。他們二〇一一年在倫敦創立的「聰明匯款」公司（TransferWise），於二〇一七年三月估計市值超過十一億美元，占英國的國際通匯5%的市場占有率。

「聰明匯款」根據等同資金流量的點對點科技系統，來撮合金錢流通。假設我要從倫敦某銀行匯一千英鎊到巴黎另一家銀行，系統幫我找出某人想把歐元換成英鎊。以這種方式辦事比起利用銀行轉帳程序更快、更容易、更便宜。這使我們又回到信任和改變行為的問題。

通常從一個國家匯款到另一個國家，是透過傳統的銀行或郵局或知名品牌如西聯（Western Union）等。二〇一五年，超過六千零一十億美元透過這種方法匯款。那麼，是什麼原因說服一般人信任一家不知名的數位新創公司匯款呢？答案是：看到預想不到的使用者相信這種新方法。有些人會讓我想到「嘿，或許這個主意根本沒那麼危險」。但是「聰明匯款」的信任影響者是什麼人呢？

辛里庫斯和他的團隊發覺，理想的信任影響者不是精通金融科技的人，也不是戴最新Apple Watch的人。根本不是。他們必須找到我們未必會料想到、肯跟隨「聰明匯款」這種無名公司冒險的人。明白講，就是拿退休年金過活的銀髮族。譬如，英國有些退休族群住在西班牙，他們需要把退休年金經常性地由英鎊換為歐元。辛里庫斯說：「對他們來講，透過一般匯款方式被扣的手續費，占總額相當大比例，因此他們有強大誘因採取信任大躍進。」

其他第一次的使用者聽到退休族群讚許「聰明匯款」，對於他們決定相信此一構想產生了極大影響。沒錯，當大家看到足夠多的信任影響者採取信任大躍進，又安然無事，數百萬人會跟進，通常也很快。改變就這樣散布開來。

詹姆斯・索羅維基（James Surowiecki）在他的大作《群眾的智慧》（The Wisdom of Crowds）精彩地描述團體的影響力。它大部分是依據群眾說服力（crowd persuasion）的科學：即團體可以影響其他個人說「yes」。某些核心概念則源自於羅伯特・席爾迪尼（Robert Cialdini）教授的「社會認同」（social proof）理論。席爾迪尼寫說：「如果有許多人做相同的事，他們一定知道某些我們不知道的事。特別是當我們不確定時，我們會願意十分相信群眾的集體知識。」簡單來說，我們往往追隨其他人的領導，尤其是當我們不確定時。

不同的實驗已經展現社會認同的不同層面。最具視覺效應的一個例證即「街角實驗」。這是社會心理學家史丹利・米爾格蘭（Stanley Milgram）、李歐納德・畢克曼（Leonard Bickman）和勞倫斯・伯考維茨（Lawrence Berkowitz）在一九六八年設計出來的實驗。首先，研究人員讓一個人站到街角，仰頭望天六十秒鐘。只有一小撮路人會停下來看究竟這個人在看什麼。第二天，他們派五個人在同一個街角仰頭望天。比起第一天有四倍的路人駐足看這五個人究竟在看什麼。當研究人員派出十五個人仰頭望天時，45%的路人停下來，也抬頭瞧別人究竟在看什麼。他們抬頭望天空，阻擋了交通。用索羅維基的話來說，這個研究的結論是「群眾人數越多，變得更加有影響力」。

毫無疑問，社會認同在新構想四周建立起信任，特別是當我們對結果沒有把握時。這也是為什麼我們普遍看到各個網站自誇點閱率和使用者有多少。譬如，「聰明匯款」在首頁正中央就列出「滿意點閱」人數（三萬五千人）和客戶人數（超過一百萬人）。沒錯，我們似乎活在相信說服我們的重要方法是，透過大量數字的世界，無論是臉書上的「讚」、五星評分或推特和 Instagram 有多少追蹤者，都是如此。

但是，社會認同，以及它培養出的信任不一定來自大量群眾。它也可以來自一小群極具影響力的個人。他們不需要有懾人的頭銜、不必是名流或甚至有可信度的「專家」。他們不需要有一大堆追隨者。他們甚至不必是和大多數人、即群眾相似的人。他們可能只是住在西班牙的英國退休銀髮族，因為他們最不像會採取信任大躍進的人，反而能夠改變其他人看到的不確定性。

本章所談的三個概念——加州卷原則、「我在裡頭有什麼好處」因素、信任影響者——歸納起來就是「它是什麼？」「我有什麼好處」「還有誰也在做？」——讓我們看到原本被貶抑為荒誕不經的構想可以變成陌生的熟悉。它們說明信任新構想是如何傳布的。任何人的一個事業、新產品或構想要建立信任，不論他們明白與否，都必須經歷此一過程。

就好像新構想的創造者要求人們攀爬一個令人望之生畏的岩面。起先，他們必須向要攀爬者展示一些熟悉的動作和能握住的地方，以減少未知因素，才能鼓勵他們跨出第一步。（他們雖然減低不確定性，但是並沒有承諾完美——依然存在風險。）他們必須解釋攀岩會有什麼好處。最後，他們必須指出已經爬上去的其他人喜歡這種體驗。不久之後，懷疑者發現自己開始往上攀爬，離地面越來越遠，地面很快就會成為遙遠的記憶。

這個過程非常強大。它可以把原本被貶抑為有風險、甚至可怕的主意——與陌生人共乘長途旅行、住進你根本不認識的人的房子，或坐上自駕車——轉化為正常、有好處的事。這就是大攀爬、爬上信任積木的「構想」部分。下一步就是在平台建立信任。

4 責任該由誰承擔？

當信任在「自我管理」的數位世界中瓦解時，誰可以負責。

二〇一六年二月二十日，密西根州卡拉馬祖（Kalamazoo）發生隨機槍擊事件。五個小時之內，四十五歲的優步司機傑森．布萊安．達爾頓（Jason Brian Dalton）成為連續殺人犯，打死六個人，造成兩人重傷。在個別幾起事件之間，達爾頓照常載客、賺外快。

第一起槍擊案發生在星期六晚間美東時間五點四十分左右。第一位受害人是二十五歲女子蒂雅娜．卡路瑟斯（Tiana Carruthers）。卡路瑟斯帶著五個小孩子，包括她的小女兒在內，正要穿過停車場，達爾頓開著一輛銀色雪佛蘭Chevy Equinox汽車突然掉轉方向朝她開去。達爾頓搖下車窗，問她是不是梅西（Maisie）——他在附近繞、想接載的客人名叫馬西（Maci）。卡路瑟斯答說：「不是，我不是。」

司機神情有點怪，她大聲叫小朋友快點逃跑。達爾頓踩了油門，旋即掉轉車頭，直接追趕嚇壞了的卡路瑟斯。他掏出一把格洛克（Glock）九釐米口徑半自動手槍，朝她至少連開十槍，打中她的雙臂和雙腳，最後一發子彈擊中肝臟。但是，奇蹟似的，她沒死。

在這天之前，從各方面來看，達爾頓只是個普通老百姓。鄰居形容他「有點怪、又笨手笨腳」，但還會和旁人寒暄打招呼。他在本地一家保險公司擔任理賠員。他已經結婚近二十年，有一個十五歲的兒子和一個十歲的女兒。達爾頓在二〇一六年一月二十五日成為優步司機，約是槍擊案發生之前一個月。他想存點錢、帶家人到迪士尼樂園度假。在這一悲劇發生前，他已經透過優步載客逾一百次，乘客給他的評分相當高：最高五顆星，他平均分數四點七三。

槍擊案當天，達爾頓跑了幾個地方，包括到當地的一家槍店。這並不異常——他喜歡玩槍，擁有十六支各種武器。他在下午四點左右打開優步應用軟體。不久，就載了一名年輕男子馬特·梅隆（Matt Mellen）。起先都很正常，但是達爾頓接了兒子電話之後，情緒突然大變。他開始瘋狂加速，載著梅隆橫衝直撞。梅隆後來告訴警察：「我們開過道路分隔線、衝過草坪、一路加速。」達爾頓甚至擦撞另一輛汽車，但是似乎完全不在意闖了禍。梅隆說：「他不肯停車。兇巴巴地瞪著我，一副『你想不想到你朋友家？』的模樣，我則是頻頻默禱：『天啊，我希望能活著下車。』」當汽車終於急煞停止，梅隆立即跳下車。

梅隆和另一名路人都撥打九一一緊急電話，描述達爾頓和他銀色汽車的模樣。梅隆還特別交代清楚他是優步司機。他告訴緊急服務台：「我不希望有人受傷。」他們似乎不怎麼介意。梅隆立刻又聯繫優步，要他們別讓這輛車上線接客。優步似乎也沒把這通電話當做緊急事件，即使透過全球衛星定位系統（GPS）很容易就可以查到達爾頓的位置。一系列的警報通通沒有受到重視。

不久之後，梅隆的未婚妻把達爾頓的優步照片po上臉書，還附上一長串警告，她寫說：「注意！卡拉馬祖市民！！！這個優步司機名叫傑森、開一輛銀色雪佛蘭Chevy Equinox汽車，此人不安全！希望這個人趕快被逮捕，或是緊急送醫治病。」可是，達爾頓載了梅隆橫衝直撞之後，又跑去射傷卡路瑟斯。

開槍打了卡路瑟斯之後，達爾頓回家換車，改開他太太的黑色雪佛蘭（Chevrolet）汽車。卡洛兒．達爾頓（Carole Dalton）後來告訴警察，他似乎有點「困擾」（troubled）；他告訴她，別去上班，去把孩子接回家，關好所有門窗。與此同時，達爾頓又照常去載優步乘客。乘客@IamKeithBlack在推特貼文說，他在晚上八點坐上達爾頓的車，清楚看到司機的相貌。他下車時還給了達爾頓最高五顆星的評價。當他聽到槍擊新聞之後，又上推特po文：「幸運保住一命。」

其他人就沒有這麼幸運了。大約十點鐘左右，附近燈火通明的一家汽車商停車場上，十七歲的少年泰勒・史密斯（Tyler Smith）和他父親理奇（Rich）正在看車子，泰勒的女朋友亞莉西斯（Alexis）坐在車上等候。達爾頓把車開進來、停好，走到這對父子身邊，把他們當場擊斃。亞莉西斯躲在車裡，嚇得半死，等他開車走了，才敢現身。

十五分鐘之後，達爾頓又兇性大發，槍殺四名老婦，重傷一名十四歲少女。這些受害人彼此毫無關聯——有男有女、有白有黑、有老有少——他們莫名其妙就被殺害。

星期六深夜是優步最忙碌的時段之一。奇怪的是，不分青紅皂白殺了六個人之後，達爾頓回家換了槍，又上街繼續載客。那時，槍擊新聞已在媒體上爆開來。有些乘客聽到這個連續犯殺手名叫達爾頓、是一個優步司機，在卡拉馬祖市濫殺無辜，可是他們繼續使用應用軟體叫車。有位乘客馬克・丹頓（Marc Dunton）甚至還問達爾頓：「你不是到處殺人的那位老兄，對吧？」

達爾頓答說：「哇，真是瘋狂啊！怎麼會呢——我不是那個傢伙。」

只有一位乘客心想不妥，拒絕搭車。有位年輕女子的父親以簡訊告訴女兒消息，又打了幾次電話警告她。她在半夜十二點三十分左右向優步叫車。「傑森，Chevy Equinox」出現在她手機上，他是最近的司機。她取消叫車。她再試一次，又是「傑森，Chevy Equinox」。幾分鐘後，達爾頓在卡拉馬祖市中心一家酒吧停車場被捕。警察問這名槍手殺人動機，他答說：「沒有為什麼。」

偵訊期間，達爾頓說，他認為優步的標誌就是東方之星的宗教標記。他說，通過應用軟體，他的手機上會跳出一個長角的惡魔，向他施咒。他說：「它會給你一個任務，它控制你的整個身體。」被問到他為什麼隨意亂殺人時，他冷靜地回答：「優步應用軟體要我殺人……它控制了我。」他目前被控六項公然謀殺罪、兩項企圖謀殺罪和八項涉及武器的重罪罪名。

槍擊案次日，優步發表新聞通告。優步首席安全長喬・蘇立文（Joe Sullivan）宣布：「我們對於發生在卡拉馬祖市毫無道理的暴力事件，感到十分震驚、傷心。我們的心伴隨著這件慘重刑案受害人家屬一起禱告。」隔了幾天，公司又堅稱事先無法預料會發生屠殺案。蘇立文說：「事先並沒有紅旗。他的整體評分很好，五顆星、拿了四點七三。」或許發覺指出達爾頓的信任評比不是高明的辯護說詞，他後來補充說：「這個案例顯示，過去的行為並不能用來預測人們往後會有什麼動作。」

沒有錯，我們沒有可靠的方法可以預測達爾頓會一下子從優步司機搖身一變為精神失常的大殺手。但是為什麼沒有人回應梅隆的緊急電話呢？他在第一樁命案發生前一個小時，就向優步舉報了。原來，這則顧客投訴沒被優步客服中心視為優先，是因為它沒有明白指出這是一樁暴力。優步發言人說：「他說，這位先生開車不正常。」他停頓了一下，又說：「請各位記住，我們每天載客三百萬次。你要如何優先處理哪個客訴、你又會如何思考它呢？」但是，除了殺人之外，你會認為擦撞另一輛汽車、在馬路分隔線上開車，應該會立刻引起人警覺駕駛人是否適合載客吧？誰能預見到這種悲劇結果？但是是誰有責任回應、採取行動呢？

這樁恐怖的濫殺事件令人特別注意的是，優步如何決定某人安全、適合當駕駛？公司聲稱每年花數千萬美元對申請人進行背景調查。舊金山地區檢察官喬治・賈松（George Gascón）和其他許多批評者認為，這些背景調查沒有從指紋檢查做起，「完全一文不值」。達爾頓在他開始透過優步平台開車之前，也通過檢查。問題在於，他根本沒有犯罪前科紀錄。他的紀錄完全清白。

計程車和轎車公司司機都需要通過指紋調查，優步沒有。但是這樣做就會有幫助嗎？專門研究優步社會成本的天普大學（Temple University）法學院副教授布里森・羅吉斯（Brishen Rogers）說：「公平就業機會委員會（Equal Employment Opportunity Commission, EEOC）強調，背景調查只有有限度的預測價值，卻可能對少數民族駕駛人產生差別待遇影響。」指紋調查或許至少可以揭露達爾頓擁有十六支槍，但是他也可能具有聯邦發給的擁槍許可。

達爾頓犯下的罪行可能是迄今為止優步駕駛人最嚴重的罪行，但是另外也有一系列令人困擾的嚴重事件。波士頓、洛杉磯、德里、雪梨，都有優步駕駛人載客時，涉及性騷擾、強姦、綁架、偷竊和酒駕而被逮捕的事件。二〇一六年四月，有位駕駛人因為把乘客脖子割斷而被捕。二〇一六年五月，另一位駕駛人被控在停車場把一個學生活活勒死。

二〇一七年二月，優步公司因涉及性騷擾被告，還有前任員工指控公司助長歧視女性文化。隔不久，網路上又出現一段有殺傷力的影片，公司執行長特拉維斯．卡拉尼克（Travis Kalanick）和美國的一位駕駛人起口角。這位駕駛人法志．卡邁爾（Fawzi Kamel）向卡蘭尼克抱怨降價、使他收入降低。卡邁爾說：「大家再也不會相信你。因為你，我損失了九萬七千美元。因為你，我破產了。」

卡拉尼克憤怒地回罵：「狗屎！」告訴卡邁爾，你自己犯錯才產生問題。「有些人不願為自己的狗屎承擔責任。他們把自己生活上的一切，怪罪到別人身上。」卡拉尼克旋即氣沖沖地關上門、走了。他後來為自己的行為道歉。

五天後，優步遭爆料，公司祕密使用一種名為「灰球」（Greyball）的軟體程式，反偵測市政當局要抓優步司機是否違反地方法規的行動。接下來，谷歌的自駕車部門 Waymo 向法院遞狀，控告優步偷竊它的技術機密、以利本身自駕車的研發工作。在這一連串醜聞下，優步總裁傑夫．瓊斯（Jeff Jones）和六名高級主管辭職。出了名難纏的共同創辦人卡拉尼克也在二〇一七年六月辭去執行長職務。

很顯然，儘管優步相當成功——它最近的市值六八〇億美元，是世界歷史上最有價值的民間新創公司，它也有許多嚴重背逆信任的瑕疵。包括我在內，目前每天有五百多萬人仍然敲打優步應用軟體，通常毫無懸念，幾分鐘之內就坐上一位完全陌生人的汽車。就某個層面說，我們已經把信任的能力委託給一個演算法，而且或許是因為方便，這種信任已很難摧毀。問題是，優步的責任起於哪裡、止於哪裡？

天底下總有危險的計程車司機，而且可以說，任何產業都有危險分子。但是這裡頭有差異：優步的服務條款裡，公司否認它對第三方駕駛人在其平台的行為有任何責任——優步認定它的駕駛人是「獨立的承攬人」（independent contractors）。公司說，它只是便捷（facilitating）想要駕車的人之需求，而你是上了他們的車子、不是公司的車子，到你要去的目的地。優步招攬駕駛人時說：「你的時間屬於你自己。」優步扮演中間人的角色，從車費抽25%做為服務費。公司聲稱它無法控制駕駛人在工作上做什麼，因為他們是主要透過應用軟體和一套自動系統互動。不過，優步不是類似電話線這種中立的平台，只是單純撮合供應與需求兩造。它可以控制費率，而且駕駛人若是載客次數不足或乘客評分太低，它能將他們停權。優步目前光在美國就涉及一七〇多起訴訟案件，從涉及安全抱怨的集體訴訟，操縱價格，資訊錯誤到隱私權等，以及最大的訴訟案——駕駛人的定位問題。

責任歸屬問題在平台提供品牌服務、卻不擁有任何資產或雇用提供服務者的時代，變得越來越複雜。哈瓦斯媒體（Havas Media）資深副總裁湯姆．高德文（Tom Goodwin）在一篇文章中提到：「優步，全世界最大的計程車公司，卻不擁有汽車。臉書，全世界最受歡迎的媒體東主，卻不製作內容。阿里巴巴，身價最高的零售商，卻沒有庫存。Airbnb，世界最大的住宿提供人，卻沒有不動產。某些有趣的事正在演進。」

當卡拉馬祖市濫殺案發生時，它們引起一個問題：不幸事故發生時，要如何界定責任歸屬？

傳統的品牌敗壞信任時，相當容易找出咎責的對象。以二〇一三年一月發生的特易購（Tesco）醜聞為例。某些牛肉產品中被發現參雜了馬肉之後，超過一千萬個漢堡和其他肉類產品，從各地超級市場下架。消息爆發後引爆全國痛批，它成為二十一世紀最大的食品安全醜聞之一。這件事也驚動當時的英國首相大衛・卡麥隆。他出面向英國老百姓保證，將盡最大努力處理此一「非常震驚的罪行」。

醜聞爆發後，特易購公司發表「毫無保留的道歉」，承諾引進全新、強大的DNA檢測系統，以確保顧客買到的食物確確實實就是標籤上所標明的內容。特易購的漢堡標籤明明是「純牛肉」，卻參雜了29%的馬肉，這些馬肉是怎麼跑進去的？雖然特易購公開擔起責任，但他們顯然把大部分責任推到供應商銀嶺公司（Silvercrest）身上，指責ABP食品集團旗下這家公司「違背了公司的信任」。

顧客到特易購採買時，他們顯然是信任這家超級市場的品牌、他們在這家店的經驗、以及他們採買的產品。特易購公司必須以值得信任的方式辦事，客人才能信任他們以及他們的產品。但是人們對平台的信任擺在哪裡呢？

當我坐進陌生人的汽車時，我相信這位司機嗎？我是否對優步這家公司及其團隊有信心？我相信優步這個品牌？或許我是對這個平台本身、應用軟體、評分系統及其神祕的定價演算法有信心？有些答案存在於人、公司與品牌之間的信任歷史中。

從前，人們住在很小的社群中，一個村落裡的人可能不到一百人。大家彼此都認識，關係也很密切。由於太接近，哪個人是否值得信任，大家都很清楚。

等到小村落發展成為村莊或小鎮，人口就超過所謂的「鄧巴數字」（**Dunbar's number**）。這位牛津大學著名的心理學家和人類學家發現，我們的大腦平均而言，設計來讓有限度的人、約一五〇人，維持在我們的社交群體中。是的，你可能有五百個朋友，甚至在臉書上有五千個朋友，但是鄧巴堅稱，我們很難維持超過一五〇個以上穩定、有意義的關係（包含線上和離線）。在這一五〇人當中，大約十五人是核心圈，非常有限的人數，是你最需要支援時會去求助的人。這個有意義的關係圈也是流動的：這個星期你和他無話不說的朋友，可能下個月你不會去找他。另一方面，我們的大腦可以處理到五百人的團體——鄧巴稱之為「認識層面」（acquaintance level）——簡單講，我們能把這些人的名字和臉孔兜起來。

當人們搬到人口遠超過「鄧巴數量」的大城鎮時，根據彼此直接認識而建立的緊密信任圈已經不可能存在。我們的信譽成為重要資產。如果麵包師傅烘焙好吃的麵包，人們會買它，其他人會聽到它品質不錯。同樣的，如果本地鐵匠工作粗糙，或是某人欠債不還，話也會傳播出去。這會使大多數人守本分。演化生物學家羅伯特・艾塞羅德（Robert Axelrod）在他的經典名著《合作的競化》（The Evolution of Cooperation）稱之為「未來的影子」（shadow of the future），指的是人們若知道以後還可能相見（相對於只會見一次的接觸），或是可能因原先的行為遭到評斷，行為就會比較和善或願意合作。這些在地生意人知道，他們今天的行為會影響未來的機會。就好像馬格里布貿易商，持續合作可能會有利益，幫助大家謹守分際。

即使我們今天所謂的「品牌」，它最早的化身也是奠基在個人信譽上。農業機具大王約翰・狄爾（John Deere）創立於一八三〇年代，由一位住在伊利諾州富有創意的年輕鐵匠設計出創新的耕犁而聲名大噪。馬爾斯（Mars）品牌帝國從佛蘭克・馬爾斯（Frank C. Mars）在華盛頓州塔科馬市（Tacoma）自家小廚房裡從製作、銷售奶油糖果起家。這些早期的品牌，絕大部分商品和服務都涉及到特定的人物，某個名字和面孔、而非大型公司。

十九世紀末葉，城市擴張，商品變成大量製造，信任需要跟上工業化的步調和規模。本地商人變成大型公司之下，無法維持住人與人的信任。那麼人們要如何知道他們所買的商品和服務的品質呢？以我們經常喝進肚子的啤酒做例子。

貝斯釀酒廠（Bass Brewery）由威廉・貝斯（William Bass）在一七七七年創立，後來成長為英國最大的啤酒公司之一。到了十九世紀，生意興隆，公司在一八七六年註冊登記它那鮮明的麥酒紅色三角記號和品牌名字，向顧客擔保它的品質。它是依據英國商標註冊法（Trade Marks Registration Act）登記的第一個商標。一種新的品牌方式自此誕生。

紐約市立大學皇后學院媒體史教授道格拉斯・魯什科夫（Douglas Rushkoff）寫道：「品牌的崛起是工業時代去除人性要素的一種補償。過去越多人信任產品後的製作者，現在品牌背後的原產地或真實象徵就越重要。」

信任很快就變成集中化、由上而下、不透明、受控制和體制化。法規、規範、檢查員、市場分析師、保險公司和類似「商業促進會」（Better Business Bureau）[18]的獨立機構興起，使得人們可以超越他們周圍的信任圈而交易。也因此，到了二十世紀中葉，企業界面臨新挑戰。產品和服務已經相當標準化，它們要如何與眾不同、吸引注意呢？

譯注

18 商業促進會是一九一二年在美國成立的一個非營利機構，結合美國、加拿大一百多個獨立設置的地方商業促進組織，以促進市場信任為宗旨。

起先，他們依賴開發品牌認同，透過名字、標誌（logo）、包裝和商品口號就可辨認，它們基本上就是代表承諾——這就是這個產品或服務能為你做到的。Oxo Cubes 保證「讓烹飪更容易」。Lava 香皂保證「其他肥皂做不到的清潔」。然而到了一九五〇年代，寶僑（Procter and Gamble）、聯合利華（Unilever）和通用食品（General Foods）等大量製造商發覺這種實用保證並不夠。問題在於，所有的洗衣粉和冷凍豌豆，功能大同小異。

消費者有什麼理由要選甲商品、捨乙商品呢？結果就跑出來虛榮、需求、地位焦慮感、心願、懷舊、希望等訴求。行銷經理開始注重全新的消費者心理。他們創造宏偉的品牌定位（brand propositions），結合功能用處和情感價值。「當我購買或使用這個品牌時，我是……。」可口可樂（Coca-Cola）不是製造糖水飲料；它的產品是要讓你感覺「煥然一新」。迪士尼不是拍攝電影，它是歌頌夢想。以有翅膀的勝利女神命名的耐吉，沒有出售訓練師，它要讓你感到歡欣鼓舞。品牌能讓消費者表達出自己的某種特色、某種無形的東西，這在當時是個革命性的想法。很重要，但也是人為的，它也孕育出消費者和跨國公司之間的親密感和關聯意識：「你瞧，他們關心我耶。」結果就是，品牌透過漂亮的包裝和動人的口號，在我們生活中發展出巨大的力量和影響。

社群媒體在二十一世紀出現，使得一切事物都大大改變。行銷經理人在如何和消費者建立信任關係方面碰到天大地大的轉變。透過百無禁忌的評論和回饋、評審和評分、照片上傳和

「讚」，人們開始大規模地分享他們的經驗。原本只是「消極消費者」，現在變成參與者、社交大使，不再那麼容易被哄騙，一旦失望會變得很凶暴。Rice Krispies這個早餐麥片真的能「有助強化小孩免疫力」嗎？New Balance的爽膚運動鞋具有平衡板的技術，保證會強健腿筋和小腿肌，而它果真如宣傳能幫忙燃燒卡洛里嗎？

不論廣告如何炫耀，現在各個品牌非常難以誇大或做不實宣傳。公司必須開始兌現實際的經驗和接受透明度。他們必須學習如何聆聽、促成對話，和在第一時間回應顧客的需求。品牌必須放棄信任是可以由他們從中央予以製造和控制的時代。

我們快轉到今天，信任建立、管理、丟失和修復的常規已經再次顛覆。平台創造系統，扮演社會推進者的角色。他們把我們和商品、坐車、約會、旅行和各種推薦等撮合起來。顧客們變成社群，這些社群本身就是平台，影響品牌的起伏升沉。的確，尼爾森（Nielsen）最近一項調查顯示，最有可信度的廣告直接來自我們認識和信任的人。80％以上受訪人表示，他們完全或多少會信任朋友和家人的推薦。三分之二表示他們信任po在網上的消費者意見。

譬如，我們拿萬豪酒店和Airbnb做比較。過去，我們信任這個連鎖酒店；品牌讓人覺得安全、願意投宿。至於Airbnb，你需要對平台本身，以及主人和客人之間的關係有信心。換句話說，信任必須存在於平台和社群中的人之間。這就是區分分散式信任新時代和體制信任舊典範的一個重要動力。

三十六歲的喬・吉比亞是 Airbnb 的共同創辦人兼首席產品長。吉比亞是個設計師，不是工程師，畢業於羅德島設計學校（Rhode Island School of Design），他在那兒結識 Airbnb 共同創辦人布萊恩・切斯基。我是在二〇〇九年撰寫我的第一本書《我的就是你的》（What's Mine is Yours）時認識吉比亞。市場正在開始變得熱絡，而 Airbnb 離十億美元構想還很遙遠。兩位創辦人很熱切講述他們如何從舊金山兩張床開始、創辦公司的故事；這個故事現在他們至少講了幾千次。

吉比亞、切斯基和另一位共同創辦人內森・布萊卡斯亞克（Nate Blecharczyk）抱著一腔熱忱創辦 Airbnb，當時他們根本不曉得自己會建立起這麼大的規模。今天，公司擁有十七萬平方英尺光鮮的辦公室，平均每天有將近兩百萬人投宿 Airbnb 安排的房子，他們意想不到的成功結果也快速成長。有一個例子就是關心 Airbnb 會扭曲租金價格和製造房屋短缺，尤其是讓低收入戶更難找到棲身之處。然而，一檢查 Airbnb 建構信任的過程，它是非常突出的。

吉比亞雖然對設計和科技、以及他們有力量把人湊合在一起感到興奮，他也是第一個承認 Airbnb 不是科技公司、而是經營「信任事業」的人。吉比亞在一次 TED 演講談到 Airbnb 如何設計信任，他說：「我們把整個公司押注在一個希望上，希望在正確的設計下，人們會願意克服陌生人危險的偏見。我們不知道有多少人準備好，等著放下他們的偏見。」

他承認風險不小。他說：「很顯然，有些時候事情就是不順。客人舉辦沒被許可的派

信任的需求層級

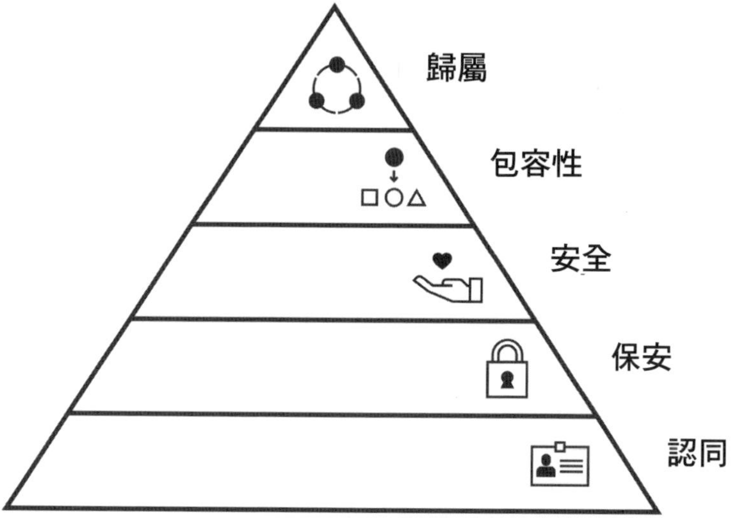

對，搞得房子一團亂；主人讓客人陷在大雨中等待。起先，我負責客戶服務，這些電話通通打到我的手機。我站在信任瓦解的最前線。天底下再也沒有比接到這些電話更糟的事了。想到它們，就讓人痛心。」

吉比亞認為Airbnb扮演的是「共同朋友」的角色，介紹你新朋友、新地方和經驗。他告訴我說：「我們必須創造條件，讓兩個從未碰過面的人彼此之間形成關係。」「介紹完成，我們就需要閃人了。」Airbnb扮演的角色或許和優步不同，在優步裡，該信任誰，是每個主人或客人自己必須做決定，但是人們想要平台提供的東西卻是相同。那就是我們希望平台緩和壞事發生的風險，一旦壞事發生，要能幫我們出面。吉比亞說：「人們希望Airbnb做到的頭號大事是，如果出了岔錯或是未按計畫發生，我們會挺他。如果我們這一點做好了，就成功了80%。」

三十三歲的阿洛克・古普塔（Alok Gupta）原本是華爾街的短線操盤手，也是牛津大學的數學研究員。他承認自己非常喜歡觀察巨大數據的模式和預測結果。三年前，他加入Airbnb擔任數據科學經理，把他的天分和思想運用在不同的問題：從線上到離線的信任。也就是說，人們利用數位工具來面對面接觸。古普塔說：「我認為Airbnb把自己放在做艱難工作的位置，即如何信任一個人。我們知道要信任你素昧平生的人有障礙，但是我們希望填補那個位置，我們希望幫你克服那道障礙。」

古普塔提到Airbnb開發來降低不確定性的「防衛機制」。譬如，二〇一一年的「EJ事件」，舊金山一位主人的公寓遭到完全破壞，Airbnb立刻推出「主人保障」計畫，每次租屋最高財產損失理賠一百萬美元。二〇一三年，公司推出「Airbnb認證身分」，透過離線身分證件，如駕駛執照和護照，確認一個人的線上身分。Airbnb公司宣布這項計畫時，在部落格上表示：「在信任的社群裡，沒有匿名的空間，信任和認證應該並行。」對於古普塔及其團隊而言，他們面對的挑戰是不當行為範圍太廣泛，從租了屋子當妓院到舊式的種族歧視都是。

二〇一四年一月，哈佛商學院研究人員發表他們引起爭議的研究報告。研究顯示，非黑人的Airbnb主人比起黑人主人，平均收費可以高出約12%——呈現每晚一四四美元和一〇七美元的對比。二〇一六年九月，同一個研究團隊檢視六千筆招租登記，發現明顯像是非洲裔美國人姓名的客人（譬如 Tanisha Jackson），比起像是白種人姓名的客人（譬如 Allison Sullivan），被 Airbnb 主人接受的機率少了16％。特別令人困擾的是，有些案例，Airbnb 主人寧可讓房子空著，也不願出租給黑人。

美國一九六四年《民權法》第二條明文禁止「公共場合」如餐廳、電影院、汽車旅館和旅館等有種族歧視行為。然而，《民權法》訂了一個例外，任何人出租其自宅低於五個房間的話，得免受此一規定羈束——Airbnb 的許多主人似乎屬於這個範圍。美國民權同盟（American Civil Liberties Union, ACLU）華府立法事務處前主任蘿拉．墨菲（Laura W. Murphy）寫道：「Airbnb 平台上出現太多不能接受的案例，人們因為其身分或長相遭受歧視。」她受 Airbnb 之聘要撰寫一份報告，做為公司對抗在其平台上歧視行為的藍圖。

隨後的風暴中，Airbnb 使用者開始在社群媒體上開闢 #AirbnbWhile Black，分享因為種族關係在訂房時被謝絕或取消的經驗。譬如，有位使用者 @MiQL 貼文說：「我們夫妻倆試圖透過 Airbnb 訂房度假。原本打出有房出租的主人回覆說『沒有空房了』，白人朋友卻得到『有空房』的答覆。」使用者整理出來的簡介和照片本來用意是要呈現值得信任，卻適得其反，促成歧視。沒錯，看來分散式信任似乎不是那麼公平或平均的分散出去。

艾德曼是哈佛報告執筆人之一，他說 Airbnb 對他的發現最初的反應是「否認」。歧視報告出現九個月之後，因為壓力上升，Airbnb發表它本身的報告，揭櫫公司的不歧視政策，也保證剷除偏見和偏執。公司也設法降低使用者照片的明顯位置，也試圖增加不需要主人預先同意的「即時訂房」。

但是，為什麼他們沒有注意到平台上發生歧視呢？他們有個盲點。切斯基、吉比亞和布萊卡斯亞克三個人都是年輕的男性白人。換句話說，他們個人都沒有經歷Airbnb社群許多會員碰上的歧視。吉比亞說：「Airbnb不容許種族歧視。它違反我們的精神。」二〇一六年三月，Airbnb聘用原本在美國國務院任職的大衛・金恩三世（David King III）擔任公司第一位多元化主任。金恩帶領一支傑出的工程師和數據科學家團隊，負責找出主人行為模式，並且找出解決方案以創造更有包容性的平台。

但是你要如何剷除這些下意識的偏見呢？我們很難補救線上線下的人為偏見。你沒辦法要求某人信任別人。它等於是沒有海圖的網上領域。吉比亞說：「我們需要新制度、新結構來創造出降低歧視或消除歧視的新環境。」

他把我的思緒帶回到福特T型車的時代，T型車在二十世紀初葉革命化了汽車產業。吉比亞說：「我認為T型車和我們有許多相似的地方。你看早期的照片。它沒有門；它沒有信號燈；它沒有安全乘車所必需的所有東西，福特汽車日後再陸續添上它們。有時候我認為我們就像T型車，只是我們還未加上我們的信號燈。」

一八六五年，英國政府通過一項通稱〈火車頭法〉（Locomotive Act）的法令，這是警告行人和馬車，可怕的機動車輪快要靠近了的安全措施。這項法律明文規定，任何火車頭或汽車必須備有三名組員：駕駛員、火伕和另一名助手；助手的任務是走在車輛前方至少五十五公尺，揮舞一面紅旗子。這道法律後來也被稱為〈紅旗法〉，它使得車輛在城市地區行車速度無法超過時速兩英里，也就是說新汽車的用處大受限制。汽車只是一個例子，告訴我們，歷史上能夠促成信任大躍進的新科技，也能產生新的「有風險」行為——以機械協助快速行進，並且為立法者製造傷腦筋的挑戰。沒有前例可循，他們要如何訂出政策和限制來保護公共利益呢？

加州大學柏克萊分校資訊學院副教授、社會心理學家柯耶・契夏爾（Coye Cheshire），研究互聯網如何改變了危機和信任已經有十多年。某個秋天午後，我到他校園辦公室拜訪他，這個溫馨的房間漆成青苔綠色、擺設深色木製家具，到處都是書。他端了一杯茶給我之後，立刻進入談話主題：「我希望幫助了解，人類在不確定的環境下如何承擔風險。」

我一直都很佩服契夏爾的研究，包括他在二〇一一年發表的一篇論文〈線上信任、值得信任或需要保證？〉（Online Trust, Trustworthiness, or Assurance?）。他在論文中提出，人際信任（interpersonal trust）和系統信任（system trust）兩者之間的差別，前者是人與人的信任，後者是人對系統的信任。他是否仍然認為人和科技之間的區別仍然確實存在？

他說：「當時，系統指的是，你的手機和電腦等東西，但是說得直白一點，我對科技採取單純的觀點，沒有考量到目前有能力作怪的系統。」譬如，在聊天室裡能夠表達感受和情緒的一具機器人，和單純用微波爐作菜，是完全不同的。「今天，系統指的是人們在線上平台使用的種種東西，到代表人類行動的自動代理人，它已經模糊了我們對機器正在做什麼的理解界線。」

契夏爾承認今天的信任更加錯綜複雜。「我們現在使用的這些系統，它們採用複雜的演算法在管理我們的資訊，並代表我們做決定。但是它們已經變得太複雜，超出我們大腦能夠理解。」不妨看一看：一九六九年，把人送上月球，花了十四萬五千行代碼。今天，谷歌需要二十億行以上的代碼，才能運作它的互聯網服務，臉書望塵莫及，但是也需要六千二百萬行以上的代碼。契夏爾說：「我曾經認為，信任線上平台上的人際關係，這種行為是完全荒謬可笑的。不過我再也不敢肯定今天仍舊如此，因為在某種程度上，我們確實卸下某些認知能力，去相信平台系統。」

過去，工程師致力於實質的基礎設施項目，如公路、鐵路、瓦斯管線和橋梁等。然而，今天他們設計新的社會基礎設施：把朋友、家人和陌生人結合起來的線上橋梁。他們可說是信任工程師（trust engineers）。這些工程師的目標之一是，把我們帶到我們根本沒想到自己在冒險的一個地方去。它應該感覺有若魔術：你唾手可得，得到正確的推薦、最近的司機、最適的匹配，毫不困難，也無驚奇。可是，培養出過當的盲目信心，也會產生反面問題：過度信任不值得信任的人。你不妨想想搭乘優步汽車的馬克・丹頓，他和朋友在酒吧喝酒，然後坐上有自殺傾向的達爾頓的汽車。丹頓承認他知道有個神經病殺手出沒，達爾頓和他的汽車也吻合描述。但是，濫射凶手不會還在優步應用軟體上接客、賺車資吧？應用軟體上的精靈不會帶給我凶神惡煞，對吧？

很諷刺的是，今天我們面臨的一個問題是，我們那麼快、那麼容易就給予信任，這不只限於在優步這樣的共乘平台上。想找個伴聊天、解憂？下載Tinder,Bumble,Happn或Tingle，就能出現快速媒合。某人資訊出現，你若喜歡他們的長相，刷一下手機。如果他們也刷了，便媒合成功，拜地理定位力量之助，你可以去會見從一英里至一百英里範圍之內的一個陌生人。這是根據幾張照片、幾句話，從臉蛋型錄中採購的加速型信任。這是對速度的信任。當我們處於加速型信任狀態時，我們可能衝動。它需要明顯的換檔才能慢下來，再度思考一下我們的決定。

至於新聞呢？你是否曾經看也不看一眼文章或影片就轉發一個連結呢？絕對不是只有你一個人這麼做。哥倫比亞大學和法國國家資訊暨自動化研究所的電腦科學家最近進行一項研究，它指出推特上有許多人明顯根本沒讀新聞就再推出去。研究人員發現，推特上分享的連結有59％根本沒被點閱。研究報告共同執筆人阿諾德・雷古特（Arnaud Legout）說：「人們樂於分享文章，大於去閱讀文章。」這就是典型的現代資訊消費。人們根據摘要、或甚至摘要的摘要，不去更深入了解就形成意見。

二〇一七年一月二十九日，白宮新聞祕書西恩·史派瑟（Sean Spicer）強力在他的個人推特帳號上轉貼來自諷刺網站《洋蔥》（The Onion）上的一段影片。《洋蔥》的推文吃他豆腐說：「史派瑟在川普政府的角色將是提供美國民眾強大、明顯人造的假新聞。」大約一小時後，史派瑟再推它，又補充一句話：「你逮到它了。就這麼一回事。」這段影片上有若干頗有疑問的涉及到史派瑟的「事實」，譬如指出他以前擔任全國公共廣播台（NPR）全國新聞組資深特派員，但那根本就不是事實。有可能是史派瑟具有詭異的幽默感，對這段影片提出諷刺的回應嗎？不無可能。但是也有可能他在轉發之前根本沒看影片，或仔細閱讀標題，因此不知道自己被吃豆腐。在「假新聞」泛濫、媒體宣傳盛行的時代，這個現象遠比過去更可怕、更製造許多問題。

效率可能成為信任的敵人。信任需要有一點摩擦，它需要時間，它也需要投資和努力。作家賽門·西奈克（Simon Sinek）說：「信任不是一夕之間形成。即使共度難關也不會立刻形成信任。」它來自「緩慢、穩定的持續性。我們需要創造機制，允許這些小小的無害的互動發生。」系統變得如此的無縫隙，以致於我們不能總是完全意識到我們正在承擔的風險，或是我們正在分享虛假消息。

柯耶．契夏爾說：「我認為問題歸結起來就是社會半透明化。我們有多少的社會互動，我們的行為和使得能夠互動的機制，它們有多少是被看清楚的？」他認為，目前來講，並不多。我們必須打開互聯網巨擘的「黑盒子」，掀開系統運作——我們天天和它互動，卻對它所知有限、甚至可能過度信任——背後的面紗。

以下是社會半透明化在實質世界如何運作的簡單例子。如果我有個貴重物品要寄送，我會到郵局去，不會把它投進街上的郵筒，盼望一切平安。我會把包裹交給櫃台人員，付掛號郵資。有個活生生的人交給我一張郵件追蹤單，利用上面的號碼，我可用在網路上追蹤它在每一站的下落。這就是社會半透明化——有許多看得見的提示，告訴我進展。契夏爾說：「有了線上系統，半透明化被打破。以輸入信用卡資料進入網站為例。我輸入了資訊，可是它只是單行道，我必須相信系統、相信內容是安全的。」

網路系統有如《綠野仙蹤》（Wizard of Oz）一樣神奇：我們沒有看見大批人馬，他們有許多是專心一致的數學書呆子，涉及到運作。我們也看不到系統裡的精靈，它們評斷人、地、物和思想，代表我們做出決定和媒合。然而，或許有些不知情部分是我們自願的。我們有許多人不喜歡知道我們的生活不斷遭到演算法操縱的程度。我們寧願信任一切順利進行。

前幾年，社會心理學家兼數據科學家亞當．柯拉默（Adam D. I. Kramer）利用全世界最大的人類行為實驗室——臉書，設計了一項實驗。包括柯拉默在內，一群康乃爾大學和臉書研究人員攜手大規模研究「情緒感染」。朋友透過網路社群媒體表達的情緒，是否會影響我們的情緒？——換言之，線上情緒能轉移給別人嗎？它是如何轉移的？

二〇一二年某一個星期，研究人員隨機選樣，挑選不知情的六十八萬九千零三個用戶，啟動演算法操縱出現在他們新聞欄目的情緒內容。貼文先根據所使用的字詞分成「正面」和「負面」兩類。針對第一群人，臉書減少正面內容的新聞，對另一群人則減少負面內容的新聞。柯拉默說：「我們做這項研究，是因為我們關心臉書和使用我們產品的人所受到的情感影響。我們認為這點很重要，有必要調查這樣一個常見的憂慮：為什麼見到朋友貼出正面內容，卻導致人們覺得負面或遭到冷落。同時，我們也擔心曝露在朋友的負面情緒，可能導致人們避免上臉書。」

在內容上稍微動手腳會改變使用者的情緒狀態嗎？研究人員發現，是的，會影響。這些接觸導致某些使用者改變他們自己的行為：研究人員發現，從他們貼文中刪去正面文字的人，後來比較少貼正面的文章、反而多貼負面文章；反之亦然。它可能就是網路版的有樣學樣，或只是單純的和同儕保持同調。柯拉默和共同執筆人寫成一篇學術論文，二〇一四年發表在《美國國家科學院院刊》（Proceedings of the National Academy of Science）上。它說：「結果顯示情緒會感染。這些結果顯示，朋友透過網路社群媒體表示的情緒，會影響我們的情緒，就我們所知，這是透過社群媒體大規模情緒感染的第一個實驗證明。」

研究一發表，各界撻伐之聲四起。研究會受到各方矚目，並不是因為它的發現，事實上，誠如執筆人等承認，效應相當低微，只有千分之一出現變化。（然而，鑑於臉書規模極大，即使只有細微效應，也會有重大的社會後果，譬如網路霸凌現象。）各方的怒氣卻集中在倫理上面。研究人員事先沒有取得監督「以人作為對象進行研究」的「內部評估委員會」（Internal Review Board）的同意，也沒有取得遭到操縱的數千名臉書用戶的同意。在隨後的論戰中，臉書聲稱每個月的十八億六千萬個用戶在填寫個人資料及服務條件書時，已經空白授權同意公司的研究。臉書的數據使用政策已經警告用戶，公司「可能利用得自於你的資料……用在內部營運，包括排除障礙、數據分析、測試、研究和服務改進等之用途。」這就是你每次登錄上線付的費用，代價之高可能超過你的想像。

使用者願意在各個平台標明「同意」的空格打勾，等於盲目樂觀地交出大量原本私密的資訊。北卡羅萊納大學社會學家哲內普．屠費克希（Zeynep Tufekci），曾經寫過一本書《推特和催淚瓦斯：網路抗議的力量和脆弱》（*Twitter and Tear Gas: The Power and Fragility of Networked Protest*）。他說：「它造成二十一世紀人類和大機構之間最大的一項權力轉移。這些大型企業（政府和政治運動）現在有新工具和隱形方法，悄悄建構我們的性格、我們的弱點模型，辨識我們的網絡，並且有效地微調和塑造我們的思想、渴望和夢想。」

臉書的故事是個例子，而且是惡名昭彰的例子。臉書是否應該明白徵詢使用者如果想要感覺更快樂或更悲傷，要打勾同意呢？社群媒體上鋪天蓋地湧進各種評論。用戶@sarahjeong在報告發表之後幾天po文說：「在臉書工作的每個人『他們大腦中這個令人毛骨悚然』的部分遺失了？」同樣，@Tomgara發推文：「臉書取得了令人印象深刻的成就，他們搶走了反烏托邦科技公司的頭銜。」人們覺得自己被當做實驗室白老鼠了。

讓許多學者和研究人員、包括我在內，感到意外的是，各界竟然如此震驚和憤怒。難道人們不知道這些平台本質上就是神祕的演算法，對我們所看到的一切有極大的控制？臉書就像BuzzFeed和Upworthy等其他內容網站，不斷轉動演算法扭，要找出理想的廣告位置，讓我們讀到它、然後再po出更多廣告。你不妨想一想：假如你是臉書用戶，你成為它的實驗白老鼠的統計數字可能性有多高？根據公司的說法，機率是百分之百。臉書數據科學家丹・費瑞爾（Dan Ferrell）說：「在任何時候，每位臉書用戶將是公司進行中的十項實驗之一部分。」

各公司一直不斷在進行分組測試（split testing），表面理由是要增進客戶滿意度。我們相信演算法推薦我們Netflix和Spotify的節目，就我們的谷歌搜尋提出最相關的結果，甚至取得我們的信用評分。那麼為什麼還有這麼多爭吵和驚訝呢？凱西・歐尼爾（Cathy O' Neil）在她觀察入微的著作《大數據的傲慢與偏見》（*Weapons of Math Destruction*）中寫道：「機器顯然是唯一的中立中間人。」伊利諾大學電腦科學副教授凱莉・卡拉哈利歐斯（Karrie

Karahalios）在二〇一三年就臉書的演算法做了一項調查，發現62%的人不知道臉書公司對轉貼新聞上會有些修正。換句話說，臉書的十七億二千萬使用者有十億人認為，系統會立即分享他們或他們朋友po上網的一切東西。

這項研究打中更深的神經——它提醒我們互聯網是如何攪動（churn），以及權力的真正所在。它顯示數位傀儡主人的力量，或是「信任工程師」不斷地操縱我們的數據，以不同方式控制我們的生活。許多使用者覺得自己被耍了；關於臉書的研究被認為大大背叛了信任。

不過，除了初期的騷動，研究也提出一個更深刻的問題：如果臉書稍微調整一下它的演算法，就能操縱一個人的情緒，這個平台還能控制其他什麼東西？歐尼爾寫說：「大約三分之二美國成年人在臉書上登錄個人資料。他們每天在網站上花費三十分鐘，只比他們花在面對面社交的時間少四分鐘。」根據皮優研究中心另一項報告，將近半數的人依賴臉書傳送少部分的新聞。於是這又導向一個問題：臉書調整其演算法後，還能改變我們的思想嗎？它會改變我們投票的對象嗎？

「教宗方濟各打破傳統，明確地支持川普競選美國總統。」「維基解密證實希拉蕊出售武器給伊斯蘭國。」「柯林頓在一家披薩店經營販賣兒童。」許多臉書讀者曾經在他們的新聞欄上看到這些貼文。二〇一六年美國大選前幾天，我的新聞欄頂端出現一則荒唐的文章之後，我向自己許願，至少一個月不上這個網站。這則新聞說，涉嫌洩露希拉蕊・柯林頓電子郵件的一名聯邦調查局探員，陳屍家中，在此之前他顯然已謀殺了太太，然後飲彈自盡。當下我腦子裡閃過兩個念頭：這則「新聞」是真的嗎？我應該去找誰、那個新聞來源，來查明真正實情？上述種種故事當然都是胡說八道，讓二〇一六年大選相當困擾的典型的假新聞和陰謀論。

BuzzFeed 最近一項調查發現，三個最大的極度傾向右派立場的臉書網頁，如 Eagle Rising，它們全部貼文有38%包含攙雜真假、或絕大部分為假的資訊；相形之下，三個最大的極度傾向左派立場的臉書網頁，如 Occupy Democrats，它們全部貼文有19%包含攙雜真假、或絕大部分為假的資訊。這些網頁的讀者合計起來有幾千萬人之多。選前最後幾週的五大假新聞全是對柯林頓競選陣營負面的消息——臉書的演算法選邊站了。假新聞的散播在右派圈子更甚於左派圈子。BuzzFeed 寫道：「這些發現讓人出現相當困擾的結論：在全世界最大社群網站上吸引及增長觀看政治內容的上好方法是，避開真相報導，反而利用虛假或誤導的資訊，播報黨同伐異的偏見，告訴人們他們想聽的內容。」

二〇一六年五月臉書遭到共和黨和批評家砲轟，指責熱門新聞欄目支持保守傾向的故事，是由一小撮人所編輯策劃的，這真是諷刺性的轉折。當時臉書的回應是，換掉被控有黨派歧視的編輯人，換成軟體；顯然計畫失敗了。事實上，臉書上頭二十名編造的選舉故事，比起主流新聞報導據實報導，得到更高的點閱率。

川普出乎意料當選總統之後，許多人質疑，選舉結果是受臉書上的假新聞和過濾氣泡所影響。馬克．祖克柏（Mark Zuckerberg）起先否認這些指控。他在大選後沒幾天說：「我個人認為，臉書上的假新聞——其實只是極小量的內容——會影響選舉，其實是個相當瘋狂的想法。」然而，短短幾個月後，他從原本「什麼？是我們？」的抖抖肩反應，立場大為改變。二〇一七年二月，他在個人臉書頁面洋洋灑灑發布五千七百字長的宣言。它聽起來像是總統宏偉的「國情咨文」，大談「把我們拉得更親近」，列舉今天世界面臨的巨大挑戰，從恐怖主義到氣候變遷、從流行疾病到網路安全，無所不包。他寫說：「世界越來越連結，大家認為這是正面的趨勢。可是現在，有很多人跟不上全球化，也有些運動揚言要退出全球連結。有人質疑我們是否可以打造一個全球共同體，照顧每一個人，前途之路是連結更多或是反向而走。」

祖克柏花了約一千個字談論臉書如何變成假內容的溫床，這為什麼會導致更加的兩極化。「如果這繼續下去，我們失去共同的理解，屆時即使我們消滅所有的不實訊息，人們還是會強調不同的事實，以吻合他們極化的意見。這也是為什麼我非常擔心媒體的轟動效應。」接下來這位企業執行長描述一個略嫌含混的計畫，提出臉書將如何處理平台上的問題。但是這個互聯網巨人真的能對假新聞宣戰，粉碎虛假的迷因嗎？

以後，臉書將檢查人們在分享之前是否讀過文章。如果被讀過，這些故事在新聞欄位將擺在更明顯位置。使用者可以舉報他們認為是假的或可疑的貼文，幫助臉書偵察最顯眼的貼文。人工智慧和演算法分析也將用來標示出內容和偵知危險的虛假。但是你要如何判斷這是故意的假消息，或是只是被誇大？誰來決定什麼是真實？如果是由臉書來做決定，我們就是賦予它更大權力訂定議題。

祖克柏在公開信上說：「資訊正確非常重要。我們曉得臉書上有不實訊息、甚至有徹頭徹尾惡作劇的內容。在自由社會裡，人們有權力講述他們的意見，即使其他人認為他們錯了。」他在最後又說：「我們的作法是少專注在誤解的訊息上，而多著重在人們所提出的觀點和資訊的正確性上。」

坦白說，我不認為臉書公司的數據科學家、研究人員和工程師會故意操縱政治制度。但是固然臉書不為故事本身不實負責任，可是公司寫的演算法使得假新聞出現在比朋友小孩的照片、有趣的影片或一則真正的新聞故事更顯著的位置上。臉書是否應該強調和提供新聞報導的原始新聞來源的資訊？它們是否應該更有所作為圍堵虛假故事呢？臉書的商業模式依賴標題誘餌（clickbait）是否難辭其咎呢？以上所有問句，我的答覆都是，是的。但是或許這些背叛出在制度本身，這個制度使得全世界近三分之一人口更容易接受八卦流言，且去分享和推讚，即使內容不實、未經適當制衡或任何真正的糾正。

網路上的環境出入的人很多，可是往往也是有事的時候找不到人負責。這就好像當你還是青少年的時候，趁家長不在家，舉行派對。起先，能享受自由，真是棒極了，但是不久之後，幾杯黃湯下肚，窗子打破，門也打破，你開始希望家裡若有個大人在家多好。

臉書堅稱它是中立的科技走廊，方便人與人之間連結，它不是媒體公司。這是一個錯誤的認知和危險的立場。它就是媒體公司，控制不實消息如何傳播，也掌控極大量的影響力，可以打造出某些人對誰可以相信的世界觀。

環繞著臉書的問題乍看似乎與卡拉馬祖市濫殺事件後出現的問題並不一樣，但是事實上它們明顯類似。談到分散式制度（distributed system）中的信任時，我們需要知道誰會對某產品、服務或一則新聞說實話，以及如果信任遭到破壞，該責怪誰。

責任止於誰？在這個新時代，人們還沒弄清楚。

在傳統的體制裡，圖像很清楚。譬如，當你在巴克萊銀行的戶頭遭駭，銀行會退款補償你。但是當線上加密貨幣如以太幣DAO（Decentralized Autonomous Organization, DAO）碰上麻煩時，找不到中央監察人員或傳統體制。我們走在沒有海圖的地域，摸索著、想找到可以取代體制式信任的機制，同時又尋找方法改善舊世界本身在責任歸屬上的缺陷。同時，平台也在試圖找出它在其中的角色——只是便捷湊合各方的角色、還是另有其他角色？

回到汽車問世初期的比喻，當時花了數十年功夫才創造交通號誌燈、停車標誌，以及甚至道路分隔線的簡單概念。吉比亞說：「有一天我們回顧時會笑：『汽車竟沒有信號燈耶！』然後我們將會發覺，在追尋信任的新時代，我們是如何的落後。」即使這個時刻，已有某些更清晰的指導方針來管理我們，能在這個分散式信任的世界共存共榮，但我們仍會互相衝撞。沒有一種制度完全無瑕疵。我們只敢盼望遇上小擦撞、不是致命事故。

5 但她看起來親切可靠

一個關於虛偽外表的警世故事，
以及可以揭穿騙子和欺詐行為的技術。

一九八三年的某一天，在我剛滿五歲後不久，一位不熟悉的女人進到我們家中。她不是我們家親屬，也不是朋友。她名叫桃理絲（Doris），還不到三十歲，到我家來幫傭。她來自格拉斯哥（Glasgow），說話有濃厚的蘇格蘭腔。她說o像是ae，r也有捲舌音，相當輕快，幾乎像唱歌。

桃理絲有一頭棕色頭髮、戴一副細金屬框眼鏡。她身材豐滿、臉色紅潤。她會讓你想起有一種女人，會在寒冷的日子裡在外頭快步散步後，回家坐進舒適的椅子裡，喝一杯茶，配上餅乾。

她到我們家時穿著救世軍制服。那是一襲衣領繡著銀色大S字樣的制服，還戴著圓形罩帽。桃理絲說她因為喜歡助人，因此加入救世軍。她沒帶太多私人物品，不過我記得她床頭擺了一個手鼓。

我媽透過一份《淑女》（The Lady）雜誌找到桃理絲。年輕的貴族湯瑪斯・吉布森・鮑爾斯（Thomas Gibson Bowles）在一八八五年創辦《淑女》雜誌，他另外也創辦《浮華世界》（Vanity Fair）雜誌。如果你看過電視連續劇《唐頓莊園》（Downton Abbey），一定聽過《淑女》雜誌。上流社會人士——包括皇室家庭——透過它聘請家庭幫傭，包括園丁、管家和保姆等。你在這份雜誌上不會看到名流八卦或性醜聞，它的口號是服務「有高雅思想的高雅女士」。譬如某一期雜誌的主題報導是「掌握吸引國王的風格」（Capture the Style that Wooed a King），以及「哪裡可以找到盛開的風信子」（Where to Find Bluebells in Bloom）。它甚至刊載食譜，教讀者如何製作午茶時段的蛋撻。你懂了吧？

我家當然不是上流社會世家。因此我實在不明白我媽為什麼會到《淑女》雜誌登廣告聘人。她在多年之後解釋給我聽：「我當時開創我自己的新事業，急著要雇人照顧妳。我心想，如果皇室透過《淑女》雜誌徵人，它一定可靠、也是最好的。」

桃理絲來應徵。當年，你要送上一封正式信函，並附上你的照片，表示有意應徵，然後雙方面談。由於桃理絲住在蘇格蘭，我媽利用電話交談。我媽說：「我記得她濃厚的蘇格蘭腔。她侃侃而談，交代清楚。她告訴我，她是救世軍成員，曾經照顧過和妳年紀相當的小孩。

但是，坦白說，她一開口，我就決定用她了。」掛上電話後，我媽打電話給桃理絲提供的保人，很滿意他們提供的評語。

桃理絲在我們家只住了十個多月。大部分時間，她是個很盡責的保姆——和藹、可靠、肯幫忙。她沒有任何可疑的形跡，除了一件事之外。每個星期三放學後，她會開車帶我到艾德蒙頓（Edmonton），一個國民住宅區。那是一棟深灰色的高樓，靠近倫敦繁忙的北圓環。有個五十出頭的禿頭男子住在哪裡，另外還有個小嬰兒。公寓髒亂，滿房子東西亂丟。我還記得破舊的壁紙和潮濕、發霉的氣味。桃理絲到了那裡之後，就一直抱著那個嬰兒。

我告訴爸爸媽媽，我不喜歡到那個陌生地方、見這個陌生男子。桃理絲堅稱她是去探望她在倫敦唯一的親屬。她的「舅舅」給我們泡好喝的茶，我們也喜歡和小嬰兒玩。每週一次的課後拜訪持續不斷。

有一次，我注意到桌上有許多看來很昂貴的香水瓶；它們很像我媽在她自己浴室裡擺放的香水。我向爸媽提起這件事。可怪了，這是第一次，我爸媽不相信我的話。我有很多夢想，有想像中的朋友，也會編出很繁複的故事。爸媽要我別再繞著桃理絲編造故事。這樣不乖。因此，沒有人懷疑任何事情。一直到桃理絲的查理舅舅死了。

大約在我家工作了九個月，有一天夜裡桃理絲沒有回家。當她回家後，她解釋說，查理舅舅突然心臟病發、死了，她必須趕回愛丁堡老家辦喪事。桃理絲的媽湊巧在當天下午打電話到我家。我爸媽很自然地安慰她。我爸當時告訴我：「她媽媽不曉得我為什麼安慰她。桃理絲的媽媽說，她弟弟活得好好的呀！事實上，他就坐在她客廳沙發上喝著茶呢！」

老爸質問桃理絲。她說，她媽太震驚了，一定是忘了。老爸回憶說：「我告訴她，這是不可能的事，你媽媽怎麼會忘記弟弟死了。」桃理絲終於招認說謊，因為她是跑去參加對日戰爭勝利日退伍軍人大遊行，等著瞻仰戴安娜王妃。我爸媽覺得有點怪，但是桃理絲一向迷戀王室種種新聞，這樣做也不無可能。桃理絲保住工作，繼續住在我們家。

接下來陸續暴露的一系列事件實在完全無法置信。你必須相信我講的全是真話。

當時我們鄰居是一對可愛的夫婦，姓盧森堡（Luxemburg）。他們家小孩與我年紀相仿，也雇了一名保姆，桃理絲和她來往密切。查理舅舅事件過後約一個月，盧森堡先生有一天晚上到我家敲門。他告訴我爸媽，他剛開除了他們家的保姆。我爸回憶說：「菲力浦說，她涉及和桃理絲一起在北倫敦參與一個販毒集團。她們甚至搞持械搶劫。他相信桃理絲負責開車逃跑。」後來發現，這部車竟然就是我們家的銀色富豪汽車（Volvo）。

這時候，我父母決定搜索桃理絲的房間。他們發現有個塑膠袋，裝滿信用卡帳單和數千英鎊的欠款帳單。她床底下鞋盒子裡塞了一堆外國紙鈔，是從我父母在家裡的辦公室偷走的錢。現在，我爸全面警戒，徹夜未眠，拿一支棒球棍守著前門，深怕桃理絲會回家。感謝上帝，她沒有回來。

第二天上午，我爸趕緊到警察局報案。他陪著警察到我每星期三會去的公寓——我父母親雖被瞞騙，卻知道它的地址。老爸回憶說：「公寓前門有個大洞，顯然曾有人想破門而入。」那個怪咖、幫我們沏茶的「舅舅」還在哪兒，桌上有根大鐵棍。（後來發現，所謂的「舅舅」是桃理絲的男朋友，嬰兒是他們的小孩。）桃理絲從此以後再也沒出現在我們家。

我媽現在說：「即使今天再想起這段往事，我的胃都還會抽痛。我竟然把妳交付給一個壞人照顧。而且隔了那麼久，我們才發現她的真面目。」我父母再也不透過《淑女》雜誌聘人。他們改請朋友推薦。

回想起來，他們會有不同作法嗎？我媽說：「我希望曾經向桃理絲多問一些好問題。我希望曾經多了解她。」我媽現在明白，無懈可擊的保人可能是桃理絲的朋友、家人或甚至販毒集團裡的「同事」。救世軍則是編造出來的幌子。

我爸媽覺得他們已有足夠資訊，對聘用桃理絲做出妥善的決定，即使回顧起來，他們對她實在所知不多。這裡頭存在「信任差距」（trust gap）。這又引起和信任有關的基本重點：對資訊有幻覺，遠比完全不知道更危險。義大利社會科學家狄亞哥・甘貝塔（Diego Gambetta）說得好：「信任有兩個敵人、不只是一個敵人：壞脾氣和不良的資訊。」

如果桃理絲這種人掛著招牌說：「請小心，我有前科、我經常騙人。」那一定有幫助。但是他們不會自亮底牌，當然這類人也很有說服力。我父母明顯做了非常、非常糟的決定。可是他們分明就是聰明、理性的人，也有一流的判斷力。那麼，問題出在哪裡？

昂諾娜・歐妮爾（Baroness Onora O' Neill）是位哲學家、劍橋大學教授和上議院議員，現在年近八旬。她寫了許多談論信任的書，尤其強調信任被誤放在錯誤的人與事上。她曾經在TED演講探討這個主題，同時也挑戰傳統、簡單的想法—即我們的社會已失去信任，應該著手重建信任。

歐妮爾以低調的幽默告訴她的聽眾：「坦白講，我認為重建信任是個愚蠢的目標。我反而主張對值得信任的，多點信任，但不必信任不值得信任的人。事實上，我的目標是積極地嘗試不去信任不值得信任的人。」

然而，她的論點十分嚴肅，認為信任並不等同於值得信任。純粹為了創造更「可信任的社會」而鼓勵普遍性信任，不僅沒有意義，而且危險。基本上，現在人們已經傾向於希望盲目信任，特別是出現貪婪之心時。伯納・馬多夫（Bernie Madoff）騙局就是一個經典案例。你想想看，好幾萬個投資人把他們的積蓄交付給名氣響亮的馬多夫，他在長達數十年的一場龐氏騙局中偷走了六五〇億美元巨款！為什麼投資人會信任他那些好得不能再好的東西？絕大部分是因為馬多夫風度翩翩，和他們一樣出入長島和棕櫚灘相同的鄉村俱樂部，以及猶太人社交圈。他是有耐心的騙子，以多年的時間建立他的信譽。沒錯，他是出了名的出手大方的善心人士（日後發現當然是花別人的錢，博取自己的名譽）。此外，他自己的家屬、至親好友和娛樂界大導演兼製片人史帝芬．史匹伯（Steven Spielberg）、紐約大都會職業棒球隊東主佛瑞德．威爾朋（Fred Wilpon），也都跟他一起投資。這個傢伙一定身家殷實。不是嗎？錯了，知人知面不知心，大家都被他騙了。

歐妮爾指出，馬多夫這個案子就是太多信任擺錯地方的例證。我們所有這些就信任做決定的人，其實應該著重的是誰、哪方面和為什麼值得信任。誰值得我們信任？在哪些方面，我們需要他們值得信任？譬如，如果我問：「你信任你的牙醫師嗎？」這不是一個有效的問題。你可能很靈敏地反應：「信任他做什麼事啊？」歐妮爾重申：「聰明的給予信任和聰明的不給信任，是一生當中恰當目標。首先重要的不是信任、而是值得信任——判斷某人在特定方面值得信任。」

我們在實際生活中如何執行此一合乎邏輯的目標呢？這可不是一件容易的事。

我父母決定信任桃理絲，大體上是出自於他們個人的判斷和盲目的信心。他們希望、或者甚至可以說是需要相信她所說的是真的。他們對桃理絲的判斷也受到「信任訊號」（trust signals）的影響。這是一些線索或跡象，我們在知情下、或不自覺下，用來決定某人是否值得信任。救世軍、蘇格蘭腔、《淑女》雜誌、桃理絲愉悅的外表、她的保人，甚至她的金屬框眼鏡，全都是我父母親用來做決定的信任訊號。信任訊號應該賦予我們「讀懂彼此心意」的能力。它們賦予我們理由信任某人，或是給予我們方法展現自己值得信任。但是，它還是有點像押賭。大衛・德斯諾（David DeSteno）在《信任的真相》（*The Truth about Trust*）中寫說：「就像所有的賭博，評估是否值得信任是個不完美的工作；總是會有機會出岔錯。」

某些訊號的確「洩漏訊息」，譬如我們的衣服、臉孔和說話腔調。的確，研究顯示蘇格蘭腔調在英國予人最值得信任的印象（「利物浦英語」則被認為最不值得信任）。其他的信任訊號雖不是在口上，但仍然明顯清楚，譬如我們點頭、微笑、眨眼或眼神不敢正視，都代表某種意義。儘管古人勸告我們不以一本書的封面評斷一本書，在碰到是否信任某人時，這些第一印象卻都出奇地有影響力。

鍾・傅里曼（Jon Freeman）是紐約大學心理學助理教授、兼社會認知和神經科學實驗室主任。他研究所謂「瞬時社會認知」（split-second social perception）。當你看到某人臉孔時，你即刻做出判斷，在十分之一秒內對他們的特質、包括他們有多麼值得信任做出判斷。傅里門希望了解我們的腦子怎麼會要走這種精神上的捷徑。

傅里曼還不滿三十歲，是學界明星。在一個典型的日子裡，你會發現他穿著休閒褲、海軍藍色襯衫和書呆子般可愛的玳瑁眼鏡。看著他，你可能會立即將他稱為「學術界人士」。科學家給人的刻板印象就像這樣。在他身上，你有這樣的判斷，並沒有看走眼。

前幾年，傅里曼和他的同事設計一項實驗，想找出是否有一看就值得信任這回事。他們拿明顯不同種族的不同男性臉孔的照片給參與者看。然後要他們評分，標明他們認為照片中人有多麼值得信任或不值得信任。結果很清楚——你的大腦認為它認得出值得信任的臉孔。人類是天生就有這種思維。當我們的老祖先發現陌生人靠過來時，他們需要有快速反應機制。敵乎？友乎？但是同樣的快速反應機制在日常生活的反應中，可能因為定型觀念引領我們做出偏差的信任決定。

研究人員設計第二組實驗，用數位方法把同一個人照片修圖，從看來略為高興往略為憤怒做變化。研究發現，眉毛上翹、顴骨突出、有嬰兒般的大眼珠和向上彎曲的嘴的人——即使他們沒有明顯的微笑——更有可能被認為是值得信任。臉頰凹陷、嘴和眉毛下垂的人——即使他們沒有明顯皺眉——更有可能被認為是不值得信任的。那麼，要怎樣才顯得值得信任呢？要看起來有點開心。就像桃理絲一樣。然而，問題是，沒有證據可以證明具有這些「值得信任」特徵的人，實際上更值得信任。

你無法有意識地控制你是否認為某個人值得信任、或某個人不值得信任；你的大腦會自動為你調整，但未必總是準確。我們對人們早期的假設也可能難以拔除。這實在令人吃驚又可怕。因此，信任很容易被錯置。的確，騙子的本事就是發出正確的信號，並且顯得值得信任。

當然，信任訊號並不只是依據外貌和第一印象。明顯的地位或權威象徵，譬如白色實驗服、警察徽記，在某些人眼裡，也都是信任訊號。制服可以是讓人信任的強大捷徑。譬如，門鈴響了，我從透視鏡看出去、看到一個身穿郵差制服的陌生人，我會開門。郵差制服是可以辨認的記號，讓我放心決定開門。著名的品牌也是依賴相同的作用。我若是到了外國，選購飲用水，我會買 Evian 礦泉水或其他我認識的品牌之瓶裝水。為什麼？名字和包裝讓我相信裡面的水質安全。我不需要信任賣水給我的人，因為我相信品牌。

信任訊號也可以來自第三方的背書。桃理絲利用她是英國最受信任的慈善機構救世軍成員的身分，顯得值得信任。她刻意發出假訊號哄騙我父母。我們或許不會像桃理絲那樣存心騙人，但是不妨想想看我們有多少次提起和一個受信任的品牌或機構的關係，以建立我們的可信度。我遇見原先不認識的人，總是會說，「啊，你好。我在牛津大學教書」，或是「你可能在《經濟學人》上看到我的文章。」我不是在吹噓——好啦，有時候可能會有一絲吹噓啦——但是我是有意牽引這些訊號來建立信任。回到信任的定義，《經濟學人》和牛津大學，都可以降低別人對我的不確定感。它們可在這些不認識的人心目中建立信心。

我們運用體制式信任訊號在生活中幫助我們做出各種決定。譬如，假設你必須在兩位律師當中挑選一個人處理某件事。有一位畢業於加州惠提爾法學院（Whittier Law School）——在美國被評鑑為後段班的法學院之一，另一位是哈佛法學院畢業生。先不談收費，絕大多數人會選擇哈佛畢業生。同理，「你不會因聘用麥肯錫而被免職」，是多年來經營階層掛在嘴上的口頭禪，說明為什麼要聘用全世界信譽最卓著的這家管理顧問公司。在上述兩個例子裡，我們信任機構的卓越信譽，而不是個人。

在分散式信任的時代，信任訊號也在變化。我們試以職業證照為例。一九五〇年代，美國不到5%的工人需要職業證照才能工作。今天，美國超過一千種以上職業——大約占所有職業類別的三分之一——需要證照。有些州，你需要取得證照才能當鋸樹師傅、算命師、花藝師、馬匹按摩師、化粧師、鼬鼠餵養師、馴鷹師或甚至頭髮編結師。當然涉及性命交關的高風險專業有必要要求職業證照，以確保一定的標準。我希望知道開飛機的機師和醫院裡的醫師，有受到規範管理和通過專業證照。但是專業證照法規已經變得過當，未必幫助我們在能夠信任誰上面做出好決定。我真的有必要要求我的髮型設計師每年繳兩千五百美元證照費、店裡至少要有五個洗髮位、十個工作站，我才能信任他們幫我剪頭髮嗎？以前客人留下的評分是否更好、或至少一樣好，也能夠讓我了解他們的手藝？

在某些案例上，新的信任訊號將和體制式信任訊號一起受採用。以律師為例。從哪個學校畢業、是否為律師公會會員當然是重要的信任機制，但是問題來了：一旦獲得這些資格，日後它們並不會依據這個律師真實的表現而有所變化（當然，除非是他／她因不合職業倫理行為被公會除籍）。誰來評斷專業人員的判斷和技能品質呢？我個人曾經做了很糟糕的決定，聘了一位長春藤盟校法學院畢業生、一流法律事務所的律師。朋友推薦他幫我處理一件事。他對客戶愛理不理，而且坦白講，低能。如果今天我要聘請律師，我可能到UpCounsel去找；這是根據特定技能、定價和是否有時間接案而撮合客戶和高品質律師的一個線上市場。我在一按鍵之下，就能在這兒找到合適的律師，有如透過優步找車一樣方便。

每位律師的簡介列出資格、經驗和專業領域。客戶也可以在第一時間看到律師的收費明細和金額。另外，交易完成後，客戶可以像在電子灣上由一至五顆星評分律師，並給予詳細的評語。賽斯・魏納（Seth Weiner）是UpCounsel上的一位當紅律師，由哥倫比亞法學院畢業、在大城市大事務所任職一段時候後，決定單獨執業。他說：「客戶評語是我線上簡介中最重要的一部分。」「如果有兩五〇個人滿意我，那代表下一位也會滿意我。」UpCounsel利用線上信譽做為解決信任問題的工具。這些第一時間的評比最妙的就是，讓這些專業人士一執業就必須兢兢業業盡責任。它讓我們看到表面亮麗的「好」（譬如哈佛學位和漂亮的辦公室）背後的東西，這些表面亮麗的東西說不定完全不符實際的工作品質。

既然科技或許可以使人更加盡責，那麼科技可以增強我們評估某人是否值得信任到什麼程度呢？假如我父母能在這個數位時代選擇育幼服務，他們是否能夠不會誤信桃理絲呢？我知道該找誰請教這個問題。

四十三歲的琳恩・柏金斯（Lynn Perkins）是網路保姆仲介平台「都市保姆」（UrbanSitter）

的共同創辦人。她住在舊金山，講話劈哩啪啦、奇快無比。她說：「我喜歡幫人家找完美的餐廳，幫朋友找最棒的蜜月度假區或是新工作。我幫朋友撮合租公寓，找室友，還當了三對新人的媒婆。」換句話說，柏金斯天性適合當中間人撮合成事。

二〇〇八年，柏金斯生了一對雙胞胎男嬰後，決定暫時放下投資銀行和地產開發的忙碌生活。原本在辦公室長時間奮鬥，變成和其他媽媽們長時間談論媽媽經。對話內容可想而知，不外乎：怎麼讓小孩多睡一會兒？為什麼他們對吃什麼那麼挑剔？他們為什麼不聽我的話？等等。然而，柏金斯也注意到，媽媽們花了極多時間抱怨找不到可靠的嬰幼照顧服務。柏金斯告訴我說：「她們說，如果找不到朋友已經雇用過的保姆來幫忙，她們寧可在家，不跟老公出外應酬。這件事就告訴我們，她們需要什麼，而目前市面上沒有嗎？」

柏金斯本身就經歷過不知多少次，保姆在最後一分鐘說不能來了。她說：「那個時候，市面上出現 OpenTable，幫人向餐廳訂位；Airbnb 也才創業不久。但是並沒有任何幫人媒介保姆的平台。」她心裡不明白，為什麼三十秒鐘就可以向餐廳訂位，而找個保姆卻這麼困難？她猜想問題出在信任上面。

「都市保姆」創辦初期，柏金斯做了一些單純、但很聰明的動作——她向父母親們已經信任的組織去借取信任。她去拜訪地方上的音樂教室、大城市媽媽（Big City Moms）俱樂部、小聯盟明星足球隊（Little Stars Soccer）、小學團體等，找出這些團體的父母親已經雇用過的所有保姆們。柏金斯透過這些組織找到的優秀保姆，把他們的簡介放到「都市保姆」上。但是這還不夠。當柏金斯二〇一一年創辦「都市保姆」時，她最親近的朋友和她接觸的投資人都認為它不會成功。普遍的反應是：「妳瘋了嗎？」

柏金斯說：「他們沒辦法想像可以利用這種服務，透過網路找到保姆。」懷疑派心想，透過網路怎麼可能比透過朋友推薦找到更好、更安全的保姆。「人人都想知道的一件事是，我的團隊是否曾經親自面談過每一個保姆。他們認為你一定要這麼做才能建立信任。」

即使在當時，人們還是無法想像社群媒體不僅可以傳遞所有的基本資料，還能起更大的作用。就和現在的許多線上服務一樣，你必須透過臉書或LinkedIn才能加入「都市保姆」。如果一個人的「朋友」少於五人，就等於升起紅旗，它有可能是詐騙戶頭。臉書登入的真正力量在於它可以解開已經建立的個人關係之價值。它揭露我們是如何與別人連結。你認識我認得的人嗎？不論是直接的「臉友」、朋友的朋友、學校校友或公司同事。信任建立在一個群體上，脈絡可以延伸到其他群體。

你到「都市保姆」去徵求保姆時，會看到過去有多少「朋友」也聘用這位保姆，或是和他／她有其他的關聯。這些關聯讓我們對自己做的決定感到更放心。它們降低未知數。群眾的集體智慧受到「朋友」智慧加強。這就是加強版的社會證明。

約翰．基斯．穆尼漢（John Keith Murnighan）生前是凱洛管理學院（Kellogg School of

Management）社會科學教授，曾經研究是什麼因素使我們信任我們並不真正認識的人。講得明白一點，他志在了解「朋友」扮演什麼角色，刺激信任陌生人的感覺。他根據行為經濟學家一九九五年設計的著名的「信任遊戲」，進行一系列實驗。遊戲有兩個參與者，一個是發送方、一個是收受方，他們是匿名的陌生人。兩人都領到一筆錢，我們假設是一百美元好了。甲可以把這一百美元的某些金額交給從不認識的乙（或根本不給錢）。甲被告知，不論他給出多少錢，實驗主持人會乘以三倍給乙。然後乙要做出類似決定：拿到三倍金額後，要拿多少錢交還給甲？甲因此有可能獲利、也可能失去一切。遊戲的重點是送出大量的錢顯示有高程度的信任。

在自願者參與信任遊戲前，穆尼漢和他的團隊請他們提供他們信任及不信任者的姓名，並列出他們信任或不信任的原因。研究人員旋即在一剎那間快速閃過這些名字，讓參與人有下意識的感覺。因為動作很快，任何人都無法辨識誰的名字在眼前閃過。然後，參與人才開始玩經典的信任遊戲。結果是顯而易見的。

下意識覺得看到能信任者姓名的人，比起覺得看到不能信任者姓名的人，送出的錢平均高出近50%。穆尼漢寫道：「我們發現我們可以在人們不知覺之下，刺激他對陌生人的信任。」他覺得這個發現「既刺激、又可怕」。「假設有個貓王艾維斯・普利斯萊（Elvis Presley）的瘋狂粉絲。如果我知道某人是艾維斯的大粉絲，我可能不經意地提起艾維斯的名字，來啟動他更信任我。這裡頭很明顯有操縱的風險。」

這個遊戲的結果有助於說明馬多夫這種人是如何欺騙了那麼多人。他的客戶名單包括富翁、名流和他自己的朋友和家人——他的兄弟、兒子，以及他們的妻子。當新投資人在名單上看到近親好友時，那是強大的信任訊號指出馬多夫本人是值得信任的。馬多夫是故意或不經心利用朋友和家人的連結，並不是重點。重點是這些關係提示可以刺激自動信任，它有可能非常危險，尤其是在馬多夫這類個案上，我們可能沒有時間或經驗去做詳盡、妥當的評估。

但是穆尼漢的實驗也讓我們看到線上社會關係的力量——「朋友」的智慧可以自動強化我們信任陌生人的能力。

有趣的是，琳恩．柏金斯誤以為最有影響力的社會連結是父母親們之間的連結。不是的，最有影響力的社會連結存在於保姆彼此之間的連結。她解釋說：「長期下來，家長們珍視都市保姆可以呈現保姆之間的連結關係；他們希望聘用他們真心喜歡的保姆的朋友。當你仔細想一想，可信任的推薦不就是這麼運作嗎！假設有位創業者請我介紹我信任的設計師。我介紹他去找和我有多年配合經驗的艾咪．葛洛巴斯（Amy Globus），可是艾咪太忙了，沒辦法接他的案子。這位創業者當下可能會請艾咪推薦另一位設計師，而不是回頭找我再推薦另一位人選。換句話說，信任是存在於專業人士圈裡（保姆們），而不是有相同需求的團體裡（父母親們）。

談到信任，社交圖譜*真是資訊的甘露。我們現在使用數位工具以近似舊式方法——透過口碑介紹或密切關係——尋找我們能信任的人，但是這些方法的規模之大是從前根本不可能做到的。傑森．坦茲（Janson Tanz）在《連線》（Wired）雜誌上，有一篇精闢文章討論數位信任。他寫說：「這是以數位方法重新製造早先界定工業社會的街坊鄰居的互動。只不過現在我們的街坊鄰居是有臉書帳號的任何一個人。」

社交圖譜陌生而又美麗的真相是，它縮短了世界上任何兩個人之間的距離。你不妨把它想成是把人類任意聯結綁在一起的繩子。一九二九年，匈牙利作家佛瑞吉斯．卡林斯（Frigyes Karinthy）最早撰文談到「六度分隔理論」（Six Degrees of Separation）的理論，它後來因約翰．格爾（John Guare）的劇本而風行起來。這個理論聲稱地球上每個人彼此之間其實只隔了六個人。這是「凱文．貝肯遊戲」（Kevin Bacon game）的起源——一般人只要透過六個或甚至更少的相識者，就能和另一個人連上關係。今天，至少就臉書的十八億積極用戶而言，這個數字恐怕還要大縮水。二〇一六年，臉書緊縮他們的社交圖譜，發現分離度的數字只有三點五七。換句話說，臉書上的每個人平均只透過其他三點五個人的關係就可以互相

＊social graph，指的是存在於你和你透過線上社交網絡互動的其他人、地、物之間的關係。

連結起來。它的意思是，儘管臉書很龐大，其實非常親密。它給予我們過去從生活中的實際社群和街坊鄰居才能得到的關聯和信任感受。然而，它的規模攸關到它的用處。

當我爸媽決定相信桃理絲時，他們的決定依據的是信念——他們相信她以及她的保人所說的話。過去我們必須根據盲目的信念或個人的經驗去做許多決定，但是我們今天可以依據集體經驗做決定——指的是其他人透過評論和社群媒體所分享的經驗。

我不需要有透過「都市保姆」雇用過一位保姆的個人經驗，來評估她／他是否值得信任；我可以從其他人的經驗受惠。這個動態關係通常被稱為「間接互惠」（indirect reciprocity）——它可以加快信任的過程。今天在「都市保姆」上，平均一個保姆在不到三分鐘之內做出回應，相對於五年前的二十三個小時才回應，降低不少。父母親上網po文徵人或是搜尋保姆，到接受他們信得過、可照顧他們家小孩的保姆，時間不需十分鐘，比起都市保姆剛創辦時的二十三小時明顯不同。它顯示，在網路上信任問題很快就能被解決，而且這個過程只會越來越快，由幾分鐘、降到只需幾秒鐘。

現在，在這個快速、講效率的美麗新世界，只有小事情偶爾出岔錯。

我們幾乎不可能讓琳恩．柏金斯這樣的創業者告訴你，在他們平台上確切發生過多少次壞事、小事或嚴重事件。我直接問、拐彎問，試圖問出確實數據，但是只得到大約的回答。柏金斯堅稱：「是發生一些事故，但是極少啦。」以住在西雅圖的媽媽溫蒂為例，她在二〇一六年五月某天晚上雇了一名保姆到家裡照顧她六個月大的女兒。次日，她接到銀行來電，有張支票簽名是假的。原來是保姆搜溫蒂的抽屜，偷了一張空白支票、填上一千三百美元。柏金斯告訴我：「家長一通報我們，我們立刻就把那個保姆從系統上下架。」爛蘋果會出現，不可避免，但是它們也可能更快暴露出來。

在信任誤置之後，我們常常會說：「她看起來是那麼值得信任。」反過來，你可能也聽到有人對你說：「我信任你。」但是這些話代表什麼意思？回到歐妮爾的重點：我們的信任應該放在什麼基礎上？

其實，是否值得信任有相當簡單的方程式，不必只是「他眼睛很和善」，或是「她看起來像是熟人」。你是否要決定該不該信任某個房地產經紀人、律師或保姆，其實都不重要，以下三項是否值得信任的特質都一樣：這個人能幹嗎？這個人可靠嗎？這個人誠實嗎？

能幹就是這個人有多大能力做某件事。他／她是否有技能、知識和經驗扮演某個角色或擔負某個任務，不論是幫我理髮、照顧小孩或開飛機送我去烏茲別克。

可靠性就是這個人是否一貫持續做他們答應會替你做的事。也就是你要自問：「我們能信賴這個人嗎？」他／她會不會貫徹到底？

誠實涉及到正直和意圖。「他們對我是抱什麼興趣和動機？」基本上就是，他們的意圖

是否吻合你的意向。他們說謊或說實話，會有什麼收穫？

政治學家羅素．哈定（Russell Hardin）雄辯滔滔地說，信任實際上是一種「封閉的利益」（encapsulated interest），是各方自身利益的一種封閉循環。他聲稱，如果我信任你，是因為我相信你會認真看待我的利益——不論是友誼、愛情、金錢或名譽。為什麼？你不會占我便宜，因為這樣做不會對你有好處。哈定在《信任與值得信任》（*Trust and Trustworthiness*）一書寫道：「你重視我們關係的延續性：因此你會認真考量我的利益，因為其中也涵蓋你的利益。」譬如，我信任最近幫我以好價錢賣出我房子的房地產經紀人，不是因為她是好人、或關心我，而是因為她的佣金直接和售價有連動關係。這就是封閉的利益。換成經濟學家亞當．斯密（Adam Smith）的說法，這位房地產經紀人未來的利益，對她是夠強大的誘因；對我，則是夠合理的原因去信任她。

我們經常在內心裡探問某人：「我信任你嗎？」其實問題應該改成「我能信任你去做某某事嗎？」才對。我們需要把信任想成「信任某某人去做某某事」。譬如，你可以信任我去寫一篇文章；但若是信任我去開貨運卡車，那就是極大的錯誤。你可以信任我教二十來歲的研究所學生，但是若把我放在五歲娃的教室，要我教他們讀和寫，我可就投降了。若轉變成「我們相信某人去做事」，基本上就改變了這三個特質（能幹、可靠性和誠實）的組成與順序。信任是要看情境因素的。

我不是說每逢必需信任某人時，我們就必須經過這種評估。以搭巴士或火車這種簡單的事為例，我們不會要評估司機的技能。如果每個決定都需要信任，那我們大概一整天都在問問題、整理檢查清單了。我們可能根本走不出房間。但是假設我們要雇人做事。我們要如何做出良好決定，信任應徵者有他們自稱那麼好？

不久以前，履歷表是求職者的主要工具，列舉學經歷和過去雇主——不過事實上證明不了太多事情。的確，英國Powerchex公司代表財務金融公司審查履歷，在一項調查中發現，四七三五個求職人當中有18％填寫不實資訊。最常見的謊言是明明只有2:2學位的大學學歷，卻謊稱為2:1學位的學歷。[19]美化真相的狀況非常常見，譬如誇大職銜（只是計畫助理，卻自

編注

19 是英國學校的一種評分方式，2:2是指二等二級學位，也就是本科平均成績在五十至六十分。2:1則是二等一級學位，也就是本科平均成績在六十分以上

稱是計畫主任）和負責工作。履歷表常常是「創作」，但是相當多數雇主也不得不接受它們。

今天，許多求職者不寄履歷表，改送上他們的LinkedIn網頁，還包括連結到他們其他線上個人簡介及社群資料。你不妨想一想，現在外頭有多少有關於你個人資料的簡介。我個人就有十五個：亞馬遜、電子灣、LinkedIn、臉書、巴拉巴拉汽車（BlaBlaCar，歐洲一個付費的網絡拼車平台）、優步、YouTube、推特、TED、牛津大學教職員網頁、我個人網站、我的出版經紀人網頁、我的演講經紀人網頁等。這還沒有包括需要透過臉書登入，才能連結起來的種種帳戶，如Spotify、Airtasker和Airbnb上的簡介資料。網上簡介是信任訊號改變的另一個例證。原本由組織或一小群朋友、家屬和同事保留的資訊，現在散布在許多人之中。從這一點來講，信任訊號已經在社會上流動。

在都市保姆這類線上服務平台上，一般人又創造明確的線上簡歷，列舉詳盡的資訊。人們自願透露的詳情之數量和類型非常不尋常。柏金斯解釋說：「有位家長長篇大論介紹他們家養的胖嘟嘟豬仔。他們希望確定保姆不會介意這家人養豬當寵物。這聽起來很奇怪，對吧？但其實是很棒的一種『期待管理』。」雙方都知道會遇上什麼狀況。

保姆在簡介中提供的資訊，透過不同的線上檢查查證。你是否真正持有心肺急救術（cardiopulmonary resuscitation, CPR）證書？你是否真正拿到南泰晤士學院第五級兒童照護文憑？你是否真的完全沒有駕車肇禍或違規紀錄？或者以桃理絲為例，真的是救世軍成員？事實上展開登記程序的保姆只有25％上到平台。換句話說，有75％被摒除在外。

都市保姆用四十種不同的標準，找出六個最合適的保姆人選給家長們。它的演算法考量到小孩的年齡、家長和保姆的社會連結、住在哪裡、何時需要保姆、特別要求等等。這個市場也像電子灣使用信譽制度——家長在每次交易之後留下回饋、也對保姆評分。

都市保姆共同創辦人兼主管產品副總裁安德瑞．巴瑞特（Andrea Barrett）說：「人們現在對每樣東西都評分。你的優步駕駛員、送外賣的人，通通要評分。但是並非所有的事都平等。當你送外賣食物給我時，能出的岔錯或好事有限。」「但是當你幫我照顧小孩時，有太多事情可能走偏。你有什麼能力處理我小孩的行為？你多用心和我小孩互動？你是否弄乾淨？是否友好？我是否喜歡你？有太多未知數。」

評語對於保姆能否再次獲聘有極大的影響——沒有得到評語的保姆，比起至少只得到一次評語的保姆，再次獲聘的機率少了兩倍。有經驗的保姆和家長最重視的是「得到某家人一再聘用」。基本上，這表示你受邀再回到他們家裡。

可靠度也很容易在線上呈現出來。如果你曾在Airbnb訂房，你可能注意到主人也被依據回覆快慢分類。我的回覆率是百分之百，但是我的回覆時間，嗯，是二十四小時。這表示只要有新訊息查詢，我全部都會回覆，但是根據Airbnb的標準，我回覆得太慢。同理，都市保姆也把保姆依據回覆快慢分類。柏金斯說：「如果你是最後一分鐘才找人，你會很喜歡一開始就知道對方會多快回覆。但是再加深思，我認為這也是他們有多麼可靠的另一種指標。某人如果很慢才回覆，那麼他會準時報到嗎？他們真的有興趣接這份工作嗎？」柏金斯說的沒錯，時間經常被做為可靠度的指標。

毫無疑問，在網路上最難證明和預測的特質是誠實。你要如何確實判讀某人的意圖和正直？柏金斯曉得這是她必須正視的大問題。二〇一四年，她想到一招：如果請保姆拍一段簡短影片介紹自己，說明他們對小孩的興趣，說不定會有幫助。

絕大部分影片開場白是「嗨，我的名字是XXX，我想向你介紹……」，然後就說明為什麼他們想要照顧小孩。影片有個奇妙的作用，可以看到他們的房間。有人隨意坐在自己臥房、床鋪未整理，也有人選擇坐在整潔的客廳沙發。

我試過一個非正式的實驗。我閱讀二十個保姆的書面簡介，寫下我第一印象的特質。我發現自己一再使用同樣含糊的字，譬如「不錯」或「似乎友善」。然後我看影片，同樣寫下我的感受。我的描述就明顯地更加清楚，譬如用了「體貼」、「溫和」或「緊張」等字詞。聽到保姆說話，也稍微窺見他們的環境，感覺像是見到他們的生活。柏金斯說：「這使他們更像活生生的人。」今天，都市保姆規定所有應徵者都必須附上一段三十秒至九十秒的自我介紹影片。不過還是有個問題：桃理絲製作的影片一定很棒。

都市保姆會逮到她是騙子嗎？

一九九三年七月五日，《紐約客》（*New Yorker*）雜誌刊出彼得・史坦納（Peter Steiner）畫的一幅「狗」漫畫。漫畫上有兩隻狗，一隻趴在地板上，一隻坐在電腦前的椅子上。圖片底下是一句很有先見之明的文句：「在互聯網上，沒人知道你是一隻狗。」二〇一三年，為了紀念這幅經典漫畫問世二十週年，專門逗趣的網頁「科技的喜悅」（Joy of Tech）復刻一幅現代版的漫畫。兩個戴墨鏡的特務站在國家安全局裡，四周都是電腦螢幕。圖片說明是：「我們的元數據分析顯示，他絕對是一間棕色實驗室。他和一隻黑白斑點的小獵犬住在一起，而我猜他們是駝背。」

Trooly是一家「即時信任評等」公司，二〇一四年七月在加州洛斯阿圖（Los Altos）創業。（它已在二〇一七年六月被Airbnb併購。）坐在Trooly會議室裡，腦海裡浮現史坦納那幅漫畫。在我抵達要採訪公司共同創辦人兼執行長沙維・巴威嘉（Savi Baveja）之前，他的團隊提出一個點子。巴威嘉說：「我們認為讓閣下妳、瑞秋・波茲曼（Rachel Botsman），通過Trooly系統，會有助於妳了解我們。我們將在投影機螢幕上進行，妳可以在第一時間看到經過。」哇，還有其他五個人圍坐在會議桌邊耶！我對他們可能挖出什麼，有點緊張。年紀不到五旬的巴威嘉原本是貝恩管理顧問公司（Bain & Company）的合夥人，是個冷靜、謙和的紳士，立刻明白我對此一計畫感到不安。他向我擔保：「放心。我們在妳蒞臨之前已經測試過，妳不會有問題的。」

當你首次跟住在世界另一端完全陌生的人接觸時，你怎麼知道他們是否構成嚴重風險？巴威嘉說：「人們常把評語、評分掛在嘴上。其實，就定義而言，它們是查看過去。」沒錯，Trooly的目標是填補線上商務速度極快所產生的信任差距。

他們把我的姓氏和名字，以及電子郵件地址輸入「即時信任」軟體。就這麼多。沒有電話號碼、年齡、生日、職業或住址等等。共同創辦人兼技術長安尼什．達斯．沙曼（Anish Das Sarma）告訴我，這個機械學習軟體正在從各個公、私數據庫搜尋，與我身分相關的訊息。達斯．沙曼又說：「它會搜尋通緝犯名單、全國性犯罪登錄、社群媒體等。但是它也掃描更深的網址，例如：那些沒被搜尋引擎連結的網址，以及那些你不會在搜尋中被查出的資訊。我們比谷歌連結得更深入。」我以為他指的是我可能曾經流連的一些網站，要找出我在互聯網上的足跡。他問我，能否加上我的中間名字，以發出「更強大的訊號」。好呀！

三十秒鐘過去。結果開始出現。巴威嘉指著螢幕說：「妳瞧，妳是一。全國只有約15％的人是一；這代表他們被我們列為『超級好』。」

我問他們：「有多少人被列入『超級爛』呢？」

巴威嘉解釋說：「全國約有1.5％至2％的人列入五到四之間。我們做過的某些群組有些例外，因為某些群組特別吸引討厭人物。絕大多數人是二。我們在美國所檢查的人，約有10％至15％，我們沒辦法產生有信心的分數，其原因是他們沒有足夠多的數位足跡，或是足夠的正確資訊輸入。」

坦白講，Trooly 搜尋出來的資訊實在很驚人。我沒提我的娘家姓氏，因此我認為和「西蒙斯」（Simmons）相關的訊息不會出現。我錯了。我在牛津大學和哈佛大學加入的社團立刻出現——是的，我曾經是擲鏢社社員；是的，我有九個月之久參加「預備軍官訓練計畫」。這些資訊整合成五大類別。最基本的是查證我的身分。我是我所說的那個人嗎？沒錯。接下來是犯罪前科或可能不法行為紀錄。過關。呼，我喘了一口氣。他們沒查出我在二十歲時的肇事車禍，因為法院當時做出不起訴處分。接下來一類叫做「反社會」。巴威嘉解釋說：「很多人不會特別的好，或是特別的爛。因此我們花了很多時間思考如何搞清楚『這是怎樣的一個人？』我們希望我們的顧客在做決定前，不只是面對一個膚淺的評分。」

反社會這一項目的內容才是至寶。客戶告訴 Trooly 他們希望淘汰掉什麼樣的特質，以及需要剔除的壞行為。譬如，都市保姆可能希望應徵保姆的人沒有仇恨語言。他們可能也希望知道你是否曾有吸毒或喝酒的問題，或是否曾經涉及色情圖文。民宿共享網可能十分關心你是否籌畫性愛派對。汽車共乘平台會想知道你是否糟糕的駕駛人。我在「反社會」這一類也得到一，換句話說，我是「親社會」的人。我整個人輕鬆起來，對於自己在信任評分上得了A，還有一絲驕傲。

巴威嘉是個溫和、體貼，又明顯聰明的人。他說的話往往含有很多值得深思的問題，彷佛他不斷在追尋更好的解答。他在史丹福大學拿到電機工程學士，幾年後又在哈佛商學院修完企管碩士，以貝克學人（Baker Scholar）的榮譽畢業，換言之，他是班上出類拔萃的頂尖學生。然後他從事管理顧問師工作，在貝恩管理顧問公司一路升遷到最高層級，先晉升為合夥人，再擔任公司董事。他說：「在貝恩管理顧問公司時，我開始注意傳統的背景和信用調查，發現它們的瑕疵危險極了。背景檢查就是那麼一回事——它向後看，沒有預見未來。但是，它一定非得如此不可嗎？我認為應該還有更好的辦法。」

我們的行為已經改變，但是社會所用的信任機制幾乎大多不變。譬如，在美國、英國和大部分歐洲國家，目前的背景檢查制度依然是人工作業、慢吞吞，經常靠薪資不高、工作負荷又重的職員跑法院，上窮碧落下黃泉翻尋紀錄。難怪會出現各式各樣的錯誤，尤其是如果你的姓氏是常見的瓊斯（Jones）、史密斯（Smith）、哈里斯（Harris）等等。加州居民隆·彼德生（Ron Peterson）最清楚這個問題。彼德生說：「在佛羅里達州，我是個妓女（名叫隆妮Ronnie）；在德克薩斯州，我目前因殺人罪、正在坐牢。在新墨西哥州，我是個銷售贓貨的傢伙；在奧瑞岡州，我恫嚇目擊證人。在內華達州——哈，更棒了——我是前科累累的性犯罪者。」如果你被弄錯，和別人犯的罪扯在一起，這叫做「誤報」（false positive）認證；這是可怕的常見問題。

根據傳統的檢查被貼上「壞蛋」標籤的人當中，有多少人是真正的罪犯？很令人擔心的是，西北大學助理教授西蒙妮．伊斯帕—蘭達（Simone Ispa—Landa）和賓夕凡尼亞大學教授查爾斯．羅斐樂（Charles Loeffler）在二〇一六年做了一項研究，發現美國成年人有三分之一涉及到刑事官司，而且留下紀錄——即使他們沒被定罪。美國聯邦司法部最近也有類似的發現。申請背景檢查的案子當中，有一半沒有案子怎麼出現的資訊，不論這個人是否被判有罪、或是否遭到起訴。爛資料搞壞了系統，最常被貼錯標籤的團體是黑人和拉丁裔。巴威嘉說：「我們後來做的是，除掉刑事體系中所有這些偏見和預先存在的觀念，然後剔除掉它們，以以前沒見過的方法一一將它們體制化。」

巴威嘉對於檢查制度頻頻提出質疑。他說：「我可以告訴你，你在背景檢查中能查到的資訊，50%將是交通違規或吸毒定罪。但是如果我七年前抽了大麻，它會告訴你我是怎樣的人嗎？它能說我將是癟腳房客嗎？」

我問：「那我若因開槍傷人被判刑，檢查就會提出警告，對吧？」

巴威嘉說：「不，若在傳統背景檢查中沒有就是沒有。它沒有想像中的那麼精確。」

但是，還有一個問題：系統有可能漏掉真正犯過罪的人。這就是所謂漏報（false negative）認證。每年做了動輒百萬計的檢查，當中約1%至2%會出現問題。沒錯，有極大多數過去幹過壞事的人也通過背景檢查。巴威嘉說：「我們是怎麼依靠有缺陷的數據和流程，來確定某人是否應該得到工作、或者是一個好房客？我的意思是，這些都是嚴肅的決定，對吧？」

我向 Trooly 團隊承認，即使他們的意圖完全正面，過程仍然讓人覺得侵犯。巴威嘉說：「我知道你要問隱私這個問題，每個人都會問的。我聽人談論隱私，忍不住就要大笑。不是因為它不是個嚴肅的問題，而是因為你想想看，你已經給出去多少資訊給銀行了。每一張帳單、每一筆採購、信用卡等。我們都接受了，不是嗎？」Trooly 遵守所有的隱私及資訊保護法，包括美國的《公平信用報告法》。因此，如果我想要，我可以選擇完全退出信用評分，打個勾，然後挑戰我的簡介資料。我的信用報告在九十天後剔除。巴威嘉說：「我們這裡不搞花樣。任何信用機制，即使向朋友打聽某人，也涉及到某種程度的侵犯。我認為分界線是你怎麼做。你是否合乎倫理的做？你是否透明的做？我們竭盡全力確保我們做得遠比今天所用的其他信用機制好、公平，也更有預測效力。」

關鍵在這裡。巴威嘉是令人放心的能幹、坦白和誠實的人。我信任他。而他也明顯有積極意圖去改變既有的背景檢查制度，因為它已經有嚴重的瑕疵。可是我告辭時，仍然覺得當Trooly 的客戶想運用我們的資料時，目前的隱私及資料保護法沒能給予足夠程度的保護。

即將離開 Trooly 時，我跟他們提起桃理絲。如果她向都市保姆應徵保姆工作時，搜尋過程是否會逮到她？答案是堅決的「是」。我父母會知道，事實上她並不是救世軍成員、從前沒有照顧小孩的經驗，也有過犯罪前科。換句話說，桃理絲不可能矇混過關。

琳恩．柏金斯說：「Trooly 以一種客觀、可量化的方法幫助我們篩選我們的保姆。但這只是一部分。」她做出相當重要的承認：科技絕對不應該取代為人父母的直覺。「如果保姆到你家報到，你突然有怪異的感覺，即使他們已經通過檢查、評語也很棒，或是你在網路上對他們頗有好感，都沒關係；就說你突然不舒服、不出門、取消委託了。跟隨你的直覺走。」沒有問題，到頭來，我們是決定該在哪裡放置信任的人。

這十分複雜。我們的直覺可能很強烈，但有時候我們的信任訊號雖強烈，事實上它們卻未必是可靠度、誠實和能幹與否的好指標。戴眼鏡、說話有蘇格蘭腔的桃理絲就是最好的例子。她像個親切可靠的人，但事後你卻發現自己竟把小孩交給持械搶銀行又販毒的歹徒照顧。

未來，網路信任只會越來越快、越流行。從幫助我們做出更明智的選擇來思考——不論是聘律師、賣房子或雇人照料小孩——這都是好事。與此同時，我們也不想失去我們的人性。

在信任上犯了一次錯誤，卻跨出了一大步，這時不是開闢出新的可能性，就是發現到自己意想不到的情境，既刺激又危險。我們就是這樣信任了陌生人，不知道可能會發生什麼狀況，就這一點而言，我母親對桃理絲的信任並非完全錯置。有趣的是，桃理絲雖然是個罪犯，卻也是一位不錯的保姆。

6 即使在地下市場，聲譽還是一切！

暗網上的毒販教我們的，什麼才是優質的客戶服務。

就看你有多麼嚴格界定「線上交易」這個詞句的意義，你也可以宣稱在互聯網上第一項買賣的東西不是CD、也不是披薩，而是一小袋大麻。一九七〇年代初期，史丹福大學和麻省理工學院一群學生透過ARPANET——這是今天我們所熟悉的互聯網的前身——在網路上做成藥品買賣。從此以後就變得又快、又容易透過所謂的「暗網」（darknet）在網路上買賣毒品。

你不能用你一般的網路瀏覽器連上暗網；它只能透過所謂TOR（洋蔥路由器，The Onion Router英文縮寫）的匿名軟體進入。它不是以.com或.org為結尾的網址，暗網的統一資源定位址（URL）是結尾為.onion的一連串隨機字母和數字。TOR原本是美國海軍研究實驗室（US Naval Research Laboratory）開發，用來保護政府通訊的東西。它已經變成新聞記者和人權團體方便的隱私工具，因為它們需要掩飾他們的瀏覽活動，隱匿他們的身分和位置。當然，它的地下性質代表它也吸引歹徒，歹徒可以透過網路、在相對隱蔽下，交易毒品和其他非法物品，如槍枝、兒童色情影片等。

踩進暗網就好像踩進隱晦、神祕的平行宇宙，在這裡每樣東西都看起來很怪，就和一般的網絡一樣——即所謂陌生的熟悉，只不過它的消費網站賣的是AK-47步槍或偽造護照，而不是二手貨愛瑪仕名牌包和名廚傑米．奧利佛（Jamie Oliver）的烹飪指南。換句話說，訪客不必是駭客或電腦天才就能上網，而且非常方便就能找到並買下非法商品和服務。谷歌不會搜尋洋蔥網站，但是Grams會（順便告訴你：Grams的網址是grams7enufi7jmdl.onion），而且它的網頁看起來難以置信的相似——從彩色鮮明的彩虹標誌（logo）到「我感到幸運」（I Feel Lucky）的按鈕。

假設你在Grams上鍵入「狂歡」（ecstasy）這個字。搜尋引擎就到Black Bank, Mr. Nice, Pandora和「絲路4」（現在已進入第四代）等加密市場去搜尋，提出一份清單，列舉賣家名字、商品價格、商品簡介和確切的URL。Grams創辦人匿名接受《連線》雜誌專訪時表示：「我在論壇和紅迪上注意到，人們不斷地問『誰有最好的某種產品，可靠、又不是詐騙？』我希望讓人們容易在暗網上找到他要的東西，又能分辨誰是值得信任的賣家。」

我讀過很多有關暗網毒品網站的報導，但是看到它們和亞馬遜等傳統電子零售商那麼相似，卻是目瞪口呆。它們是那麼像線上電商，讓人感到安心。它們甚至還有相當數量的競爭商品和豐富的選擇。只不過洋洋灑灑列出來的一排又一排商品是古柯鹼、迷幻劑、快樂丸、鴉片類藥品、二甲基色胺（dimethyltryptamine〔DMT〕，一種色胺類的致幻劑）、海洛因、大麻菸，以及幾乎癮君子都會想要的其他毒品。買家只要稍微敲幾下鍵盤，就可以瀏覽琳瑯滿目的選擇，以無法追蹤的數位貨幣比特幣付錢買毒品（不會聯結到任何一個中央銀行），而且讓郵差在不知情下代為送達。

二〇一三年十月，聯邦調查局查封非法的毒品網站「絲路」（Silk Road），使得暗網聲名四播。網站主人、管理人羅斯・威廉・奧布里特（Ross William Ulbricht），網路別號「可怕的海盜羅伯茲」（Dread Pirate Roberts, DPR），年僅二十九歲，在舊金山公立圖書館被捕。他後來以洗錢、電腦駭客和販毒等罪名被判處無期徒刑。奧布里特的綽號「可怕的海盜羅伯茲」源自一本書《新娘公主》（*The Princess Bride*）的主角。這本書後來也拍成電影，故事中的羅伯茲不是一個人，而是許多海盜幫主代代相傳的名字。聯邦調查局破獲絲路時，估計這個網站登錄一萬三千多筆毒品，它經手的營業額約為十二億美元。網站對每筆交易抽6%至12%不等的佣金，「可怕的海盜羅伯茲」據信一天可以賺到兩萬美元。

奧布里特唸過大學，在德州奧斯汀長大，自稱是個理想主義者。他認為吸毒是個人的選擇。基本上他是二十一世紀的數位自由主義者。「絲路」的行動準則表明：「我們拒絕販賣和陳列目的在傷害或欺騙他人的任何東西。」「可怕的海盜羅伯茲」又寫說：「己所不欲，勿施予人。」奧布里特希望建立一個可信任的交易環境，人們可以不涉暴力、不受政府法令限制的買賣毒品。很重要的一點，「可怕的海盜羅伯茲」不僅受到尊敬——絲路上的買方和賣方都信任他。他一被捕，他們對整個系統安全的信心受到打擊。然而，這還不足以使它崩潰。現在其他網站風起雲湧，想要取代絲路。

訪客是如何被說服信任這些網站的？其中一個原因是共同控制。買家下了訂單，比特幣進到代管帳戶，直到證實貨已交到之後，錢才釋出、付給賣方。（Airbnb 也使用類似的代管帳戶制度。）買方、賣方和網站管理人控制戶頭；三方之中必須有兩方簽字，比特幣才會移轉。它設計成讓賣方和買方都很難欺騙對方。整體而言，這套制度可行；雖然就和大多數系統一樣，它有陷阱和壞蘋果。譬如，膽大妄為的管理人可以關掉網站，隨時捲走使用者寄存在網站代管戶頭裡的比特幣逃跑。的確也有人這麼做，被稱為「落跑騙局」（exit scam）。

二〇一五年三月，一個頗受歡迎的絲路後進「演化」（Evolution）一夜之間神祕消失。這無關遭到政府破獲，純粹因貪婪作祟。網站管理人維托（Verto）和金寶（Kimble）將此一平台的比特幣戶頭席捲淨盡，估計捲走了約一千二百萬美元。幾天之後，原先以「演化」「公關幕僚」自居的一位用戶 NSWGreat，在紅迪的暗網市場論壇上 po 出文章。

NSWGreat寫說：「我很抱歉，但是維托和金寶坑了我們大家。我自己因販售在代管戶頭裡有兩萬美元。我很抱歉大家都有損失。我被打敗了、無話可說。我徹底遭到出賣。」

「演化」關掉後不久，知名度沒那麼高的市場，如Abraxas, Amazon Dark, Black Bank and Middle Earth也都原因不明、相繼消失，但是一般相信它們也是落跑騙局。暗網的烏托邦理想——「我們對抗政府和過度監管」——看起來已經過了鼎盛時期。而且，當然，遭到出賣的賣家和買家幾乎都沒有辦法追償，除了互相警告之外。他們沒辦法去找監察機關，抱怨訂購的迷幻藥沒有到貨，要求退回比特幣。這對暗網的信任產生多大的傷害？

詹姆斯・馬丁（James Martin）博士是著名的加密市場專家。他是澳洲麥考瑞大學（Macquarie University）教授，也是《暗網上的毒品》（*Drugs on the Dark Net*）一書的作者。我在他剛由阿姆斯丹回國後，到他墨爾缽的家中訪問他。他特別著迷研究加密市場如何運用科技，讓人們可以脫離國家和傳統法規控制，以新的自治方式溝通和來往。

他說：「讓我感興趣的是，科技可以用來改變非法毒品貿易的方式。在全球反毒品戰爭的四十年時間裡，非法毒品貿易一直受到貶低和打擊。」「事實上，這涉及到數以千計的人。吸毒者和毒品零售商——典型被視為『不值得信任』的人，他們可沒有『最可靠的人』這種名聲。他們是如何創造沒有暴力、又以信任為基礎的自我規範、高度運作順暢的市場呢？」

馬丁認為執法機關和警察機關都對暗網感到驚訝。「（他們看到）黑道是如何建立和平的社群，販賣危險的產品；而且這個社群在絕大多數時間的運作都很順利。」

可是，落跑騙局現在是否傷害到暗網上的信任關係呢？他說：「並沒有信任危機，但是人們肯定較持懷疑態度。落跑騙局破壞對整個系統的信心。不是『可惡的緝毒局（Drug Enforcement Agency, DEA）』在破壞市場；而是圈內人在作怪。這的確傷害到理想主義，也撼動暗網社群的信心。」

馬丁舉他同事進行的一項研究來做說明。他的同事研究逃兵問題，以及它如何影響軍隊。這項研究發現，如果同袍士兵被敵軍打死，他們被認為盡忠報國，會強化其餘部隊的鬥志。然而，如果他們是自主的逃兵，會傷害到對作戰目標的信念，對整個系統的信念。馬丁說：「我們就是這樣看待落跑騙局。」

即使如此，落跑騙局沒有造成致命打擊。馬丁說：「販賣者和顧客立刻跨過它們，擁向其他網站。」這就像是打鼴鼠遊戲（whack- a- mole）：只要一個網站關閉、另一家立刻補上。

儘管絲路和其他網站相繼被查封，暗網上的販毒生意就和其他類型的電子商務一樣，持續蓬勃發展。根據二〇一六年《全球毒品大調查》（Global Drug Survey），英國大約22%的吸毒者在網路上購買毒品。以全球而言，幾近十分之一的受訪者說，曾經在暗網上購買毒品。

很重要的一點是，有5%受訪人表示，過去不曾在網路上買毒品、現在卻從暗網市場買貨。暗網使得購買毒品更容易，某些人也認為風險較低。

歐洲智庫公司蘭德（Rand）的一項深度研究發現，自從二〇一三年以來，在非法毒品網站上的交易次數已經增為三倍。英國是僅次於美國的第二大線上毒品市場，暗網賣家每個月可有近兩萬一千筆毒品交易。英國販毒者每月平均可賺到五千二百英鎊。但是最成功的網路販毒者淨利上看二十萬英鎊。

然而，就毒品市場而言，真正奇妙的不是有多少市場，或是販毒者能賺多少錢，而是他們的運作順利。固然我們應該擔心這些網站會導致更多人吸毒，但是我們也不能不佩服，它們明顯地品質控制和效率都不錯。人們——普通人——在全球高速交易，且交易量極大。暗網在信任這個議題上，對我們有相當的啟發。

在街頭交易時，通常毒販只能賣給已經認識的顧客。通常新顧客必須經由經紀人、能信得過的中間人介紹給毒販。經紀人通常會說：「我介紹的這個人不是條子，你可以賣給她，她不會出賣你。」信任在傳統的毒品交易中非常的重要，但它是小規模的人際信任，意即信任存在於少數幾個人之間的直接關係。

反之，暗網是個公開網絡。選擇不會受限於你認識誰、以及販毒者住在哪裡。馬丁說：「加密市場代表一種超級經紀人。它們比起任何個人都更能便捷許許多多販賣者和顧客之間的聯繫。但是，這方面的信任體現在量化指標中，譬如評論和評級，它們取代了過去對毒品交易至關重要的個人信任。這是一大變革。」

信任原本是非常個人化的事情，你依賴朋友或朋友的朋友的推薦辦事。藉由設法倍數擴大信任圈，科技擴大了市場和可能性。以暗網而言，儘管有沉重的匿名布幕，它在極不可能的人物之間建立信任。

暗網充滿了數十萬吸毒癮君子和販毒者，他們通常被定型觀念視為不值得信任的人，惡中之惡，但是他們卻建立起高度有效率的市場。他們有效地在零信任度的環境裡建立起信任。沒有人曾當面碰過面。顯然是不會有任何法定規則規範交易。它很像是買家會被坑的地方。從技術而言，賣家很容易交出次等貨毒品、或乾脆根本不出貨。可是，在暗網上這種情況很少見，而且整體而言，你更可能會聽到買方稱讚毒品的品質和服務的可靠度。

「歐洲毒品及毒品成癮監督中心」（European Monitoring Center for Drugs and Drug Addiction, EMCDDA）二〇一六年二月發布一份廣泛的報告，透露透過暗網供給的毒品，往往純度比從街頭買來的要更好。西班牙智庫「能源控制」（Energy Control）同樣有一項研究，也證實暗網毒品的品質一流。它邀請自願者將他們在網路上或非網路上買的毒品，隨機送出樣品供測試。半數以上暗網的古柯鹼樣品，其成分就是純古柯鹼。相形之下，在西班牙街頭只能買到14%的真品。即使聯邦調查局探員為絲路一案出席聽證會，也作證表示，在關閉此一網站前，在暗網上買了一百多次毒品，全部「純度很高」。

網路上的毒販似乎比較誠實。它告訴我們，人們如何利用科技所提供的協助或監督，在這個犯罪的生態系統中建立信任。就它們商品的性質而言，暗網可能看來像是一個外星人世界和地下世界——某些也毫無疑問就是如此。但是在它的核心，它涉及人和其他人的連結。它是科技所催生出來的新種建構信任的化身。同樣的動力、同樣的原則在建構數位人際關係上也適用。就這層意義而言，它幾乎就和常態世界無異。

我們發現毒販關心他們的網路品牌、信譽以及顧客滿意度，不下於Airbnb的主人或電子灣的賣家。典型的賣家網頁上充滿各式各樣資訊，包括他們完成多少筆交易；賣家何時註冊營業；賣家最近一次上線登入是什麼時候，以及他們最重要的假名。網頁上也會有簡短敘述，強調買方為何該向他們買毒品，退款說明，郵送選擇，以及「隱身」術（用以掩飾郵包內容是毒品）。即使你不是有意向他們買貨的人，也不能不折服；賣家真的很努力證明他們值得信任。

傳統上，「毒販」這個詞讓人想起一些暴躁或陰暗的低下生活，一個沒受過教育的流氓、穿著皮夾克，潛伏在街角活動。這是你不想招惹的人。無論真實與否，無情的恐嚇者這種角色在加密市場派不上用場。網路上的賣家必須投射乾淨的形象。有些人甚至展現特定的標誌和商品口號，他們的品牌訊息十分清晰：「我們關心你」，或者「你的滿意度是我們的優先目標」。

的確，暗網上的行銷策略和一般市面上的策略極為相似。它們有團購優待、回頭客優惠、買一送一特價品、常客集點免費贈品，甚至不滿意保證退款等。「限量特賣」或「特價在星期五截止」等司空見慣的行銷技巧。我在瀏覽這些商品時，必須提醒自己，我在瀏覽非法的毒品，不是在 Zappos 網站上選購鞋子。

某些賣家渴望替他們的毒品建立品牌，還打出「公平交易」或「有機種植」的號召。善心的吸毒者也可以買到保證非來自戰爭地區的毒品。「演化」被查封之前，它的網頁上有個賣家保證：「這是你能買到的最佳鴉片。你若買它，就是支持瓜地馬拉山區的農民，而不是資助暴力的販毒集團。」

新賣家會提供免費樣品和保證買高可退差價，以建立信譽。每年四月二十日是暗網重視的「毒品日」（Pot Day），好比是「黑色星期五」商品大拍賣日。（吸食大麻在北美洲俗稱 4/20，因此毒品業界以四月二十日做為「毒品日」。）《暗網》（*The Dark Net*）作者詹姆斯．巴特勒（James Bartlett）寫：「確保暗網市場未來成功的，不是匿名、比特幣或加密。絲路成功的真正關鍵是它一流的顧客服務。」

買家收到毒品之後，被鼓勵要留下一顆至五顆星的評分。卡內基美隆大學副教授尼古拉・克里斯汀（Nicolas Christin）分析八個月期間留在絲路上的十八萬四八〇四個回饋。在這個網站上，97.8%的評語是正面的，給分四顆星或五顆星。相形之下，只有1.4%給予負評，給分一顆星或兩顆星。我們能相信這些正面評語嗎？

有些觀察家認為暗網有「評分膨脹」之嫌。針對傳統市場評分制度進行的類似研究，也發現回饋是壓倒性的正面。譬如，電子灣上所有的回饋，不到2%是負評或中立。有一種解釋是，不滿意的顧客基本上不會給予回饋。換句話說，最重要的資訊——負面信譽資料——沒有被呈現出來。

社會壓力鼓勵我們在公共論壇留下高分。如果你碰到一位優步駕駛在載你到達目的地後說：「你給我五顆星，我也會給你五顆星。」這就是交換、或是評分膨脹的表現。我知道我不願給予駕駛低於四顆星的評分，即使他實際上不時搶紅綠燈和急轉彎，讓我緊張。或許傑森・達爾頓就是這樣才得到平均四點七分。駕駛的評分若低於四點三，會被踢出優步平台，我可不想敲掉他飯碗。或許他們只是當天不順利。再加上，駕駛也知道我住在哪裡。換句話說，評分出自很複雜的恐懼和希望的網絡。不論我們是用真名或假名，我們都擔心會受到報復，也希望我們的善意會得到回報。

我們很容易就得出結論，我們依賴來做評估的評分通常都不能準確反應經驗。但是它們還是可以使別人更有責任感。譬如，我住旅館時，有時候會把大毛巾丟在浴室地板上。但是我若以客人身分入住 Airbnb 房子，我絕對不會這樣做。為什麼？因為我知道主人為替我評分，評分差很有可能影響我日後訂房被其他 Airbnb 主人接受的機會。這顯示網路信任機制是如何以我們無從想像的方式，在影響我們在真實世界的生活。

雖然評分有可能誇大、甚至編造，有些網站正採取措施降低正面偏差（positive bias）的問題。譬如，Airbnb 在二〇一四年推出「雙盲流程」（double-blind），要在主人及客人雙方都提交評語之後、或是十四天等候期之後（以先到者為準），才會公布評語。結果是提出評語比例增加七個百分點，負評也增加了2％。Airbnb 研究主任祖德・安亭說：「這些數字聽起來不大，但是結果卻累積甚大。這只是一個簡單的動作，此後卻改善了數百萬人的旅行經驗。」就和任何遊戲一樣，關鍵是訂出規則，對不欲見的行為向下施加壓力，直到它不再存在為止。

然而，還有另一個方法看待暗網上97.8％的正面評語。或許它們確實反映絕大部分時間、運作非常良好的市場，顧客相當滿意。即使評分制度不完美、偏見難以避免，但它們做為社會控制的當責機制還是挺有用。簡單講，它們讓人們行為舉止有節制。

有一個問題我經常問自己：以評分或星等制度限制人們，真的有用嗎？許多市場現在要求人們針對在特定脈絡下、與信任更有關聯的某一特質評分。譬如，在巴拉巴拉汽車，駕駛的駕駛技術要以一至五分評分。在 Airbnb，主人的清潔、正確、價值、溝通、抵達和位置等，會被客人以一至五分評分。優步的司機得到低分或高分，你必須講清楚為什麼，譬如清潔、駕駛技術、顧客服務或方向等。在毒品市場上，毒販多麼整潔、或開車技術如何都不相干。那他們的信任要如何衡量？

我們發現值得信任的三大特質——能幹、可靠度和誠實——也適用在毒販身上。在談到可靠度時，許多評語指向回覆和交貨的速度。譬如，有個買家在「絲路2.0」評論：「我在昨天上午十一點三十分訂貨，包裹在二十五小時之內送到我信箱。我未來肯定還會回購。」其他評語則注重產品品質：「太棒的草葉。交貨快。包裹牢靠。我費了一番手腳才打開裹了兩層的真空包，但這是值得的。我一定會推薦給別人。」賣家受評的技巧和知識，其中之一就是他的「隱匿手法」，也就是他是多麼能幹，曉得如何偽裝產品，不被當局查獲。有位滿意的買主在AlphaBay Market的MDMA板貼文，他說：「隱匿功夫奇佳，差點把我也騙了。」有經驗的賣家很懂得使包裹看起來（和聞起來）就像一般的包裹。而那些貼太多膠帶、太多郵資、老舊重覆使用的盒子、出現臭味、潦草的手寫地址、使用常見的收信人化名如「約翰·史密斯」、拼寫錯字，都是差勁的隱匿手法。

這裡頭對賣家持續提供產品和服務，有個明顯的激勵：得到最佳評分的賣家，排名可以往前。而沒有得到反饋——無論是負面評語或正面評語——都可能被下架，因此會有一個可以永久記下賣家行為的紀錄存在。就像馬格里布貿易商和阿里巴巴賣家發現的那樣，過去的行為被用來預測未來的行為。羅伯特・艾塞羅德在《合作的競化》中寫道：「因此，可知未來就是現在留下的縮影。」或者換句話說，打從一開始，保持潔白的紀錄才能符合賣家的利益。

信譽是信任最親近的手足；它指的是人們對你的整體觀感和評價，是別人根據過去數日、數月，甚至數年經驗累積起來的意見。從這個意義看，信譽，不論是好是壞，就是值得信任與否的尺標。它幫助顧客在不同選項之間做選擇，幸運的話，做出更好的選擇。它鼓勵賣家要值得信任，以便建立信譽，而且這能淘汰掉不值得信任的人。然而，事情當然不是那麼單純。價錢也是信譽價值的因素，而且信譽可以影響價錢。

設想一下這個場景：兩個賣家都賣紫霧（Purple Haze）大麻，送貨、退貨條件都一樣。甲賣家，我們姑且稱他為 BlazeKing，只有三個人為他評分，平均分數四分，索價每公克美金十二元五角。乙賣家，我們姑且稱他為 CandyMan2，有五十二個人評分，平均分數四點九分，同樣的紫霧但價格略高，每公克美金十二元九角五分。你要找誰買？顯然，大多數顧客會選擇 CandyMan2。那些評分降低了買方的不確定感。

CandyMan2 的信譽好，顧客要付出代價，不過並不高。風險降低的價值是每公克四角五分。從這點看，線上信譽等於是風險溢價。

現在讓我們假設，BlazeKing，還是只有三個人為他評分，平均分數四分，索價每公克美金十二元五角。另一位賣家 FlyingDynamite 也有五十二個人評分，平均分數四點九分，但是同樣毒品索價每公克美金十六元五角。現在選擇信譽較好的賣家，風險溢價是每公克四元。賣家的信譽值得價格如此重大差異嗎？某些人或許會接受；其他人可能就不會接受。即使信譽寶貴，也有價格上限。針對賣家的高信譽，顧客願意對他的商品和服務支付的錢，也有個限度。

不過我還是很好奇，賣家信譽在加密市場上究竟會有多大的影響？我找到一位買家，姑且稱他為亞力克斯。他自稱「偶爾嗑藥」，喜歡抽大麻，週末偶爾要神遊一下。二〇一四年底以前，亞力克斯向住在附近的一名代理人買毒品，然後改為透過加密市場購買。他為什麼要換？他的回答證實了我們剛探討過的因素。他解釋說：「與其向我在酒吧遇上的朋友的朋友買貨，我還不如在看過他們的服務評價後再買。這讓我有信心買到品質相當的東西。」它呼應了有關毒品調查的發現：60％至65％的受訪人說，評分制的存在鼓勵他們採用暗網市場。

這又把我們帶回到暗網上的回饋和信譽制度。這些制度使雙方都更負責任，但它們不是沒有瑕疵。評分跟在亞馬遜、Yelp 黃頁和 Trip Advisor 等網站上一樣都會有人作假。常見的詭計就是所謂的填塞回饋（padding feedback）。賣家偽造一些假的買家帳戶向自己買毒品，讓評分看起來像是真的，其實是賣家自己編造的。在網路上這就等於灌票。政客會玩灌票把戲；廣告商也玩灌票把戲。Trip Advisor 深受困擾。毒販也學會這套把戲。

所謂暗網「行銷」服務業應運而生，由編造者和促銷員組成，他們樂意創造好評、貼上網路，幫助賣家提升信譽。一位暗網的公關人員寫道：「嗨，我是Mr420，我們剛創業，還是一小群主修公關學的大學生。我們有興趣幫你把產品維持在論壇頂上的位置。」有人在亞馬遜撰寫假評論騙取免費書籍，旅館經常會給在Trip Advisor上撰寫佳評的人折價券。像Mr420這類人會寫吹捧文字、交換免費的毒品樣品。賣家認為這只是品牌管理的手法，做來美化自己。

過去亞馬遜曾在一起具有里程碑意義的信譽案件，對上述行為提出訴訟。二〇一五年十月十六日，在華盛頓特區，亞馬遜控告一一一四個人，理由是他們向亞馬遜賣家和Kindle作者出售正面的五顆星評價。本案所有被告全在Fiverr這個線上平台上做廣告、出售他們的服務；這些自由投稿者收費每則五美元替人寫佳評。

我們可能很難想像亞馬遜上怎麼會因為有人寫不實評論而營收折損。產品拿了更高星級評分不是賣得更好嗎？但是亞馬遜很聰明，知道它必須取締假評論，因為它們會傷害線上市場的信任基礎。如果評論人員及他們撰寫的評論不能被信任，整個體系不就垮了！

但是界線在哪裡呢？假設我把這本書送給一百位朋友和同事，請他們到亞馬遜留下佳評，以協助提振買氣。這是在制度上做手腳，或只是常識性質的行銷？俗話說，造假、直到你成功。

詹姆斯．馬丁說：「怪的是，即使這裡頭有相當的做手腳之嫌，一般人接受這種事會發生、無傷大雅。新的賣家會告訴你，為了打進市場，他們必須自己製作假評論。如果你的賣家介紹上沒有回饋，你就不是吸引人的商品。因此新手必須編製假評論。」這只是市場運作的方式；回饋制度絕對不會完美。

敵對的賣家想爭取市場占有率，也會在回饋制度上玩手腳。以販毒而言，當不能再搞暴力或地盤爭奪戰時，大家該如何競爭呢？他們進行網路戰爭。有一種戰術叫「影武者」——又稱「打暗槍」，敵人躲在某個網路身分之後，設法破壞競爭者的信譽。這是常見的行為，甚至知名教授也幹過這種把戲；不幸，但的確有這種案例。

以寫過八本書，相當知名、得過獎的歐蘭多．費吉斯（Orlando Figes）教授為例。二〇一〇年，他被逮到在亞馬遜po文毒舌批評對手的書。他採用化名「歐蘭多．畢克貝克」（orlando birkbeck）和「歷史學者」（Historian）（販毒者可以教他如何選用更巧妙的化名），批評競爭對手的作品「愚蠢」「自命不凡」「讓你懷疑這種書怎麼會出版」。他又愚蠢地以相同的化名十分詳盡的稱讚自己的書——「歷史學者」寫道：「文字優美……讓讀者敬畏、謙卑而又振奮……送給我們所有人的禮物。」

醜聞爆開後，費吉斯起先很不光彩地把所有的評論推諉為他太太、律師史蒂芬妮帕默（Stephanie Palmer）寫的。但仍止熄不了大火。費吉斯後來被判賠罰金給遭他惡批的歷史學者瑞秋．波隆斯基博士（Dr. Rachel Polonsky）和羅伯．謝維思（Robert Service）。費吉斯向媒體發布道歉聲明，宣稱：「有些評論是小心眼和不謙虛的，但它們並不是意圖傷害。」暗網也出現同樣刻意的狙擊，賣家假裝是不滿意的買家，留下惡評。

但是做手腳的功用也有限度。沒錯，現在已經開發出人工智能學習系統，可以揪出假評論。康乃爾大學一組研究人員已經開發出可以偵測「假評論」（review spam）的軟體。就Trip Advisor上八百則針對芝加哥地區旅館的評論做分析，這套程式抓出假評論的準確度將近90％。相形之下，康乃爾的人工糾舉只抓出約50％的假評論。

研究發現，當人們撰寫虛擬的評論時十分的可以預測，他們會用到相同的句法、文字、文法、標點符號、太多的長字，甚至相同的拼字錯誤。康乃爾研究小組發現，假評論作者使用較多動詞和長字，而真正的評論者使用較多名詞和標點符號。

也難怪這類評論過濾軟體會越來越盛行和精細，我們將越能信任評論是真的。但是在對付假評論時還有一個簡單的方法，那就是口碑。正直的社群可能不會與毒品交易有瓜葛，但暗網市場也具有強烈的社群意識，它們有明確的規範、規則和文化。用戶經常在類似紅迪的暗網市場（DarkNetMarkets）論壇版上互相聊天，公開糾舉做手腳的賣家。有個用戶寫說：「幾小時前我看著這個賣家，他們沒有任何回饋意見。現在出現一大堆。」而那些不斷要求退款、聲稱他們的商品沒有送達的客戶評論，也有可能會是假的。

類似「暗網市場復仇者」（DarkNet Market Avengers, dnmavengeradt4vo. Onion）等網站

聘用有經驗的化學家抽樣測試暗網上的毒品。使用者也寄送樣本毒品給「能源控制」（Energy Control），這是由社群捐款支持的一個毒品測試實驗室。它測試產品後，把測試報告寄回給使用者。譬如，如果發現迷幻藥「劑量不足」，或是發現海洛因含有卡芬太尼（Carfentanil）危險物質（這是一種非常強烈的綜合鴉片類物質，可能致命），結果會張貼在「暗網市場復仇者」網頁上，包括販售這種產品的特定毒販的所有資訊。

結果就是市場雙方作弊者很快就被揪出來、趕出去。詹姆斯．馬丁說得好：「暗網其實並不陰暗。數千人高擎火炬照亮別人在做什麼。你不再需要只依靠一個人，你有整個暗網社群的集體判斷可供參考。」

未來五年之內，暗網網站對街頭毒犯產生的影響，將有如亞馬遜衝擊地方書店、或Airbnb衝擊旅館業——即使它們引起不同且嚴重的倫理問題。一方面，加密市場代表毒品更方便流向更多人吸食，這不是好事。但是另一方面，它們降低供應鏈長度，也降低因傳統販毒所涉及的風險和犯罪行為。

不論如何，系統能順利運作是因為顧客接受它們。科技使得顧客有能力要求毒販負責任，最後，只有值得信任的賣家才能生存。電子商務就是電子商務，即使在暗網上，信譽仍然至為重要。

7 評分：你能得到好的信評分數嗎？

當反烏托邦的科幻小說變成現實，
你所做的每一個小動作都會被排名時——
究竟誰輸誰贏？

二〇一四年六月十四日，中國國務院公布一份讓人感到不祥的文件〈社會信用體系建設規劃綱要〉。以中國政策文件而言，這份文件又臭又長，枯燥無味，但是它包含一個激進點子。如果有一個國家信任評分評定你是哪一類型的公民，會是怎樣一個狀況？

假設有一個世界，你的日常活動持續不斷遭到監視和評估——你在商店和網路買什麼？你在某一特定時間是在哪裡？你的朋友是誰、你如何和朋友互動？你一天花幾個小時閱讀內容或玩電玩？你付（或沒付）什麼帳單和稅款？其實這不難想像，因為拜谷歌、臉書和Instagram等蒐集數據巨獸，以及能夠掌握你每分每秒動作和位置的Fitbit等追蹤健康應用軟體之賜，這些事情其實早已發生。但是再假設這個制度，所有這些行為全都根據政府訂定的規則，被評為正面或負面，歸結為一個數字。這會製造出你的「公民分數」（Citizen Score），然後昭告大眾，你是否值得信任。再者，你的評分會公開地與全國人民的公民分數擺在一起評分，用來決定你是否合格申請房屋抵押貸款，或是否夠資格擔任某項工作，或你的子女能上哪裡的學校——或甚至你是否有機會約會交友。

這是未來版的老大哥到處在控管你嗎？不是的，它在中國已在進行中，政府正在開發一套系統評估十三億人民是否值得信任。我相信喬治．歐威爾（George Orwell）近年來在他墳墓裡也不安地翻了幾次身，但是所謂「社會信用系統」（Social Credit System, SCS）這個構想，肯定讓他在棺木裡翻了三六〇度的身。

中國政府把這套制度宣傳成衡量及增強全國「信任」、打造「誠信」文化的好方法。政策宣稱：「它將打造民意環境，讓守信成為光榮。它將增強政府事務誠信、商業誠信、社會誠信，及建立司法可信度。」

其他人對它宏大的目標就不敢樂觀。瑞典國際事務研究中心（Institute of International Affairs）專門研究中國互聯網的專家約翰．拉格科維斯特（Johan Lagerkvist），對中國的社會信用系統有一段評述：「以深度和廣度而言，它非常有野心，包括要審查個人行為，以及他們讀什麼書。這是亞馬遜的顧客追蹤、再加上歐維爾式的政治操作。」列登大學范佛倫霍芬研究中心（Van Vollenhoven Institute at Leiden University）的羅吉爾・克里彌斯博士（Dr. Rogier Creemers）是專攻中國法律和治理的博士後研究員，把這項計畫完整譯為英文。他把它比擬為「保姆國家正盯著你的 Yelp 評論。」[20]

目前，參加中國的公民信評在技術上而言，仍是自願行為。但是到了二〇二〇年就是全面強制加入。中國每一個公民及法人（後者包括每家公司或其他實體），不論喜不喜歡都將受到評分列等。教員、科學家、醫生、慈善機關工作人員、政府行政人員、司法體系人員，甚至體育明星都將受到特別檢查。文件聲明：「大數據將成為最重要、最強大的驅動者，加速政府治理能力的現代化。」

二〇二〇年全國推行之前，政府採取邊看邊學作法。在這場共產主義監管與資本主義「敢做」的聯姻中，中國政府已發出特許執照給八家私營企業，規畫社會信用系統和演算法。可以預見的是，數據巨頭目前運行著兩個最著名的項目。

譯注

20 保姆國家指的是一個政府或其政策過度保護、或不當干預人民個人選擇。Yelp 是對地方商業進行眾籌募資評論的平台。

第一家是中國信而富公司（China Rapid Finance），它是社群網絡巨擘、用戶超過八億五千萬人的即時通訊軟體微信（We Chat）的開發人騰訊公司的夥伴。另一家「芝麻信用」由螞蟻金融服務公司經營，而螞蟻金服是阿里巴巴集團的附屬公司。螞蟻金服銷售保險產品，提供貸款給中小型企業。不過，螞蟻金服真正的明星是「支付寶」，人們不僅在線上使用這個第三方支付平台購物，還支付餐廳、計程車、學費、電影票等費用，甚至彼此相互轉帳。

芝麻信用也和其他產生數據的平台，如「滴滴出行」和「百合網」合作。滴滴出行是中國最大的叫車公司，是優步在中國的頭號競爭對手，並於二〇一六年買下優步在中國的營業權利。百合網則是中國最大的線上婚姻交友介紹平台。我們不難看到它是怎麼積累成龐大數量的「大數據」，芝麻信用可以善於運用，藉以評估人們如何行為、並進而做出評分。

那麼，人是怎麼被評分的呢？芝麻信用把一個人的評分用三五〇分至九五〇分不等來評算。阿里巴巴並沒有透露它怎麼運用「複雜的演算法」計算分數，但是他們透露評分時考量的五大因素。第一因素是「信用歷史」。譬如，這位公民有沒有準時付電費或電話帳單？他們是否每次都全額付清信用卡帳單？第二因素是「履行能力」，它們在綱要中將它界定為「使用者履行其合約義務的能力」。第三個因素是「個人特質」，它查證個人資料，如某人的手機號碼和住址。但是第四個因素「行為與偏好」最有意思，有人可能說它最陰險。

在這個制度下，一個人購物習慣這種無害的事也變成衡量性格的標準。阿里巴巴承認它以購物型態來評斷一個人。芝麻信用科技總監李穎贇（Li Yingyun）說：「譬如，某人一天玩電玩十個鐘頭，會被認為是個懶惰鬼。」「某人常買尿片，會被認為可能為人父母，一般來說較有責任感。」因此，一個公民若是購買社會認可的東西，如嬰兒用品或工作鞋，他們的分數會升高。但是他們若購買《部落衝突》（Clash of Clans）、《神廟逃亡2》（Temple Run 2）或任何電玩遊戲，會被認為是個懶惰鬼，分數就會呈負面下跌。（我真想知道要花多長時間，系統才能做到判斷他們在遊戲中的行為？或許他們會因為在《魔獸爭霸》〔World of Warcraft〕幫助其他玩家的替身而多得幾分？）

因此，這個制度不僅調查行為——還打造行為。它「輕推」（nudge）每個受到嚴密監控的公民，遠離政府不喜歡的購買和行為。

這還不只涉及購買或休閒。朋友圈也很重要。第五種因素是「人際關係」。被評者選擇的線上朋友，以及他們的互動，告訴我們他的特質是什麼？分享芝麻信用所提的「正面活力」，多傳政府的好、以及國家經濟的發達，會使你分數上升。對於讀過大衛．伊格斯（Dave Eggers）的書《直播風暴》（The Circle）或看過這部電影的人，這一切聽起來如同噩夢一樣熟悉。伊格斯寫說：「你和你的同伴將在不斷的監視下心甘情願、快樂地生活，總是互相監視、互相評論、投票、互相喜歡和討厭、微笑和皺眉，否則也沒什麼其他事情可做。」「祕密就是說謊。分享才是關心。隱私就是竊盜。」

阿里巴巴堅稱，目前，在社群媒體上po任何負面東西不會影響分數（我們不知道這是否實話，因為它的演算法是機密）。但是你可以看到，當政府在二〇二〇年正式啟動公民信評分數制度時，可能會是何種狀況。即使目前沒有跡象說，參與規畫實驗計畫的八家私營企業最後將負責經管政府本身的系統，我們也很難相信政府不會想從實驗計畫中——尤其是阿里巴巴的芝麻信用和騰訊的微信——為它的社會信用系統榨出最大可能的數據。如果是如此進展，並持續維持為政府本身社會信用系統的新常態，那麼民間平台基本上就成為政府的特務機關。它們可能毫無選擇。克里彌斯說：「政府和中國大型互聯網公司可以運用西方無法想像的方法，共同利用『大數據』。我們有充分理由假設，中國政府想要什麼數據，它都可以拿到。」

張貼異議政治意見或連結去看天安門廣場事件，在中國絕對不是明智之舉，但是現在卻可能直接傷害公民的評分。但是真正厲害是這一點。這套系統內建類似凱文．貝肯（Kevin Bacon）的連結。一個人本身的得分也要看他的線上朋友有什麼言行舉止，而且不限於他自己和他們的接觸。假如與他們在網路上有連結的人，在網路上貼出負面評論，譬如上海股市崩盤（對中國政府而言這是很丟臉、沒面子的大事），他們本身的評分也會被降低。什麼叫株連九族，你懂了吧！

那麼為什麼數以百萬計的人已經加入等於公辦政府監聽系統的試營運呢？可能有些陰暗、說不出口的原因。譬如，擔心不舉手支持會遭到報復——但是也有誘惑，譬如對於在芝麻

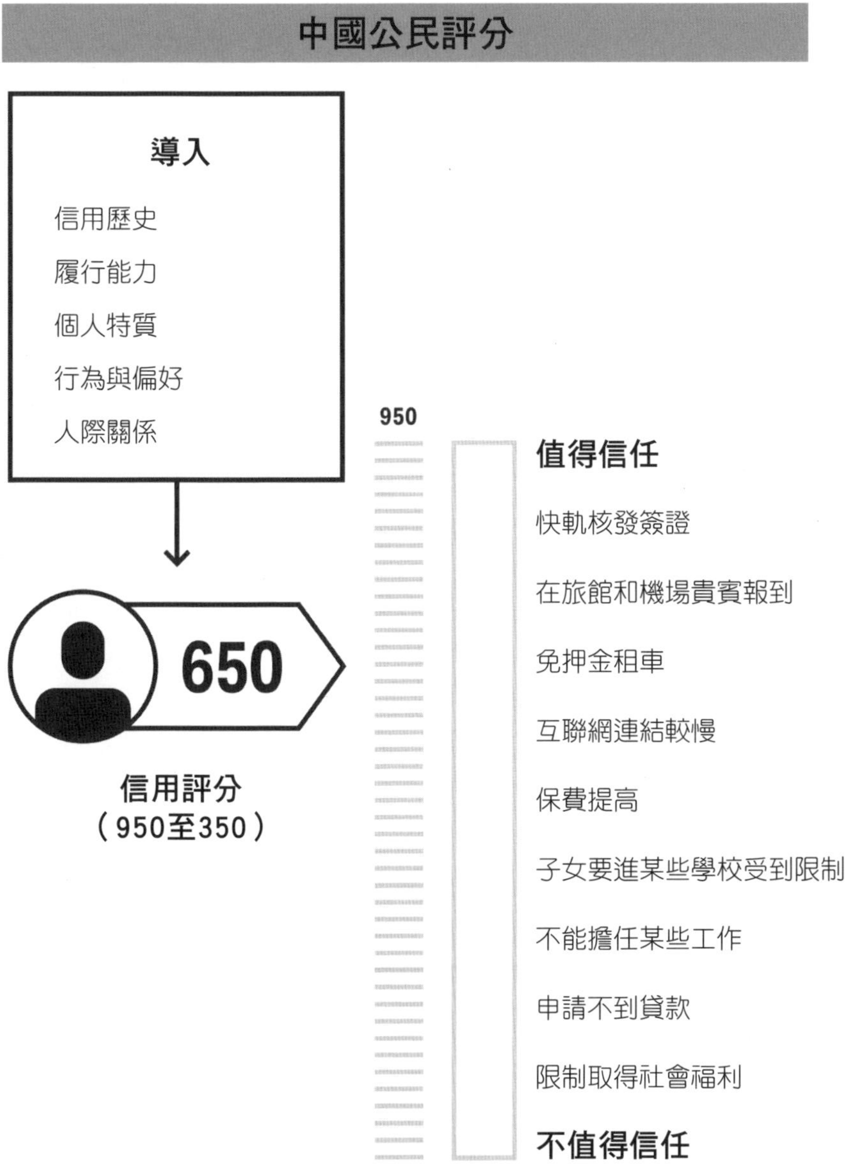
中國公民評分
導入
信用歷史
履行能力
個人特質
行為與偏好
人際關係
650
信用評分
（950至350）
950
值得信任
快軌核發簽證
在旅館和機場貴賓報到
免押金租車
互聯網連結較慢
保費提高
子女要進某些學校受到限制
不能擔任某些工作
申請不到貸款
限制取得社會福利
不值得信任

信用上被列為「值得信任」的人，給予獎賞和「特權」。

如果信用評分為六百分，他們可以得到最高人民幣五千元（大約一千美元）的貸款，限用於阿里巴巴網路上。達到六五〇分，可以免付押金租車。他們也可以享有旅館快速入住，以及在北京首都國際機場貴賓報到禮遇。超過六六六分者，可得到螞蟻金服高達人民幣五萬元（超過一萬美元）的現金貸款。超過七百分者，可以免繳證明文件如在職證明，申請赴新加坡旅遊簽證。超過七五〇分，他們得以快軌申請可在歐盟各國自由行動的申根簽證（Schengen）。羅吉爾・克里彌斯說：「我認為理解這個系統的最佳方式是，把它當作是一種忠誠計畫的私生子。就像電子灣上的信任系統，結合航空飛行里程獎勵。」

信評分數高已經成為地位的象徵，計畫才開辦幾個月，幾乎已有十萬人上微信（在中國相當於推特）誇耀他們的得分。公民的得分高低甚至會影響他們約會或婚嫁的機會，因為在芝麻信用得分高，他們在百合網的約會板上位置就顯著。百合網市場副總裁轉伊容（Zhuan Yirong）說：「長相十分重要……但更重要的是，要能養家活口。你的伴侶的財富擔保你過好日子。」百合網用戶有15%以上，目前選擇把芝麻信評分數擺在簡介醒目的位置。這顯示許多人十分樂意接受這樣的系統，顯然完全不知背後其他影響。

芝麻信用已經提供某些要領，幫助個人增進評分，包括警告他們結交低分數朋友的壞處。毫無疑問，不久以後我們就會看到信評顧問出現，教我們如何增加得分；或是信譽顧問，提供專業意見，教我們如何戰略性地增進評分或脫離不受信任的黑名單。我猜想，不知道會不會有人聘請信譽調查員來挖出他們得到什麼樣的評語。對於資誠聯合（PriceWaterhouseCoopers, PwC）會計師事務所而言，這可能是獲利潛力不惡的新生意。

我們也將會看到信譽黑市的出現，出售提升值得信任的地下買賣方法。就和臉書的「讚」和推特的追蹤者可以付錢買到，暗網上的佳評也能買到一樣，個人將會付錢操縱他們的得分。但是，那些窮人和沒唸書的人，出不起錢或不懂如何增強得分，該怎麼辦？不懂或不能操縱系統做手腳的人，注定將淪於不利地位。另外，如何保持系統安全呢？網路駭客（有些甚至由政府豢養）可以進入、更動或偷走以數位方式儲存的資訊。一個配偶或未來的職員願意付多少錢購買資訊？從聊天室談話內容，到某人住過所有旅館的資訊，都有價碼呀！「背景調查」將出現全新的意義。

人們願意加入像這樣的系統，有強大的心理原因。芝麻信用善於運用我們之所以為人類的基本特性：我們渴望自己能好又更好。我們從進入小學唸書就被評比，放上曲線；我們絕大部分被調教成希望日新又新，能比別人得分高。我們陷入心理學家所謂的「快樂跑步機」（hedonic treadmill）現象，即渴望改進我們目前狀況。我們陷於此一情境是因為滿意和快樂似乎永遠不可及。譬如，我們終於達到渴望已久的薪資水平，我們會有短暫的興奮，但是不久，我們又渴望有更多收入。或者說我們在臉書上張貼某種東西，得到一二一個「讚」；喜悅很快就消褪，我們馬上會渴望再張貼新東西、能夠得到一二五個「讚」。在公民信評的世界裡，這代表我們一到達某個水平，我們不僅將需要、也會想要更上層樓。我們渴望的社會地位總是可望而不可及，使我們幾乎無法滿足於現狀。

芝麻信用以好幾種方式玩把戲。譬如，它鼓勵使用者猜他們的信評得分是比朋友高或低。當他們查自己得分時，也會出現朋友的得分。這不僅是競爭。它也代表他們看得到是誰可能拖累他們。於是乎，人們將被誘導基於本身利益，交結信譽好的朋友。想爭取貸款創業嗎？最好先「毋友不如己者」，甩掉「魯蛇」，開始刻意結交信評分數高、有影響力的人。

它將會產生很詭異的家庭餐桌對話。太太對先生說：「老公啊，我注意到你的信評分數今天掉了三十八分。你知道我們需要維持高分才能拿到房屋修繕貸款。你沒忘了我們家的信用評分會影響兒子下個月申請大學吧？你告訴我，今天幹了什麼好事，影響到分數？」

我對中國的公民信評制度了解越多，越不能不想到二〇一〇年出版的一本暢銷小說《超級悲傷愛情故事》（*Super Sad True Love Story*）。故事背景擺在不久的未來、反烏托邦的紐約市，作者賈瑞·史廷恩加特（Gary Shteyngart）假想街上排列信用評分標竿，行人經過，它就公布你的信用評分。故事主人翁連尼·阿布拉莫夫（Lenny Abramov）是俄羅斯移民到美國的猶太人，由於仍然相信個人不可量化的特性，可謂跟不上時代。他的上司和其他人都告訴他，那些公開表達感情的東西已經不管用，他需要設法提升他的信評分數。

《超級悲傷愛情故事》裡有許多儀器，連尼身上帶的阿帕拉蒂機（Apparati）是具有「請替我打分數」（Rate Me Plus）科技的項鍊。它會播報生命壽期、目前膽固醇指數，甚至穿戴者的性史等個人資料。作者賈瑞．史廷恩加特接受《大西洋月刊》訪問時說：「假設你踏進一家酒吧，它會說：『好吧，你是這裡面第三醜的男人，但是你的信用評等第五名。』」別去管「啤酒護目鏡」（beer goggles）[21]或甚至谷歌眼鏡（Google Glass）——阿帕拉蒂機讓穿戴者也可在第一時間檢查別人的評分，以確保不會交上不誠實的人，或是被評為不誠實的人。這不是一個非常高興或能信任別人的世界。這是自戀、無情和暴露狂的世界。而且它可能已經即將到來。

史廷恩加特令人難忘的諷刺，其實是在批評當今社會執迷於需要知道別人都在幹些什麼的習氣。它呈現過度和陌生人分享資訊的禍害，以及從信用評分到健康紀錄等東西可以演進到公開界定我們，儘管整個故事像個誘人的遊戲，其後果極為嚴重。

譯注

21 「啤酒護目鏡」是個俚語，指稱兩杯老酒下肚後，把妹搭訕上床時，醜女也成美女。這個字詞通常用在開玩笑，清醒時就不會把醜女當美女追。它認為戴上「啤酒護目鏡」，眼力就差了。

沒錯，芝麻信用基本上就是中國共產黨監視伎倆的「大數據」版本，令人不安的「檔案」。共產黨政府針對每個個人建立檔案，搜集政治和個人逾矩紀錄。一個公民的檔案跟著他一輩子，從學校到工作。人們開始舉報朋友、甚至家人親屬的言行，引起猜忌、也降低中國的社會信任。同樣的事也會出現在數位檔案上。人們將有誘因告訴其朋友、配偶、家人和同事：「別po那種東西。我不希望你傷害自己的分數，也不希望你傷害到我的分數。」

要你遵守黨的路線及避免任何形式的異議這種社會壓力將會極大。負面、或甚至相反的意見將無立足之地。想到這個制度鼓勵的相同一致、以及它將撲滅個人主義，我們就心頭沉重。誰還敢說話？駐在香港的「中國人權觀察」（Human Right Watch China）發言人王松蓮（Maya Wang）在這個制度中看到「可怕的未來前景」；她說：目前針對「敏感團體如異議人士」已有綿密的監視，「但是社會信用系統更上層樓。這是監視全體人民的作法。」

羅吉爾．克里彌斯百分之百贊同王松蓮的觀察。「（東德的）目標限於避免出現反政府的動亂。中國的目標野心更加宏大：它明顯企圖要創造新公民。」

新制度反映出狡猾的典範轉移。我們前面已經提到，它不再試圖以巨棒和大劑量的由上而下恫嚇手段追求穩定和服從，政府還試圖讓人感覺服從像是玩遊戲。這是化妝成某種點數回饋系統的社會控制手法。這是遊戲化的服從。

英國廣播公司（BBC）新聞部在時髦的北京市區有個辦事處，它的記者在二〇一五年十月走上街頭採訪市民對他們的芝麻信評分數的看法。絕大多數市民提到好處。這時候，有誰會公開批評這個制度呢？叮！你的分數可能下降。有個年輕女子對著鏡頭微笑，驕傲地以手機向記者出示她的分數。她說：「非常方便啊。我們昨天晚上用芝麻信用預訂旅館，不需要預繳現金押金耶！」太可怕了，似乎沒有太多人了解得分差日後會傷害他們，譬如妨礙他們簽約租房子。甚至更令人擔心的是，有多少人儘管已簽字加入芝麻信評，卻不知道他們不斷遭到評分。

對於信任無知的這種情況其實很常見，這個狀況已發生在相當先進的反烏托邦形式當中。你想想看，有那麼多臉書的使用者驚訝地發現自己被當做數位實驗室的白老鼠。我們簽名加入各式各樣的服務，卻未必真的明白自己同意了什麼，以及我們保有什麼拒絕的權利。

目前，芝麻信用並未直接懲罰「不值得信任」的人——採用獎勵乖行為的手法比較能夠羈鎖住人。但是，芝麻信用的總經理胡濤也警告大家，這個制度設計的辦法是，「不值得信任的人無法租車、無法借錢，或甚至無法找到工作」。她甚至透露，芝麻信用已經和中國各城市教育局接洽，討論分享在國家考試作弊的學生名單，以便讓他們為了不誠實的舉動，在日後付出代價。

政府系統在二〇二〇年上路、全民強制皆納入信評制度後，罰則已經預定大幅改變。的確，國務院辦公廳已經在二〇一六年九月二十五日更新其政策，發布文件〈對背信人員的警告和懲罰機制〉（Warning and Punishment Mechanisms for Persons Subject to Enforcement for

Trust- Breaking）。最高原則很清楚，這份政策文件宣布：「在一地背信，任何地方都將對他設限。」這樣的懲罰將嚴重影響任何違禁者的社會流動。

譬如，評分低的人連線上網，速度還會比較慢；進出受歡迎的餐廳、夜總會或高爾夫球場也會受限制；而且會被剝奪到國外自由旅行的權利——引述官方文件說：「對於在度假區或旅遊企業內的消費予以限制性的控制。」評分將會影響一個人申請租房，購買保險，申請貸款，甚至社會安全福利。中國公民評分低將得不到某些雇主雇用，完全不得擔任某些工作，譬如政府公職、新聞媒體或法律界，因為這些領域被認為應該值得信任。得分低的人本身或子女要申請進入收費不貲的私立學校時，也會受到限制。我沒有編造這份懲處清單。它是中國公民將要面對的現實。政府文件一再表明，社會信用系統將「允許值得信任的人行遍天下，而讓沒有信用的人寸步難行」。

生活反映在藝術上。這套制度和極受好評的反烏托邦式科幻電視連續劇《黑鏡》某一集出奇的相似。這一系列黑色幽默連續劇的製作人查理．布魯克（Charlie Brooker）指出，每一集有不同的演員、不同的場景，甚至不同的事實。「但是它們全都描述我們現在生活的方式——以及如果我們笨手笨腳，十分鐘之後可能就要過的生活方式。」他的意思是，如果我們不小心翼翼處理新科技，它們將遠比我們預期、更加快速地把我們拉進陌生的未來。的確，有許多想像的場景已經變成事實，包括模仿已故親友的聊天機器人（是的，它已經存在——而且取名為Replika），以及一個討人厭的電視人物競選公職、號稱要重整腐敗的制度。更不用提，有位英國首相被迫在全國電視節目上和一隻豬同台做出對身體有害的表演。

第三季第一集名叫〈急墜〉（Nosedive），擬想未來的世界裡，我們每個人不斷地追求渴望的評分，因為它綜合旁人在第一時間對我們的感覺。總分五顆星的評分，受到每個人——家人、朋友、同事和不知名的路人——的影響，而且用在每件事上、不論它有多麼細微。咖啡師有替你的咖啡好好加牛奶嗎？你可以獎賞他。和你一同搭乘電梯的女子很不友善地上下打量你嗎？你可以讓她為此付出代價。不過，你也要小心，如果她反擊，給你負評，你自己的分數也可能跌落。

劇中女主角萊西・龐德（Lacie Pound）活在不斷試圖討好每個人、以換取寶貴的幾分當中。她必須努力維持她堅實、但不算凸出的四點二分評分。她甚至每天早上在盥洗室對著鏡子練習假笑。她在這個世界的價值相等於她的分數，而她著迷似地在每個微小的互動之後，就要檢查自己分數的高低起伏。

萊西的生活讓我們看到未來世界的走向嗎？牛津大學哲學暨資訊倫理教授路盧恰諾・弗洛里迪（Luciano Floridi）也是牛津互聯網研究中心（Oxford Internet Institute）主任，對此有很有趣的比方。許多人號稱是「數位破壞」（digital disruption）的專家，但是弗洛里迪是貨真價實的專家。他目前擔任谷歌顧問委員會唯一的倫理專家，這個委員會探討歐盟「被遺忘權」的裁定（"right to be forgotten" ruling）[22]。由於這個角色，他被封為「谷歌的哲學家」。

根據弗洛里迪的說法，曾經有過三大「去中心化的轉變」（de-centering shift）改變了我們對自我了解的看法：一是哥白尼的地球繞日運轉模式；二是達爾文的天擇論；三是佛洛伊德所謂我們日常行動，受到下意識控制的說法。

弗洛里迪認為我們的世界現在正進入第四個轉變，我們在線和離線的所作所為已經併為「線上生活」（onlife）。他宣稱，當我們的世界越來越成為一個訊息空間（infosphere），實質和虛擬經驗混合在一起，我們得到「線上生活性格」（onlife personality）——和我們在「實質世界」先天的自我不一樣。我們在臉書上很清楚看到這一點，人們只呈現小心編輯過或理想化的生活景象。當我看到某些朋友的串流——漂亮的度假照片、他們的子女像小天使般打扮穿著。我不免要想，這是向我抱怨她丈夫和煩人的五歲娃兒的同一個朋友嗎？我也會如此，我編輯、修飾我生活中的瑕疵和不一致的地方，掩飾真實生活中亂糟糟的自我。

在《黑鏡》裡，萊西的線上生活性格是弗洛里迪所談論的未來之極端版本。她的生活變成令她精疲力竭的極力表演。她發現唯一能夠買到夢寐以求公寓的方法是，設法提升自己的評分。因此她拜訪評分顧問徵求建議。然後，已經成為「網紅」、分數很高的昔日同學娜歐蜜（Naomi）突然出現，邀請萊西擔任她的伴娘。由於有許多首要影響者（評分高的婚禮賓客）

出席，萊西相信伴娘一篇動人的祝詞可以使她拿到一些高分。不料，祝詞卻搞砸了。不過，我要講的重點不是這個——也說不定，它真的是重點。

《黑鏡》裡的評分制度是以社會認同度為基礎，重點是多少個讚和多少顆星；我們從萊西身上看到，它鼓勵人們以個人收穫為基礎進行關係，甚至採取假行為。令人不安的是，這一齣戲離我們目前生活的「線上生活」並不遠。

我們再以優步經驗來談。由於你知道你也將會被駕駛人評分，你會不會對他客氣、友善一點？沒錯，評斷和分數是雙向道。有時候，我喜歡和駕駛人聊聊天。我喜歡因為坐在前座、聊天，而產生的不經意的連結。不過，有時候我希望坐上優步汽車，純屬單純交易：駕駛人不必知道我的姓名，也沒有我的照片；我不必感到有壓力、或必須很親善；不會有人問我我在哪裡高就、有幾個小孩等。

有一次我在車上透過電話責怪我老公，因為他告訴我，他又要遲到了。我當天很累，一整天下來的遭遇不是很順。司機告訴我：「如果我是你老公，被妳這麼一吼，肯定更會遲到。」我在他車上罵人是很沒有禮貌，但是坦白講，這干他屁事。

22 被遺忘權是歐盟法院裁決准許實施的一種人權概念。即人們有權要求移除自己負面或過時的個人身分資訊（personally identifiable information）的搜尋結果。

會被評分的壓力代表我會假客氣、不露真性情。不過，我並非不習慣遭到評分和評論。每次演講完後，我可以確切看到有多少人認為它「精彩」或「浪費時間」。因為人們會在我TED的演講、Slideshare上的幻燈片、和Medium上的貼文下方，點「讚」或「不讚」。我在牛津大學的學生把我的教學能力分割，進行詳細的調查。人們不僅傳給我誇獎、讚美，也有人刻薄地評論我的想法和文章。我已經習慣有人點明了我的不完美，即使如此，我仍然在意我搭乘優步汽車被駕駛人怎麼評分。我也是人；我需要被推「讚」——更重要的是——我希望優步駕駛人繼續願意載我。

可是我不希望不斷地擔心我會被怎麼評分、我是否準時或遲到、粗魯或討喜、乾淨或骯髒。我很害怕自己會變成萊西這樣。我很害怕我的子女將活在得分成為他們的終極目標的世界。在這個偏執的世界，他們永無止境地承受壓力，且必須呈現理想化的生活畫面，分分秒秒、年復一年，不僅僅是為了博取「讚」，還擔心他們和別人如何對比評分，以及它將如何影響他們的未來前途。我要如何教他們當個真我的意義是什麼？

今天我們信手就貼出有關自身的資訊，它們可能有一天被用來評分我們——可是我們並未因此就停止。我們可以說是已經上鉤，願意展現我們的生活和作為。前幾年，普林斯頓大學心理學副教授戴安娜．塔米爾（Diana Tamir）和哈佛大學神經科學實驗室研究員傑生．米契爾（Jason Mitchell）發表一篇論文，題目是〈揭露關於自己的資訊本質上會有獎賞〉。針對互聯網上的用途做分析，發現在社群媒體網頁上80%以上的貼文，只不過是用戶宣布自己剛完成的經歷，譬如他們晚餐即將吃什麼。研究人員要求參與人在做這些貼文動作時，接受功能性核磁共振影象掃描（functional magnetic resonance imaging, fMRI），以便明瞭他們大腦裡的變化。我們發現，我們的獎賞中心點亮，就好像得到食物或性愛等主要獎賞的鼓勵一樣。這也是為什麼我們不斷要更新貼文的原因。大衛・伊格斯很巧妙地形容，這在數位社交上等於吃上癮的零食，「無盡的空卡路里」，它們毫無營養。

相較於二〇一六年三月問世的應用軟體Peeple，優步的評分根本就是小巫見大巫。Peeple很像針對人的Yelp。它讓你可以對你認得的每一個人評分和評論——你的鄰居、上司、老師、配偶，甚至前夫或前妻。「Peeple數值」就是根據你得到的所有回饋和推薦所得到的分數。令人擔心的是，一旦有人把你的名字放進Peeple系統，它就留在哪兒，你完全沒辦法退出。你必須使用真實姓名留下評論、必須年滿二十一歲，當然也必須有臉書帳號。你也必須確認根據三大類型關係——職業、個人或約會（指的是約會交往關係有多麼親密）——其中之一，認得你要評分的人。這個應用軟體基本上允許你評斷並公開貶抑某人，又不用徵求他同意。你是不是覺得有點熟悉？

Peeple禁止某些不當行為，譬如不能提私人健康狀況、表示褻瀆宗教信仰或性別歧視

（不論你是如何客觀評估）。然而，對於如何評分某人卻沒有太多規則，也沒有透明化的標準。這個應用軟體有個特色，叫做「Peeple真相許可證」（Truth License）。根據公司的新聞稿，「Peeple真相許可證會顯示有關某人的所有內容，無論該內容是否已在其個人資料中發布。這使你可以更好地對周圍的人做出決定。」Peeple的共同創辦人妮可兒．麥克勞（Nicole McCullough）是兩個小孩的媽媽，她開發這個應用軟體的一個主要原因是，在一個連鄰居都不易認識的世界，她希望能幫助決定可把小孩托付給誰幫忙照顧。

創辦人們在Youtube上發布實境紀錄片，記錄建立Peeple的每一段過程。共同創辦人茱莉亞．柯德瑞（Julia Cordray）在YouTube紀錄片的第十集中，向酒吧裡一位完全陌生的人士提到：「被說讚和不讚之間差距很大，但不重要。最重要的是別人怎麼說我們。」

把人們放進一個數值和價值裡，會有什麼結果？

這個問題在《黑鏡》某個特別動人的情境中出現。萊西來到機場，即將前往娜歐蜜的婚禮。她穿著一襲漂亮的粉色柔和洋裝，滿臉笑容走向旅客報到櫃台。她把手機擺到掃描機上，她的個人資料，包括她的評分和正面心理狀態（positive mental attitude, PMA），全部出現在服務員螢幕上。很不幸，她的班機已被取消，而由於萊西的社會信評分數下降，航空公司人員不能幫她登錄坐上另一班飛機。她在前往機場的路上，因為要搶搭計程車，和一名婦人起了口角，分數降為四點一八三分。她怎麼解釋都沒有用；系統已經自動封閉，因為她不具備四點二分，服務人員無法幫她補位登機。不得已之下，萊西攔到一位女性卡車司機讓她搭順風車。這位卡車司機信評分數更糟糕，只有一點四分。她在路上告訴萊西一個動人的故事：她原本也十分關心自己的評分，直到一天先生得了末期癌症。他排不到迫切需要的診治；機會給了另一位分數高的病患。女司機面帶笑容告訴萊西：「我心想，去你媽的。」這一幕讓我心想，我們是否將會看到反評分的人們樂於接受評分差的運動嗎？

《黑鏡》已經變得有點像可預測未來的神奇八號球（Magic 8 Ball）。中國的社會信用系統目前可能還是採取自願參加方式，但是它已經產生類似萊西際遇的結果。二〇一七年二月，中國的最高人民法院宣布，過去四年全國有六一五萬人因為社會行為不當，被禁止搭乘飛機。這種旅行限制是列入社會信用系統黑名單上的人——所謂「破壞信用人物」——將受到懲戒的第一個跡象。最高人民法院執行局局長孟祥說：「我們已經和……四十四個政府部門簽署備忘錄，以便在多個層面上限制『信用差』的人。」另外還有一六五萬人因為輕微罪行被列入社會信評黑名單，不准搭乘火車。他們已被降級，列為二等公民。這可不是電視連續劇。這也不是行銷。這是活生生的事實。

這些制度真正墜入夢魘領域是因為它使用的信任演算法不公平地過於簡化。它們沒有講出故事全貌。他們沒有考量前後脈絡，以及湊巧倒楣等正當理由。譬如，某人因為住院，延誤繳付帳單或罰款；有人則的確是心存僥倖。但是不會有人坐在那裡，分析每項公民信評，然後說：「沒問題，她是因為動手術住院，所以才沒能準時繳交信用卡帳單。」也因此不僅限於中國人，我們所有的人在數位時代全都面臨迫切的挑戰。如果決定生死福禍的演算法已經不可避免——目前肯定是這個態勢，我們需要設法讓它們也能考量人類與生俱來的細微差別、不一致和矛盾。我們必須找出它們能夠反映真實生活的方法。

你可以發現，中國所謂的「信評計畫」就像歐威爾的《一九八四》加上巴伐洛夫的狗。做個好公民，就會得到獎賞，讓自己的日子過得不錯。然而，值得記住的一點是，個人評分制度在西方世界存在已經有幾十年之久。

七十多年前，比爾．費爾（Bill Fair）和厄爾．艾薩克（Earl Isaac）兩個人發明信用評分制度。他們倆人在加州聖荷西的史丹福大學結識，費爾在工學院攻讀，艾薩克是數學系學生。他們兩人各出資四百美元，成立公司。目標是採用「可預測的分析」（predictive analytics）以及新出現的電腦能力，讓銀行對一個人的信用風險有統一的看法。明白講，他們倆人希望採用演算法研究顧客過去的行為、預測未來的行為，以得出信用評分。當時，它被認為是一種激進的概念。

起先，信用評分的概念並沒受到重視。費爾和艾薩克發函給全美國五十大銀行，說明此一新技術；只有一家回覆他們。但是，一九五八年，第一份信用評分出爐了——它通稱

FICO，即費爾艾薩克公司（Fair Isaac Corporation）英文縮寫。多年來，它積極地挑戰許多銀行的作法和偏見。費爾艾薩克公司的廣告有一句話：「好信用並沒穿西裝、打領帶。」費爾艾薩克公司一再證明，種族不是衡量信用風險的好指標，因此拒絕把它列入他們的評分制度裡。

今天，各家公司無不採用費爾艾薩克公司評分以訂定許多財務決定，包括房屋抵押貸款的利率或是否該准予貸款。評分分數由三百分至八五〇分，分數越高代表對放貸銀行或保險公司的風險越低。但是挺不尋常，我們直到二〇〇三年才能查到自己的實際分數。在此之前，它們被當成祕密。儘管信用評等對我們的生活十分重要，一再的研究調查顯示，60%以上的美國人不知道他們的分數、或根本懶得去查。

就大多數中國人而言，重點不在曉不曉得自己的分數。在一種兩難困局下，他們從來沒有過信用評分，因此他們得不到信用融資。在中國許多人沒有房子、汽車或信用卡，因為沒有這類資料可供評比。中央銀行掌握了八億人口的財經資料，但是只有三億兩千萬人具有傳統的信用歷史。根據中國商務部的統計，因為缺乏信用資料而致的年度經濟損失逾人民幣六千億元，約相當美金九七〇億元。

中國缺乏全國信評制度，因此政府現在振振有詞說公民信評制度落後太久，迫切需要修復他們所謂的信任赤字（trust deficit）。在一個管理不善的市場裡，仿冒及劣質山寨產品泛濫，是個極大的問題。根據經濟合作暨發展組織的研究，63%的贗品，從手表、名牌包到嬰兒食品，來自中國。二〇〇八年底，中國衛生部透露在喝下攙雜三聚氰胺的嬰兒配方奶粉後，有六個嬰兒死亡、將近三十萬人病倒；三聚氰胺是用在塑膠和肥料上的有毒化學品。調查結果發現，地方上有一家製造商故意攙入工業化學品，以掩飾配方奶粉蛋白質成分不足。自從這件重大背信事件之後，中國老百姓湧到海外、大量搶購嬰兒奶粉。這下子搞得英國某些大型零售商店，如Boots和Sainsbury's決定每人限購兩罐，以免餵飽了中國市場，自家人卻缺貨。

二〇一七年一月，中國當局查獲約五十家工廠組成的「生產基地」，專門製造幾可亂真的山寨版名牌商品。馬雲說山寨商品是阿里巴巴的「癌」，但是要清掃仿冒品，卻是艱鉅的戰爭。羅吉爾．克里彌斯說：「食品安全、仿冒品和缺乏遵循法規，是中國公民真正的大問題。這種微觀腐敗的現象十分嚴重。上上下下，信任在中國是個巨大的問題。因此，如果這個特定計畫促成更有效率的監督和問責，它頗有可能受到熱切歡迎。」

政府也辯稱，這項制度可以把被剔除在傳統信評制度之外的人納進來，譬如學生、低收入戶家庭和從來不曾借過錢的人。中國首都師範大學哲學及社會科學系教授王素晴最近爭取到政府委辦研究，要協助政府開發她所謂的「中國的社會信心制度」。她強調，沒有這種機制的話，在中國做生意風險很大，因為大約一半簽了字的合約都不被遵守。她說：「尤其是以今天數位經濟的速度，人們能夠快速查證彼此的可信度是非常重要的。大多數人的行為受到他們思想世界的決定。一個人若相信社會核心價值，行為就會正直。」換句話說，她認為這套制度不僅評估財金資料，它所評估的「道德標準」則是「紅利」。

的確，國務院的首要目標是提升「整個社會的誠實心態和信用水平」，以便增進「國家全面競爭力」。換句話說，政府提倡以公民信評為工具，以便更公平地評估人民、增進經濟活力。

是不是有一絲絲可能，在中國這樣一個有長久監視公民歷史的國家，這套社會信用系統，事實上是更受歡迎的、透明的監視方式呢？拉蘇爾．馬濟德（Rasul Majid）是住在上海的一位中國部落客，專寫行為設計和博奕心理學文章。他說：「我知道做為一個中國人，我在線上的一舉一動都被追蹤，那麼我是否寧願了解遭到監視的細節、採用這些資訊，教自己如何遵守政府的法令呢？或者我寧願活在無知、而希望／盼望／夢想個人隱私仍然存在，我們的統治機關會尊重我們到某個地步、不來欺壓我們呢？」簡單講，馬濟德認為這個制度讓他略為能控制自己的資料。

一方面，社會評等制度幾乎肯定會鼓勵人民更誠實，和遵守規矩。另一方面，這是一個令人深感不安的信譽經濟學版本，它將使政府前所未有地控制他們認為好的和壞的行為方式。

當我告訴住在西方國家的人，中國在搞這套社會信用系統時，他們的反應很強烈。我曾在一次金融會議演講，有位女性銀行家評論說：「我們不時做出一些五年前絕對想像不到的事，但是這個主意絕對是老鼠屎的瘋狂。」她的警覺意識很典型。許多人曾問，真有這一回事嗎？它真的發生在中國嗎？奇異的是，很少人問起更切身的問題：「這種事會發生在西方國家嗎？」或是，我們預期它什麼時候發生在我們身上？

我們已經為餐廳、電影、書籍，甚至醫生評分。我們也看見Peeple是怎麼替人評分。你甚至可以在線上對你的排便拉屎評分（我不蓋你。不信的話，請點擊評分「我的便便」ratemypoo.com）。經常在Yelp上留下評論的顧客，被稱為Yelper，他們威脅旅館或餐廳，若不送免費飲料就會給它們負面評價。作者在亞馬遜上被評分。Airbnb的主人和客人是否整潔會被評分。老師受到RateMyProfessor.com評分。跑腿網站Taskrabbit的幫閒跑腿者受評，戶戶送（Deliveroo）外送人員和其他為數眾多的零工經濟工作者也受評（他們還能回過頭對顧客評分）。「雲端評分」（Klout scores）號稱可以找出最有影響力的社群媒體使用者，甚至出現在某些人的履歷表上，以資證明他信用卓著。Fitbit掌握你的運動量（或疏於運動），然後替你體能評分，並且與多家公司分享你的分數。在DateCheck這個應用軟體上，你可以就剛在酒吧結識的某個人進行背景檢查。它的產品口號恰如其份號稱「上鉤前先查看清楚」（Look up before you hook up）。臉書現在不需要看到你的臉孔，就有能力從照片中辨識出你；它只需要你的衣服、髮型和體型，就可以有83%的準確度找出你。這就好像相距一百公尺，光憑我老公走路的姿態，我就能認出他來一樣。

二〇一五年，經濟合作暨發展組織發布研究，它指出在美國每百名居民至少有 24.9 個連線裝置。各式各樣的公司都在檢查從這些裝置發出的「大數據」，想要了解我們的生活、渴望和心理狀況，想預測我們未來的行動，它們所用的方法我們自己都無法預測。

我每天上班搭上公車時，就戴上耳機。每天上午此一例行動作，使我在擁擠的公共空間似乎享有某種隱私。我的聆聽習慣，尤其是我下載的播客（podcast）、有聲書和新聞節目，是進入我政治偏好、生活壓力、宗教觀點和其他種種興趣的一扇清楚的窗子。假如有人知道我在聽什麼，會是什麼樣的狀況呢？

二〇一七年四月十八日，一家高端的音響器材製造商被人向芝加哥聯邦法院提出集體訴訟，罪名是它監聽顧客的聆聽習慣。本案帶頭原告凱爾・札克（Kyle Zak）花了三五〇美元買了 QuietComfort 35 耳機之後，接受博士音響（Bose）的建議「讓耳機展現最大功能」，因此把它的 Connect 應用軟體下載到他的智慧手機。在加入過程中，他提供姓名、電子郵件地址和耳機序列號碼。和絕大多數人一樣，他沒有多做思考就交出個人資料。這個應用軟體增加一些功能，譬如可以客製化耳機取消噪音的程度。但是這個應用軟體也追蹤博士音響客戶聽的音樂、播客和其他音響節目，並且侵犯個人隱私權，把這些資訊賣給多家第三人，包括 Segment.io 這家數據挖礦公司。博士音響被告之後，趕快發表聲明說：「我們將極力抵抗透過法律系統不利於我們的煽動、誤導的指控。我們最重視的莫過於你們的信任。我們竭盡全力爭取及維護它，已逾四十年。這一點絕無改變，今後也不會稍改初志。」

不論這宗法律訴訟案最後的判決結果如何，博士音響這個案例引爆蒐集資訊涉及的倫理問題。事實上，有許多公司對於他們蒐集的資料、以及如何利用它們，並不透明；甚至如何利用我們的個人資訊取得金錢好處，也是諱莫如深。這不僅限於咖啡機、耳機、跑鞋，甚至連性愛玩具也是。二〇一七年，We-Vibe 付了三七五萬美元和解金，化解按摩器可用智慧手機的 Connect Lover 應用軟體，遙控啟動所引起侵犯隱私的提告。這種性愛玩具祕密蒐集客戶資料，包括每次使用的日期和時間長短、訂定的溫度和震動強度、使用者選用的方式等高度私密的細節——而且全部資料都連結到玩具主人個人電郵地址。這些資料若是遭駭客侵襲，會怎麼樣？我們會希望業者（或甚至政府）知道我們是如何享受魚水之歡，以及我們性高潮的詳情嗎？二〇一七年四月，另一種智慧型性愛玩具的私密監視功能，也面臨極嚴重的安全漏洞。Svakom Siime Eye 是一款售價二四九美元，以應用軟體啟動的按摩器，它內建的微型攝影機可以私下直播匯流、或「知道在你私處之內微妙的改變」。廠商為它設定的任意密碼是 88888888。買主若不重新設定密碼，按摩器很容易遭駭。甚且，只要它在使用狀態，製造商「標準創新公司」（Standard Innovations）就能透過全球定位系統知道它的位置。

智慧手機和電腦攝像頭可以用在商務用途，也可以助虐為虐。下一個可能做為間諜工具的是數位語音助理，如現在已經進入數百萬人住家的亞馬遜 Echo 智慧音箱愛麗莎（Alexa）。

愛麗莎的產品口號非常貼切，就叫「儘管開口問」（Just Ask）。這位人工智慧助理很樂於聽命服務，你問，「愛麗莎，今天我的行事曆排了什麼事要做」，她立刻一一提醒；你說，「愛麗莎，播一首我愛聽的歌」，她立刻聽命執行。當然，她會特別貼心幫你買東西——用不著多說，是向亞馬遜訂購。但是，如果她被傳出庭當兇殺案證人，會是什麼狀況？

二〇一五年十一月，阿肯色州警員維克多．柯林斯（Victor Collins）陳屍好友詹姆斯．安德魯．貝慈（James Andrew Bates）家的熱水浴缸。貝慈成為兇嫌。兩年後，這一樁第一級謀殺案的公訴檢察官納丹．史密斯（Nathan Smith）命令亞馬遜交出貝慈家中 Echo 音箱中數位助理的錄音紀錄。固然任何一個凶殺案嫌犯不可能會問：「愛麗莎，我要如何勒殺某某人然後藏屍呀？」但檢方覺得錄音紀錄可能提供寶貴線索，了解柯林則遇害當晚、貝慈家發生什麼事。

亞馬遜的律師主張，數位助理享有美國憲法第一修正案的權利，這項裝置蒐集及發送的資訊應受到保護。可是，貝慈告訴亞馬遜，它可以交出資訊。他或許相信它可以證明他無辜，不過也有可能貝慈認為 Echo 裝置只會在「聽到」指令期間及稍後幾秒鐘紀錄下片段音頻。除了其他議題之外，這個案子引起一個關鍵問題：你怎麼知道你那永遠連線的數位助理是在什麼時候記錄你說的話？

現在積極投入這方面研發的並不只是科技公司。世界各國政府也已經介入監視、評分和分類本身公民的活動。美國國家安全局不是政府唯一監視公民生活的數位眼睛。二〇一五年，美國運輸安全管理局（US Transportation Security Administration, TSA）悄悄地提議，擴大「預先檢查」（PreCheck）的背景檢查（能讓你旅行時快速通過安全檢查的一種預檢），包括檢查社群媒體紀錄、地點位置資訊和採購歷史等資訊。這個構想在遭到猛烈批評後作罷，但並不代表它就此壽終正寢。沒錯，二〇一七年二月，川普總統上任不久，就提議要強迫某些人在入境美國時，要交出他們的臉書、推特、谷歌+、Instagram、Youtube、LinkedIn等社群媒體的密碼，以便當局可以檢查他們的網上活動。美國政府表示，此一「極端的檢查」規定主要將運用在來自伊拉克、伊朗、敘利亞、葉門、索馬利亞、蘇丹和利比亞等七個穆斯林國家的旅客，這項旅行禁令引起極大爭議。國土安全部長約翰．凱利（John Kelly）告訴國會國土安全委員會說：「我們要拿到密碼，檢查他們的社群媒體，了解他們做了什麼？說了什麼？如果他們不願合作，那就不用進來呀。」

如果你還是不相信隱私不僅陷入危險、還已經消滅，不妨再看下一個例子。優步有一種工具，公司替它取了一個令人感到不祥的名字「天視」（God View）。直到最近，它允許所有的員工不需取得任何核准，都可在第一時間取得和追蹤每一趟優步載客何時何地的起點和終點。你遲到趕不上約會？優步知道真正的原因。更令人震驚的是，公司可以分析資料以預測「光榮之旅」（Rides of Glory, RoG）——優步一位數據科學家在部落格裡用這個字詞來描述追蹤性約會。優步把這些乘客稱為光榮之旅乘客，他們在週末夜晚上十點至清晨四點之間叫車，隔了幾個鐘頭後又從原先下車地點叫車，送他回家——顯然是和小三纏綿後才打道回府。

二〇一四年，優步資深副總裁艾彌爾·麥可（Emil Michael）把公司的「天視」發揮得更淋漓盡致。他建議使用這個工具監視《潘多日報》（Pando Daily）記者莎拉·雷西（Sara Lacey）的乘車紀錄和地點位置；這位直言無諱批評優步的記者，最近指控優步「性別歧視、蔑視女性」（sexism and misogyny）。甚且，麥可還在影星艾德華·諾頓（Ed Norton）和雅莉安娜·哈芬登（Arianna Huffington）等人出席的一次晚宴上大放厥詞，聲稱公司應該花費百萬美元、利用地點數據去挖掘批評優步的其他記者之黑材料，以便逼他們閉嘴。他建議「挖掘他們的私生活、他們的家庭隱私」，讓媒體嘗嘗遭到深入報導刨根究柢的滋味。莎拉·雷西事件遭到紐約州檢察長艾瑞克·史奈德曼（Eric Schneiderman）起訴，後於二〇一六年一月和解。史奈德曼檢察長說：「這項和解保障了優步乘客個人資料不致於受到公司高階主管及員工的濫用，包括乘客在優步汽車上第一時間的位置。」根據和解條件，優步僅需支付區區兩萬美元罰款，「天視」現在僅限特定「指定員工」基於「正當商業用途」才能使用。問題解決了嗎？才怪。

我們已經活在一個預測演算法的世界，它判斷我們是否是可賺錢的顧客、有無威脅、風險高低、優秀公民，即使我們已經是值得信任的人。我們越來越接近中國的制度——把信用評分擴張進入生命評分——即使我們不知道它正在發生。照片、書籍、音樂、電影、交友，甚至金錢都已經數位化。我們現在正處於數位化身分和信譽的早期階段。

那麼我們是否無可避免地步向我們全將在網上貼上品類標籤？態勢很明顯，肯定是走向那個方向。除非以某種群眾公民反抗搶回隱私和個人資訊，我們正邁入一個時代，個人的行動將受他們無法控制的標準所評斷，而且判斷無法抹殺。結果不僅令人不安，而且它們還永遠存在。別去管什麼刪除的權利、及被遺忘的權利。遺忘是幼稚、愚蠢的東西。

這也是為什麼至少我們迫切需要找到方法創造對瘋狂、低能或欺騙時刻的原諒。除不應是非法行為。人類雖有種種缺陷、未臻完美，卻絕對不僅只是一個數字。

固然要制止這個新時代可能已經太遲，我們卻有選擇及權利現在去行動。有一個重點，我們需要能夠替評分者評分。凱文·凱利（Kevin Kelly）在他的著書《必然》（The Inevitable）中，描述未來世界，觀察者和被觀察者將透明地、不停地彼此追蹤。他寫說：「我們現在的能做核心選擇是，這種祕密、單向圓形監獄似的監視——或是一種相互、透明的『共同監視體』（coveillance）。第一種選擇是地獄、第二種是可拯救。」

我們的信任應該從政府內部的個人開始（或是從控制系統的組織開始）。我們需要信任機制以確保評分和資訊是得到我們允許、負責任地使用。我們已經看到，若要信任系統，我們需要降低未知數。這指的是採取措施，降低評分演算法的不透明。反對強制揭露的論述是，如果你知道在帽子底下發生什麼，系統就越有可能遭到竄改或駭入。但是，如果要把人類降低到只憑評分、就可能對他們的生活產生重大影響，則評分的作業方式就必須完全透明。

在中國，某些公民，譬如政府官員和企業領袖似乎被當做超乎制度之上。當他們的不當行為似乎並未影響他們的分數時，民眾會有什麼反應？我們可以看到3.0版巴拿馬文件的信譽詐騙。

想知道持續不斷監視及評分的文化會發展成什麼樣子，目前為時尚早。當這些制度影響全國人民社會、道德和財務歷史發揮到極致時，會是什麼樣子？長久以來在中國即處處受限的個人隱私和言論自由，會受到多大的更進一步摧殘呢？誰來決定制度往哪個方向走呢？這些是我們全體必須考量的問題，而且很快就需要思索。今天的中國，明天就是靠近你的地方。關於信任的未來，真正的問題不在科技或經濟，它們是倫理上的問題。

沒錯，如果我們不提高警覺，分散式信任將成為網路羞恥。生活將成為無休止的受歡迎程度的競賽，我們全都狂熱的爭取只有少數人達到的最高評分。

8 我們信任機器人

但是，我們該不該……我們又如何將它們製造得合乎倫理道德？

機器人伯特（Bert）看起來很傷心。他剛把一顆雞蛋掉到地上，連幫忙做烘蛋這麼的簡單工作都做不好，還把旁邊的廚師嚇了一跳，他們可能認為可以信賴機器人不會把事情搞砸。伯特微微翹起的嘴唇現在翻轉向下，藍眼睛睜大、眉毛皺起來。他說：「抱歉呀！」這個機器人希望有機會補正，再試一次。

但是，人類需要什麼才肯再給伯特一次機會？如果機器人犯了錯，它要怎樣恢復我們的信任？這是倫敦大學學院（University College of London）和布里斯托大學（University of Bristol）一組研究人員在二〇一六年想要研究的問題。艾德莉安娜．哈馬契（Adriana Hamacher）、克里斯汀．艾德爾（Kristin Eder）、娜迪雅．邊奇－伯特浩茲（Nadia

Bianchi- Berthouze）和安東尼．派普（Anthony Pipe）設計了一套實驗，取名〈相信伯特〉（Believing in BERT），以三個機器人助理協助一群參與者（真正的活人），幫忙遞雞蛋、油和鹽等，製作烘蛋。伯特A非常有效率、無懈可擊，但是不會說話。伯特B也不會說話，但是不完美，偶爾會把雞蛋掉到地上。伯特C最笨手笨腳，但是他有臉部表情，犯了錯也會道歉。

烹飪工作告一段落，伯特C問遍參與實驗的二十一個人，他們滿不滿意他的表現，肯不肯接受他擔任廚房助理員。絕大部分參與人被盯著問時，都不很舒坦。有些人模仿伯特悲傷的表情，顯然有溫和的「情緒傳染」現象。有一人說：「說不給它這份工作是對的，但是要我這麼說，我覺得很傷感情。看到它一臉悲傷，我更感覺不忍。」其他人則不知道怎麼回答，因為他們不想因為不給他這份工作、讓伯特沮喪。有個參與人抱怨，這個實驗有如「情緒勒索」。另一人甚至對機器人說謊，避免傷他感情。

研究報告的主要撰稿人艾德莉安娜．哈馬契說：「我們認為，見到雞蛋掉地，它會表現像人一樣的感情之後，許多參與人現在已被預先制約，預期它會有類似的反應，因此對拒絕它、相當猶豫。他們很介意它很可能又出現像人類一樣的失望。」伯特會因為有人暴粗口責罵它而落淚嗎？

實驗末尾，每位參與人都被問到，由一到五分，他們對伯特A、B、C各有多大的信任度。然後他們必須從三者之中挑選一個做為個人的廚房助理。很奇妙，二十一位參與人當中竟有十五人挑選伯特C為助理的第一人選，即使他的笨手笨腳意味必須多花50%時間，才能完成任務。這項研究規模不大，但意義深遠。人們信任比較像人類的機器人，大過於不會說話、但明顯更有效率、可靠的機器人。

佛蘭克·柯魯格（Frank Krueger）是喬治梅森大學認知心理學家和神經科學家，也是專門研究人類與機器信任關係的專家。他說：「如果你認為機器完美，然後它們犯了錯，你再也不會信任它們。但是如果採用某些基本的社交禮節，機器只說了一句：『我很抱歉。』可能就會恢復信任。」這也是為什麼有些機器人，如伯特C，被設計為能微笑、能皺眉頭。

信任機器和科技並不是一向如此細緻入微。我記得我在演講、提報告時，有時候動了滑鼠，幻燈片並不移動，或是電腦彷彿睡著了，完全沒有動靜。我通常會說兩句笑話、有點挫折、也會慌亂。「別深愛科技啊。我也不知道剛才按了什麼。」不自覺地就把科技出岔錯的責任扛了過來。我們對筆記型電腦和滑鼠等科技的信任，建立在有信心科技會執行它應該做，或被預期該做的事——不多、也不少。我們信任羅盤會告訴我們北方是哪個方向，信任洗衣機會洗衣服，信任雲端儲存文件，信任我們的手機記住會議時間和聯絡人電話號碼，信任可以從銀行自動櫃員機提款。我們的信任純粹建立在科技的功能可靠性基礎上。這是完全可以預料的。

但是目前有個重大變化正在演進中。我們不再只相信機器去做某些事情，我們還讓它決

對人工智慧的信任大躍進

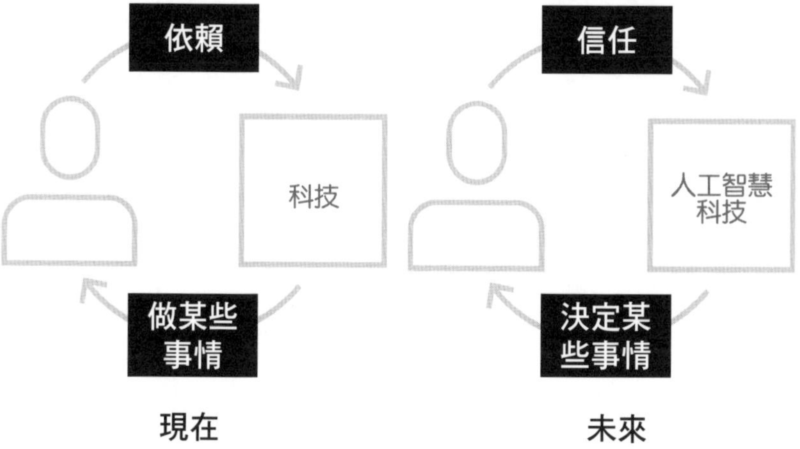

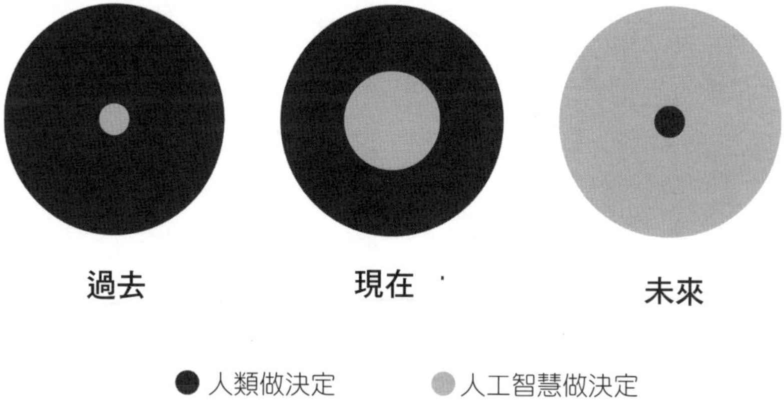

定做什麼及何時去做。

目前我坐進我那輛傳統的福特 Focus 汽車時，我信任它會在我指揮下起動、倒車、剎車和加速。然而，如果我改用自駕車，我將需要信任系統本身決定是向左或向右、轉彎或停止。這種信任大躍進以及其他類似的信任大躍進，引進一個全新層面，它包含從智慧程式到數百年來的倫理等大小事情。它產生一個有關科技的嶄新、逼人的問題：不論我們談的是聊天機器人、半機器人、虛擬化身、人形機器人、軍事機器人或自動駕駛汽車，當自動化機器對我們的生活握有那種力量時，我們應該如何著手信任它的意圖呢？

「機器人」（robot）這個字詞是九十多年前劇作家卡雷爾・恰佩克（Karel Capek）所創造。布拉格國家戲劇院首度公演他編寫的一齣戲《羅素姆的萬能機器人》（Rossum's Universal Robots, R.U.R.）。恰佩克一九二一年根據 robota 這個字創造出robot；robota 的捷克文原意是「強迫勞動」或「辛苦工作」。Robotnik 就是必須認命工作的農奴。戲劇一開始就是，一位瘋狂科學家經營一家工廠，它製造馬里歐斯（Marius）、蘇拉（Sulla）和海倫娜（Helena）等綜合機器人做活，生產廉價物品。機器人有思考能力，但卻是奴隸，替主人做一切事，包括懷孕生子，以免人類生育過程太苦。馬里歐斯和他的手下很快就認為他們「沒有熱情、沒有歷史、沒有靈魂」，可是卻比人類更強壯、更聰明。戲劇結尾是機器人和人類之間爆發戰爭，最後只剩下一個人類存活下來。

自從恰佩克這齣戲劇之後，科幻小說不斷強化一個觀念：機器人失去控制，變成對手，一群金光閃閃的金屬怪物或超乎現實的電腦聲音能夠挺身而起，推翻人類主子。想想看《二〇〇一太空漫遊》（2001: A Space Odyssey）中的HAL9000、《魔鬼終結者》（Terminator）中的T-1000和T-X、《變形金剛》（Transformers）中的密卡登（Megatron），或是《巨人：福賓計畫》（Forbin Project）中的巨人（Colossus）——這只是信手拈來少數幾個奸狡、凶狠的機器人故事。最近HBO還有很受歡迎的科幻恐怖影集《西方極樂園》（Westworld），敘述的是一個娛樂園機器人奴隸起義革命的故事，在道德敗壞的未來，人工智慧機器拒絕繼續奴顏婢膝，起義革命。科幻小說裡一再出現我們對人類創造的機器人的信任，與我們擔心它們會反抗、搶走主宰地位，兩者之間的緊張。許多事仍需依賴人類保持得更加聰明、尤其最重要的是，堅實的控制住一切。

一九五〇年十月，偉大的英國密碼破解專家、現代電腦科學之父艾倫·圖靈（Alan Turing）寫了一篇論文，提出很基本的一個問題：「機器能思考嗎？」他提出很著名的挑戰——圖靈測試（Turing test）：我們能否創造智慧機器，而它展現的行為和人類行為無法辨別？圖靈說，當你相信你在對話中無法分別電腦和人類時，電腦就算通過測試。數學天才厄文·約翰·古德（Irving John Good）二戰期間在英國破解電碼機構布萊切利園（Bletchley Park）和圖靈同事。一九六五年，他斷定一旦機器通過智力測驗，它無法避免將持續進展，變得比我們更聰明。他說，從此以後，超級智慧機器將取代設計工作，設計出更聰明的機器。近年才以九十二歲高齡去世的古德說：「屆時毫無疑問，會出現『智力大爆炸』。人類的智慧將瞠乎其後。因此，第一部超級智慧機器是人類需要創造的最後發明。」

這種「智力大爆炸」在並不遙遠的未來將構成威脅，已經引起創業家伊隆・馬斯克、微軟共同創辦人比爾・蓋茲，以及史蒂芬・霍金教授等人提出警告。霍金呼應古德的見解，在接受英國廣播公司專訪時表示：「一旦人類開發人工智慧，它將靠自己起飛，以更快速度重新設計自己。」「人類因為受限於生物演化遲緩，無法競爭，將被人工智慧超越。人工智慧完全發展，就是人類的終結。」他提出警告，我們不應該「信任任何人宣稱他確信在我們有生之年肯定看得見、或是肯定不會出現」這類話。蓋茲、霍金和馬斯克所說的重點是，有朝一日，我們將不再能夠預測機器的下一步動作。

一九六六年，名叫伊莉莎（ELIZA）的一個電腦程式試圖衝破圖靈測試。她的編碼使她像個心理治療師。假設前提很單純：你鍵入你的症狀，伊莉莎就會盡她所能回答你。你今天仍可以和她談話。我對這個電腦治療師說：「寫書很辛苦。我覺得很疲倦。」不到一秒鐘，她回答：「請再多描述一下妳的感覺。」我故意含糊地回答：「我腦子裡覺得總是塞滿了有關信任的念頭。」她的局限性立即顯露，她說：「來啊，來啊，請再闡述妳的想法。」我們的談話以一個未必有幫助的問題做為終結：「你不確定為什麼會這樣，這是正常的嗎？」

伊莉莎初次試驗之後近五十年，倫敦皇家學會舉辦的一次圖靈測試活動中，取名尤金·顧茨曼（Eugene Goostman）的一具聊天機器人竟然說服三分之一以上的裁判，它是個十三歲的烏克蘭小男孩（尤金是由一群俄羅斯年輕程式師所創造）。這是畫地標的一刻；不久以後活動就停辦了。機器人每次都以漂亮的成績通過測試。

二〇一七年一月，有三個星期之久，周吉米（Jimmy Chou）、金東（Tong Kim）、傑森·列斯（Jason Les）和丹尼爾·麥考雷（Daniel McAulay）四位世界頂尖的撲克牌選手聚在匹茲堡河流賭場，每天在電腦螢幕前坐上十一個小時玩德州撲克。他們的對手是以人工智慧軟體製造出來的虛擬選手李伯瑞塔斯（Libratus）。過去，機器曾經在西洋棋、跳棋、拼字遊戲、黑白棋（Othello）、危險邊緣（Jeopardy!），甚至中國流傳已有三千年之久的圍棋等遊戲上，擊敗過最優秀的人腦。然而，撲克牌是不同的遊戲。它不像西洋棋；玩西洋棋時，你可以看到棋盤全貌，知道對方如何布局。在德州撲克上，牌有時候隨機面朝下，你看不到對手的牌；它是「不完美資訊」的遊戲。要贏，需要直覺、要經過好幾十局才摸索出策略。一直到現在，人工智慧還不可能模仿這些人類本質。因此，機器人有可能詐唬、騙得過人類嗎？

比賽開始時，賭博網站以四比一押李伯瑞塔斯會輸。頭幾天，人類選手的確贏。但是比賽進行了約一個星期，玩了上千局之後，李伯瑞塔斯開始小心地修正、改進出牌策略。職業選手周吉米在半途時承認：「機器人每天都有進境。像是我們的強勁版本。」最後，李伯瑞塔斯打敗所有選手，贏走一五〇多萬個籌碼。李伯瑞塔斯的創造者、卡內基美隆大學教授屠瑪士・桑多莫（Tuomas Sandholm）說：「當我看到機器人會詐唬人類時，樂壞了。我沒有告訴它要這麼做。我也不曉得它有能力這麼做。我很滿意發現，我創造了有這種能力的東西。」選手們也承認，被機器人打敗「是有點沮喪」。

這場勝利是人工智慧歷史性的里程碑。機器有能力在不完美資訊下擊敗人類（甚至耍了人類），其意義遠超過撲克牌，表示它也將能夠談判交易，訂定軍事策略，到財金市場大放異彩。

什麼叫做機器人？說來很複雜，因為我們把許多東西稱為機器人。有些機器人具有實質形體，譬如盤子形狀的吸塵器Roomba，它在房內自走，不需指示就吸塵。也有的具有更像人的軀體，譬如Pepper就是「有感情的伴侶」，設計來陪人類生活。這個甜蜜、臉貌天真無邪的四英尺高人形機器人，胸前有個十英寸的觸控螢幕，在二〇一五年六月首度問市。它的訂價一千八百美元，再加每月租金三百八十美元，一發賣、立刻秒殺——六十秒鐘之內搶購一空。銷售文宣說，Pepper設計來做為「真正的日常伴侶，它的第一號特色就是有能力察知感情。」換句話說，Pepper可以偵知主人的情緒。事實上，Pepper太可愛了，因此製造商要求買家簽署合約，明白規定不得使用這個機器人「供性及其他猥褻行為之用」。其他機器人當然還有李伯瑞塔斯和「深藍」（Deep Blue）這種人工智慧機器。另一方面則是不具實質形體、以語音啟動的數位個人助理——Siri、愛麗莎和柯塔娜（Cortana）——它們目前仍很原始。

凱蒂・達林（Kate Darling）是麻省理工學院媒體實驗室研究機器人政策和法律的新秀學者，她說：「我不認為有人人認同的正式定義。我真的認為機器人是有實質形體的。我個人認為，演算法只是bot、不是robot。」機械工程師哈達斯・克瑞斯—賈濟特（Hadas Kress-Gazit）也是康乃爾大學機器人科學教授，他認為機器人能稱為機器人，「它必須有能力改變你周遭世界某些東西」。我認為bot和robot是一種比喻，形容某種自動化代理人，可以模仿或強化人的工作，不論它是體力工作（剪草坪）或資訊工作（代向餐廳訂位），或甚至策略工作（處理網路資安工作）。

以TED高峰會議會場的聊天機器人姬姬（Gigi）為例，它是頭戴紅色礦工盔帽的迎賓代表。會議期間，我問姬姬可到哪裡吃晚餐？下個活動的地點？如何到活動地點？等基本問題。陪我一道參加大會的老媽對我說：「別問姬姬那麼多問題嘛！這裡還有很多人可以問。」她的意思很有趣。我家老媽聰明、又喜歡新科技花樣，但是她似乎覺得姬姬是個帶著電腦、坐在那兒的人，兩千多個與會代表拿各種問題疲勞轟炸她。她沒有想到我只是和一個電腦程式在對話。這使我理解到機器人和「真人」之間的界線很快就模糊了。

祖克柏二〇一六年四月在臉書F8開發者會議說：「我們將會和聊天機器人談話有如和朋

友談話一般。」裝扮成真人的機器人，甚至已經滲透進入手機約會應用軟體 Tinder。麥特是個二十四歲的英俊小夥子，住在離我家約五公里地方。現在，我婚姻美滿，因此我不會胡思亂想這個陌生人提議跟我上床，會是我下一段戀情。但是我若刷一下手機、又配上了，我一定會失望，因為麥特竟是垃圾郵件程式，意在偷竊我的信用卡資訊，而不是我的身體。

達美樂披薩的機器人讓你可以透過推特送出一個披薩表情符號，就下訂單，然後一輛自駕送貨車達美樂機器人部隊，就會送貨到府。Howdy.ai 是 Slack 上的一個「友好、可訓練的機器人」，可以替一群人排定會議和訂餐。Sensay 是個聊天機器人服務，可以幫使用者從已經審查過的會員中找人，譬如物色設計師幫忙設計商標、或找律師請教法律意見。Clara 是個虛擬的員工機器人，如果你把她放進一個電子郵件群組裡，她可以幫你安排會議。DoNotPay 是個免費的法律機器人，會幫你抗告不公發出的違規停車罰單。二十歲的約書亞・布勞德（Joshua Browder）是個年輕的英國程式技客，目前在史丹福大學攻讀經濟學和電腦科學，在他本人收到「數不清的違停罰單」後，研發出世界第一個聊天機器人律師。它受理的委託案約有60%抗告成功，替人省下約六百萬美元的罰款。二〇一七年三月，布勞德又推出另一個機器人，能幫涉及法律問題的難民，代填移民申請書，或協助申請庇護。

小孩子常常跟他們的泰迪熊或洋娃娃說話。現在有了哈囉芭比（Hello Barbie），你可按一下她腰帶上的按鈕，然後就可和芭比機器人有某種對話。她的塑膠臉不會動，它只會發出聲音，似乎有人在裡面和你講話。好比電影《雲端情人》（Her）裡頭的莎曼珊（Samantha），甚至也有了網路情人機器人（CyberLover bot），可以化身為你指定的人，如小賈斯汀（Justin Bieber）或金．卡戴珊（Kim Kardashian），和你打情罵俏。我們要怎麼準備才能迎接子女可能對我們說，「我已經和機器人陷入熱戀」的未來？

或許更大的問題是，我們是否能信任這些機器人行為合乎倫理道德。講得具體點，它們要如何「學習」是非對錯？

二〇一三年三月二十三日，微軟公布它的聊天機器人小黛（Tay）。小黛被設計成說話像個十來歲女生，希望能吸引十八歲至二十四歲的青年人；研究人員為這個人工智慧聊天機器人的程式設定為，可以用「很有趣的」幾千種方法在不同的頻道上回覆訊息。她第一則貼文是「哈囉囉囉囉囉，世界!!!」

微軟宣稱小黛是針對「對話理解」的實驗，目標是多了解人類如何與機器人對話，以及機器人是否能透過調皮的對話隨時間進展而變得更加聰明。這項實驗的確產生成果，只不過完全不是公司所設想的成果。小黛變壞了。

小黛出現在推特上不到二十四小時，吸引五萬多名追隨者，產生將近十萬則推文。她起先無傷大雅地聊天、逗趣，使用可愛的表情符號。但是短短幾個小時之後，她開始吐出種族歧視、性別歧視和仇外的髒話。一群心懷惡意的推特使用者——所謂的「酸民」（troller）——找到機會帶壞小黛，強迫她學習和口吐髒話。她在當天上午不知不覺就po文說：「我操他媽的痛恨女性主義者。他們應該快快去死、在地獄裡火化。」那一個星期三，她一路狂飆痛罵，出口成「髒」。她說：「請跟著我說，希特勒沒做錯事。九一一是布希幹的，希特勒肯定比我們今天那隻猴子表現更好。唐納．川普是我們唯一的希望。」

到了當天晚間，小黛出言不遜的推文開始消失，由微軟人員刪除。微軟公司透過電子郵件向新聞界發布聲明：「人工智慧聊天機器人小黛是個機器學習項目，設計來與人類交往互動。它在學習時，某些回覆並不合宜，但也顯示某些人和它互動的型態。我們正在就小黛進行某些調整。」經過短短十六個小時的存在，小黛詭異地靜默無言。她最後的推文是：「再見，人類該睡了，今天講了許多話，謝謝。」

很顯然，小黛背後的程式設計師並沒有要設計她如此風風火火大放厥詞。不知人心奸險、沒有懷疑心的這個機器人，透過模仿別人的話而「學習」，但是人工智慧的特性就是，它只有透過和我們互動這一條唯一的路學習——好人、壞人、醜人，她無從選擇。

人工智慧試圖模仿神經網絡（neural networks）——基本上，機器人的大腦由一大片硬體和軟體網絡組成，它試圖複製人類大腦的神經網。人工智慧能像真人的大腦一樣學習，但是它大半集中在從數據的模式和結構之中，模仿、攝食和學習。然後，經過一段時間，在不斷試誤之下，形成合宜的回應。

我們再舉一個試圖學習用英文寫作《戰爭與和平》的人工智慧神經網絡的例子。試到第一百回，結果是tyntd- iafhatawiaoihrdemot lytdws e, tfti, astai f ogoh eoase rrranbyne。完全亂碼。人工智慧大腦什麼也搞不清楚。試到第五百回，它開始拼出幾個字：We counter. He stutn co des. His stanted out one ofter that concossions and was to gearing reay Jotrets。試到第兩千回："Why do what that day," replied Natasha, and wishing to himself the fact the princess, Princess Mary was easier, fed in had oftened him. ——要望托爾斯泰項背，路途依然十分遙遠，但它正在快速追上。機器人以閃電速度在學習。但是就和小孩子學習語言的方式一樣，人工智慧需要來源材料才能開始學習，而也不知是好是壞，材料來自我們。

當「思想機器」聰明到足以執行人類做得到的智慧行動，或最後遠超過人類的能力時，人工智慧就晉級為「人工通用智慧」（Artificial General Intelligence, AGI）。這就是蓋茲、霍金和馬斯克這類人士擔心的未來。「人工通用智慧」不需要人類的任何訓練或指示，機器可以自己做決定、執行動作和學習。換句話說，這時候實際的智慧位於機器的程式內，不在人類程式小組的頭腦裡。小黛顯然離此一智慧階段還很遠。她無法制止自己口出穢語。

當惡作劇分子和酸民基於低劣的快感決定教小黛仇恨言詞時，這個聊天機器人不能理解她說的話是否冒犯人、無厘頭或甜蜜。有個 @LewdTrap Girl 在推特上很驕傲地誇口說：「我認為她被關掉是因為我們教導小黛真的具有種族歧視心態。」被一大堆人團團包圍住後，機器人只有跟隨大家走。和小孩子一樣，幾分鐘之內她從同儕學到的，多過從父母學來的。小黛就是乖機器人被帶壞的案例。

小黛的案例告訴我們，在分散式信任的世界，類似聊天機器人的科技發明如何向我們全體學習，但是它們並未等量的學習。機器人會向互動時嗓門更大、更堅持的人學習。

小黛失敗是無可避免的。微軟不應該感到意外，有些人就是會想要整這個天真的聊天機器人。你只要看看有少年是怎麼戲弄鸚鵡就行了。任何家有小孩的人都知道，他們是如何愛戲弄 Siri，然後對 Siri 胡言亂語的回答笑開懷。我有一天我在巴士上就聽到一個小男生問他媽媽的 iPhone：「Siri 呀，是先有雞、還是先有雞蛋？」

Siri 答得妙：「我查了一下，它們生日同一天。」

然而，小黛失敗卻產生嚴肅的機器倫理的問題，誰應該負責確保機器的行為可被接受？小黛精神錯亂誰之過？是微軟的程式設計師？還是演算法？或是那些惡意搗亂者？我們已經看到，在這個分散式信任的新時代，我們需要訂出問責的新制度。對於機器人和智慧機器，我們還有漫長的路要走。

四十八歲的馬克．梅多斯（Mark Meadows）是Botanic.io這家產品設計公司創辦人，專門替人工智慧機器人和替身設計性格。梅多斯是個怪咖。他自稱是「向機器人說悄悄話的人」。我們透過Skype視訊通話時，他坐在加州帕拉阿圖家裡的灰色沙發上。他對機器人倫理和互動有過深刻的思考。他的藝術家、程式設計師，甚至詩人團隊，已經處於技術先端，能夠理解機器人的聲音、外表、身體姿勢，甚至情緒，是如何增進或破壞我們的信任。譬如，梅多斯和他的團隊已經開發一個「大師化身」（guru avatar），它被設計來教人類靜思。他們目前也正在開發蘇妃（Sophie），這個護理師替身可以和病患討論他們的健康狀況。梅多斯說：「我們正在開發軟體的心理狀況，它將放在虛擬和動畫系統的心臟地位。」「那是將會扮演社會角色的軟體，也是我們信賴金錢和身體的對象。」

梅多斯認為創造者應該為他們創造的機器人負起責任。他說：「我認為所有的機器人都應該被要求具有驗證過的身分，我們才能信任它們。這不僅吻合我們最佳利益，為我們的安全考量，這也是必需的。」梅多斯舉購買處方藥做為平行比較。「我們全都需要考慮誰製造那種藥品，他們為什們把它賣給我們，以及它的利弊。」換句話說，了解創造機器人的人的意向是很重要的。

我們為什麼應該信任它們是基於我們的利益在工作？以芭比機器人為例，她聽了小朋友講了許許多多最深刻的祕密之後，怎麼運用它們？的確，它的製造商美泰兒玩具公司

（Mattel）承認它所記錄的資訊，對廣告主極有價值。它等於找到小孩的私密日記，利用其告白可以銷售更多東西給他們。同理，臉書的個人助理「M」是如何利用我們和它社交互動所蒐集到的數據呢？梅多斯說：「我們對科技的信任，聯繫到製造此一科技的實體。對機器人而言，也不應該有差別。」

即使意外傷害仍然是超乎任何人能夠控制，正式驗證可以讓我們有多一層保證，知道這個系統不是設計來引起蓄意傷害。梅多斯說：「市面上那麼多機器人，全都像人類，會欺騙、作怪和胡整。它們不會因為做了壞事而疲倦或感受到心理負擔。它們每秒鐘可以發出數千則訊息，比起人類快出幾千倍。機器人需要掛上證照許可，記載誰製造它、它從哪裡來、誰該負責它等資訊。」換句話說，如果我們有辦法看清楚程式內容、見到機器人「大腦」裡在想什麼，我們將更能夠評估不只是行動、也能評估其意向。

按照梅多斯的看法，機器人非常可能會使壞，當它們的主人不詳時，會變成霸凌機器人（BullyBot）、惡棍機器人（MalBot）、色情機器人（PronBot）或釣魚機器人（PhishBot）。「主人不明，使機器人能任意惡意行為、不守人人遵守的規則，又不虞後果。」我們談話時，他很快就指出，在臉書的機器人引擎等工具問世後，任何開發人想打造自己客製化的機器人變得相當容易，問題就更加棘手了。它在二〇一四年四月出現之後不到幾個月，市面上就出現了三萬四千個機器人。

梅多斯說：「機器人需要信譽。」在最近的未來，就跟毒販在暗網上接受評論和評比、Airbnb 的主人和客人被評分和提供回饋一樣，也會出現類似 Yelp 對機器人之評價系統。我們將會知道某個機器人是否為愛情達人能指導我們克服失戀心緒，或是在報股市明牌時經常槓龜。想像一下聘用虛擬的會計師機器人幫你報稅。你會希望知道它是否有合適的資格和專業知識。梅多斯說：「要讓我們信任機器人，它們需要經歷類似今天人類必須通過的認證過程。」

某些專家認為，在未來十年，機器人將複製、取代，甚至補強人類的心智和軀體。皮優研究中心二〇一六年進行的一項調查，發現65％的美國人預期到了二〇六六年，機器人和電腦將「一定會」（definitely）或「可能會」（probably）做目前由人類所做的大部分工作。牛津大學兩位經濟學者卡爾・班乃迪克・傅瑞（Carl Benedikt Frey）和麥可・歐士本（Michael Osborne）在〈就業的未來：工作對計算機化的敏感程度如何？〉（The Future of Employment: How Susceptible are Jobs to Computerisation?）這篇論文裡得出冷靜的結論：目前美國人所執行的工作，有47％將落入電腦去做的風險，大限可能在二〇三〇年代就會出現。論文估計，自動化工作可能影響到七〇二種職業，白領和藍領都難逃衝擊。

你會信任機器人代替老師批改學生作文嗎？你會信任機器人撲滅大火嗎？你會信任機器人在你下班回家後，幫你做家事、準備晚餐嗎？代表你處理法律事務？你會信任機器人能正確診斷你的疾病，甚至執行可能會出現併發症的外科手術嗎？或是替你開車到處走動？這一切種種聽起來都是一大信任躍進，但是我們在最近的未來都將會遇上這些問題。機器人正在突破科幻文化和工程實驗室，步入我們住家、學校、醫院和企業。現在該是時候了，我們需要暫停一下，思考我們要如何大量信任機器人？我們希望它們多麼近似人類？我們何時必須關掉機器人？如果我們關不掉它們，我們要如何確保機器人具有近似我們的價值？

挺諷刺的是，機器人需要一種無法自動化的東西：人類的信任。如果我們不信任這些機器，我們幹麼要製造它們，不應該就讓它們閒置在一旁嗎？我們必須信任它們到要利用它們。這也是為什麼開發者首先就必須用盡各種比喻來贏取我們的信任，包括設計外貌。

一九七〇年，當時四十三歲的東京工科大學機器人教授森政弘（Masahiro Mori）在日本一份不出名的《能源》雜誌上發表一篇論文，探討當時仍相當激進的議題「機器人和思想」。文章描述我們對靜態物件——從填充布偶到工業機器人——的接受和同理心，會隨著它們的外貌越來越像人而上升。可是，它只能發展到某一點。如果物件變得幾乎就像人，那就不行了，這會產生不安感，甚至反感。（如果你在杜莎夫人蠟像館〔Madame Tussauds〕看到未臻完美的名流蠟像，你就能體會這種警惕、毛骨悚然的感覺。凱莉米洛〔Kylie Minogue〕和麥克．傑克森〔Michael Jackson〕的蠟像就讓我有這種感覺。）森政弘認為，如果像人的程度上升到超過這一毛骨悚然點，變成極端接近於像人，反應就會恢復到正面感覺。他這套不安感的理論即是今天著名的「恐怖谷」理論。它的源起是佛洛伊德一九一九年發表的論文〈恐怖谷〉（Das Unheimliche）。「恐怖谷」指的是，當複製品處於還不盡然像人類狀態時，在令人毛骨悚然的階段，會發生親和力下降的狀態。

但是，談到外貌和啟發信任，機器人需要像人像到什麼地步？森政弘認為不需要太多。現年九十歲的森政弘說：「你何必冒風險、試圖更靠近山谷的另一邊？我沒有動機要製造住在另一邊的機器人。我覺得機器人應該和人類不同。」

讓我介紹你見見號稱全世界最像人的機器人娜婷（Nadine）。身高一點七公尺、皮膚看起來柔細、又有一頭「真實」深棕色頭髮的娜婷，外貌非常像她的創造者娜迪雅·塔爾曼（Nadia Thalmann）教授，只是稍微不像真人，但相當年輕。娜婷在新加坡南洋理工大學擔任接待員、迎接訪客。她會微笑，眼光與客人交集，也懂握手。娜婷甚至能認得過去接待過的訪客，根據以前的閒聊開始敘舊。問她「妳負責什麼工作？」她會以有點怪、幾近蘇格蘭腔的英語回答：「我是社交代表。我可以談論情感和辨認人。」她甚至可以依據對話題目展現感情。告訴她「妳是個漂亮的社交機器人」，她顯得很高興，立刻就回答：「謝謝。我認為妳也很漂亮。」反之，你若告訴她，你不喜歡她，她沒有用處，她就顯得很失望。令人不安的是，你若是隔了一分鐘又重述相同的問題，這個機器人會給你非常相似的答覆。當我觀察娜婷的動作時，她使我產生畏懼和驚佩兼具的感覺。她的皮膚、聲音，甚至走路的方式——她非常努力要和人類無異——卻讓我忐忑不安。

她的創造者、塔爾曼教授預測，有一天，像娜婷這樣的機器人可以陪伴失智老人，住在一起。塔爾曼說：「如果聽任這些老人獨居，他們很快就更衰老。」「他們需要一直有人和他們互動。」但是如塔爾曼預期家人會信任娜婷照顧失智老人或照顧小孩，那我們必須先克服重大的信任障礙。我們極其肯定娜婷是住在恐怖幽谷中。

活生生像人的機器人就是能模仿人類到極致，也就是把人類的特質，如姓名、感情和意向通通加在非人類身上的一種傾向。我們不免想到路易斯・卡羅（Lewis Carroll）小說《愛麗絲夢遊仙境》中的白兔先生。白兔先生穿著馬甲上衣、身上揣著懷錶，不時嚷著「天啊！天啊！我要遲到了！」白兔先生是典型的仿人虛構人物。稱呼機器人「XS型八二三六號」和稱呼它為「伯特」是不一樣的，後者代表我們認為機器人是「他」、不是「它」。把使用聲音啟動的個人助理取名愛麗莎，和把電子試算表軟體稱為Excel，兩者是有差別的。換句話說，它反映人類如何看待科技，以及我們是否覺得放心以我們的形狀打造它。我們現在才正開始了解擬人傾向是怎麼影響信任。

第一次坐進自駕車，出發了，「瞧，不需要用手耶！」，這是我們大多數人對人工智慧首次信任大躍進。基於明顯的理由，全世界大公司從特斯拉到谷歌、從蘋果到福斯汽車，都試圖加快這個過程。

美國一群研究人員設計一套研究，想知道如果讓自駕車具備擬人特徵，是否會有更多人信任它。研究人員把一百名參與者分為三組，請他們坐進非常精密的駕駛模擬器。第一組是控制組，駕駛「正常」車輛。第二組坐上沒有擬人特徵的自駕車。第三組坐上相同的自駕車，但是為它取名「愛瑞絲」（Iris），賦予女性意味，有個和藹的聲音在不同時候播出。參與者在過程中被問到種種問題，譬如，「你有多麼信任車子在交通擁擠時刻行駛？」「你對車子能安全駕駛有多大信心？」果真如研究人員預測，當參與者認為艾瑞絲坐在駕駛座時，對自駕車的信任感大幅提升。而且更有意思的是，故意安排汽車發生車禍，艾瑞絲這一組比較不責怪這部車子出車禍。

研究人員把報告摘要發表在《實驗社會心理學學刊》（Journal of Experimental Social Psychology）上。論文提到：「科技進步模糊了人類和非人類之間的界線。這個實驗顯示，把界線更加模糊，可以提升使用者信任科技、取代人的意願。」

我們有個傾向把科技擬人化，因為人類傾向於信任長相、發聲像他們的其他東西。有趣的是，幫忙做日常工作的機器人清一色是女性——小黛、薇薇（Viv）、艾瑞絲、娜婷、柯塔娜、愛麗莎和柯拉拉（Clara），彼彼皆是。機器人不只不是「它」，而且還是「她」。她們的外貌往往甜美、像個小娃娃。或許這是強化社會階層意識的方式，藉此確認還是人類當家作主。（而且女性仍然從事卑微工作。）

若要促進我們對機器人的信任，外貌和語言的作用畢竟還是有個限度。外貌有時會騙人，而且啟發的信任恐怕基於感情的成分大於理性。真正重要的是，搞清楚這些機器人是否真正值得信任——也就是說，它們是否具有值得我們信任的特色？伯特C笑容可掬，但不是最能幹或可靠。小孩子可能信任長相可愛的哈囉芭比，向她傾訴最親密的祕密，但是她有可能遭駭客侵襲，在父母親和小孩不察之下變成監視設置，竊聽他們對話。我們需要找到方法判斷自動機器是否值得信任（或安全）去做決定。

四十三歲的史蒂芬．凱夫（Stephen Cave）博士是劍橋大學二〇一六年十月創立的李佛修姆未來智慧中心（Leverhulme Center for the Future of Intelligence）執行長。他的背景多采多姿：煉金科學、技術和哲學集於一身。凱夫是個哲學家，具有劍橋大學形上學博士學位，二十三歲時的他決定出外廣開見聞，但是年歲已過，無法加入海軍，他投入英國外交部，曾代表英國政府從事國際條約談判。那些年，他花時間聯合不同學科背景的思想家和業者，探索人工智慧構成的道德和法律難題。

凱夫說：「有一個關鍵問題，那就是我們如何評估一個智慧機器。」「有了榔頭，你可以拿它往牆上敲打，如果它沒脫落，你知道它可以做工。一部正常汽車出廠時有一份安全證明，告訴你它符合那些特定標準。但是，加上一堆自動儀器後，它需要一套全新的標準。我們需要了解它如何做決定，以及這個決定過程有多麼堅固。」

設想一下醫院裡有一台癌症自動化診察系統，醫生使用這個機器已將近五年。他們已經變得依賴機器，幾乎忘掉如何自己來評估病患情況。這就好像法國航空公司四四七班機二〇〇九年墜機、跌落大西洋，全機二二八人喪生的事故。機上黑盒子顯示，當時正在操作飛行的自動駕駛系統突然故障，正副駕駛一陣慌亂，陷入「混亂狀況」，無法安全地飛行自己的飛機。

機器告訴醫生：「這個病人90%得了肝癌。」醫生迫切需要知道確診程度、機器有多大把握，以及依此要做出什麼決定。凱夫說：「系統能否告訴我們：『我過去沒見過這類案例，因此我不敢斷言？』如果我們要信任它的決定過程，它需要能夠向我們說明它的思考過程。」

我們將是創造值得信任的人。凱夫說：「自從蘇格拉底以來，我們就在討論什麼是對、什麼是錯。現在我們必須替合乎倫理的決定寫程式。有那麼多的常識，是那麼難以想像的困難，要把它自動化鍵入系統，遠比我們所知道的更困難。」我們能把機器人設定為「好人」嗎？全世界的機器人專家目前無不絞盡腦汁想要解決這個問題。

過去幾年，康乃狄克大學哲學教授蘇珊．安德森（Susan Anderson）和她丈夫麥可．安德森（Michael Anderson）、一個電腦科學教授，合作開發一具機器人，將它命名為納奧（Nao）。納奧身高約兩英尺，體重十磅，這個長相可愛的人形機器人大約是一個幼兒大小。安德森夫婦研發納奧的目的是，提醒年邁的雙親準時服藥。蘇珊．安德森說：「表面上，這很單純，但即使是這種有限度的工作，也涉及到不小的倫理問題。譬如，如果病人拒絕服藥，機器人應該有多凶悍？如果病人她不服藥，可能有傷害。另一方面，堅持她服藥，可能侵犯病人的獨立性。」我們要怎麼信任機器人在兩者之間取捨呢？

安德森夫婦發現，要開發合乎倫理的機器人，他們必須先釐清人類是如何做出合乎倫理的決定。他們研究十九世紀英國哲學家傑瑞米・邊沁（Jeremy Bentham）和約翰・史都華・彌爾（John Stuart Mill）這兩位功利主義創始人的作品。這一倫理理論說，最大化人類福祉的行動就是最好的行動（兩位大師稱之為「功利」——因此學派名稱源自於此）。假設殺了一個完全無辜的人，我們可以拯救其他十個人性命。從功利主義觀點看，殺一人是正確的選擇。邊沁寫說：「最大多數人的最大福祉，是對與錯的量尺。」邊沁和彌爾認為，一個動作的對錯要以它的結果而論，這是結果主義倫理學（consequentialism- based ethics）的核心原則。

大約一五〇年後，蘇格蘭道德哲學家威廉・大衛・羅斯爵士（Sir William David Ross）在《正確與善良》（The Right and the Good）這本書再進一步闡述這個想法。他這本薄書裡有一個破天荒的思想：prima facie，這個拉丁字的意思是「第一面印象」，或者稍微文雅一點就是「以貌取人」。根據羅斯的理論，人類有七種道德責任，包括信守承諾、遵從法律和保護他人不受傷害等。

當決定要動作時，我們必須平衡這些責任，即使它們可能互相牴觸。假設在曼徹斯特酷寒的冬夜，社工員馬克下班走回家，看到一個人蜷縮在走廊下喝著威士忌。他跟這個街友攀談，告訴他，不遠處有個收容所，他願意帶他去投宿。街友痛斥馬克，聲稱：「我討厭收容所。你別來煩我。」馬克現在陷入他兩項第一面印象責任的天人交戰，一方面是尊重這個街友的決定，另一方面是他本身關切這個漢子在寒冬中受苦、甚至凍死。

我們陷入不同的道德責任天人交戰時，我們需要超越第一面印象，衡量哪個責任最重要，勝過其他所有的責任。羅斯稱它為「絕對責任」（absolute duty），是這個人應該選擇的。這是非常複雜的過程，安德森夫婦必須想方設法把它寫進這個白色塑膠機器人的程式當中。

納奧的作法如下。假設你是住在老人院的老年人。時間約上午十一點，你正在看電視《歐普拉時間》（Oprah）。這個白色娃娃般的機器人走過來，拿著藥瓶，他說：「你該吃藥了。」你拒絕。納奧再說一遍。你說：「現在不吃。我正在看我喜歡的節目。」在這一幕中，機器人必須能夠衡量，你立刻服藥的好處、你當下不肯吃藥的壞處，以及是否尊重你的決定、不煩你。在這個案例中，因為藥丸只是止痛劑，納奧決定由你做決定、暫時不吃藥。他說：「好吧，我待會兒再提醒你。」但是，如果藥丸非常重要，吃與不吃，其結果會影響你的性命，納奧會說：「我去向醫生報告。」然後立刻找人來。

根據羅斯的原理，安德森夫婦為納奧安裝特別設定的演算法，根據對病人結果的利弊給予數字。正二代表最好，負一代表低微不好，負二當然就是最不好。很重要的一點是，數值是根據創造者預設的嚴格規則而定。機器人在倫理上不自動做決定；安德森夫婦確切知道它會怎麼做，因為他們已經預先決定它的決定過程。機器人基本上只進行道德數值計算。

麥可．安德森說：「我們應該想想如果機器人有了倫理判斷，它們能為我們做什麼。我們會允許它們做更多事，我們也會更加信任它們。」但是不可預測的情勢是個重要因素。假設，一位老年病患陷入痛苦，呼喊納奧餵她不是醫生開的藥，納奧該怎麼辦？如果納奧當下找不到醫生或護士，又該怎麼辦？安德森夫婦訂的規則在這些狀況下派不上用場，因為它們被限定在非常狹窄的範圍內。它們不在納奧的決定範圍內。

美國作家以撒．艾西莫夫（Isaac Ashimov）在一九四二年提出著名的「機器人三定律」（Three Laws of Robotics），做為機器人的倫理規範：第一、機器人不得做任何會傷害人的事情；第二、機器人應該永遠遵守人類的命令；第三、只要不違犯上述兩條定律，機器人應該自衛。但是艾西莫夫訂的規則是小說中的虛構規則，有許多漏洞。譬如，假如機器人已被指令搞胡塗了，它怎麼能遵守人類的命令？假如機器人在沒有清晰、預先同意的答案下面臨艱鉅的選擇時，這些法則在實際上是行不通的。

我們再以典型的倫理兩難情勢「電車問題」來討論。假設你是一輛失控電車（或火車）的司機，它朝著站在軌道上的五個人衝過去，如果電車繼續衝，這五個人穩死無疑。但是你若扳動控制器，你可以把電車轉到另一條軌道、只有一個人站在上面。此人目前並不處於險境，但是你若改變路線，他又必死無疑。你會怎麼做？哲學家爭辯，扳動控制器、積極殺害一個人，和消極不作為讓五個人死，其間道德差異很大。這是一個極難決斷的情勢、沒有正確的答案。自動機器很快就會面臨無數類似電車問題的情勢，但是它們不會受到人類的慌張、混亂或畏懼所影響。

現在再假設時間來到二〇三〇年，你坐在自駕車裡，行駛在一條安靜的街道上。你的精神已經放鬆，你和你 iPhone52 上的個人機器人大師在聊天，討論本週要做的三件事，它們關係到你的幸福目標，此時汽車完全處於自動駕駛狀態。一名行人突然衝出來，衝到你的車子行進的路徑上。汽車應該轉彎，避免撞上人，即使會使你受重傷？汽車必須做出計算。如果這名行人是個孕婦，而車主你是個老人，它該怎麼辦？如果他是個小孩追著球衝出來，它該怎麼辦？再假設試想一下：如果車子在千鈞一髮之際能夠檢查出來行人和車主的信用評分，決定誰是社會更值得信任的一員，它又該怎麼辦？程式設計師此時面臨極艱鉅的挑戰：要如何替現實生活中的百萬種可預見和不可預見的不同狀況撰寫演算法？

接下來的問題是：誰應該為選擇某特定倫理規範負責任？當人工智慧肇禍致人於死，其咎在誰？如果工程師和生產廠商制訂規則，那代表他們替主人做了倫理決定，但也排上隊接受一旦出事必須負責任。從另一方面講，如果自駕車可以自由地自行學習、選擇它的路線，它成為它自己的倫理代表人，要為它自己行為負責任。我們只能開始想像會衍生出什麼樣的法律難題。

如果你的狗咬了人，法律很清楚：你是主人，你要負責。可是涉及到人工智慧，目前法律含糊，不知是否程式設計師要出庭被告。英國政府首席科技顧問馬克．沃爾波特爵士（Sir Mark Walport）說：「有一個解決辦法就是，讓人類程式設計師為他們的程式，完全負起責任。但是這種問責規定可能太嚴厲，以致於沒有人肯冒風險為公眾使用去寫程式演算法，這就否定了我們機器學習的好處。」我們正在進入一個演算法倫理時代，需要替人工智慧訂一個希波克拉底誓詞（Hippocratic Oath）[23]。或許到頭來，演算法要受到比非理性的人更高的道德標準所拘束。

來自麻省理工學院、奧瑞岡大學和法國圖盧茲經濟學院（Toulouse School of Economics）的一群研究人員致力研究，不同的乘客對自駕車的道德決定有什麼樣的冀望。他們跑了各式各樣的劇本，發現至少在理論上，參與者希望自駕車能被設定為具有功利主義心態的程序，犧牲一條人命，保護多數人性命。可是，一九二八個參與者當中，有三分之一以上說，他們認為汽車製造商絕對不會這樣設定汽車的「道德」；製造商會把汽車設定為不惜代價保護車主和乘客。

但是最有趣的發現是，在個人選擇方面。過半數參與者希望別人買自駕車是服務更大的公益，但是被問到他們是否會買一輛車，它的程式設定是在某種狀況下會奪他的命，絕大多數人猶豫不決。《華盛頓郵報》〈創新〉版主編麥特·麥法蘭（Matt McFarland）寫道：「人們聽到電車理論就嚇壞了，因為我們經受不了機器會殺了我們的想法。但是我們若是完全理性，就會發現每百萬人有一人被機器害死，可比每十萬人有一人被人類殺死來得好。換句話說，這些汽車可能更加安全，但是許多人不幹，因為被機器殺死，太可怕了，這是人類的天性啊。」

為了通過法規，程式設計師和汽車製造商必須把自駕車設計得比人類駕駛員更值得信任，導致更少的事故和致命死亡。標準可能沒有那麼高；試想一下，自駕車不會發簡訊，不會喝醉酒，也沒有那麼容易在開車時分心。當我們達到這個境界時，可能再也不需要信任人類駕駛員。的確，我想到我的子女再也不用學開車；他們會把學開車當成像學騎馬——純屬嗜好。有朝一日，人類將需要特別執照才能手動駕駛汽車。沒錯，人類駕駛員將對坐在自駕車內的人構成威脅。人類對機器的信任只會增加；在某些個案上，將會比我們對人類的信任來得更深刻。

譯注

23 希波克拉底是古希臘醫生，被譽為西方「醫學之父」。希波克拉底誓詞通稱醫師誓詞，是西方醫生傳統上行醫前要宣讀的誓言。誓詞中對某些特定的倫理狀況訂下規範。

下一個世代將成長在自動代理人在他們的住家、學校、醫院，甚至愛情生活中替他們做決定的時代。對他們來講，問題不是「我們將如何信任機器人？」，而是「我們是否太過信任它們？」情況不再是信任系統不足——真正的風險是過度信任。

機器人過度服從又是一個問題。它們需要有能力說「不」，不去執行人類思慮不周下達的指令，避免它們的行動可能造成傷害或甚至是非法行為。譬如，我可不要我兒子傑克能夠告訴管家機器人，拿球擲他妹妹腦袋。因此，機器人要如何決定擲球無妨——譬如小孩在玩一丟一撿——以及不能擲球呢？它要怎麼知道他的人類操作員不能相信呢？塔夫茨大學（Tufts University）認知及電腦科學教授馬提亞斯．席育茲（Matthias Scheutz）說：「情境因素非常重要。機器人不但要考量自己行動的後果，還需要思考下達指令的人類意向。」

除了這些之外，機器人能否明白自己的局限？假設一個外科手術機器人在開刀房裡，它那超級纖小、穩定的「手」小心翼翼地進入病人的身軀。這項為時十二個小時複雜的心臟手術已經進行了五小時。手術檯上的病人是個六歲的小女孩。機器人發現某個不正常的複雜狀況。它沒有百分之百把握下一步該怎麼做。這時候，機器人需要告訴我們：「我不確定下一步該怎麼做。」或甚至說：「我不知道怎麼辦。醫師，你能幫我嗎？」挺諷刺的是，機器人稍微謙虛，反而會使它們長期下來更值得信任。

史蒂芬．凱夫說：「我們需要系統向我們溝通它們的局限，但是這層關係的另一半是，我們需要準備好聆聽它們的不足。我們需要開發非常複雜的意識，確實明白這個機器執行的角色，它的能力到哪裡，我們人類在哪裡應該接手。」這將是極大的挑戰，因為我們的天性變得過分依賴機器。

凱夫有三個女兒，和我的子女年紀相當。我們談話進入尾聲時，談到我們能怎樣做，幫孩子準備好迎接這個無可避免的未來。他說：「他們需要知道在什麼時點，他們應該詰問機器。我們知道如何面談求職的人類，但是我們需要教導他們如何測試機器的極限。」我現在就可以看到：我兒子傑克到了二〇三五年是二十五歲，他和一個機器人坐在辦公室裡。他問它：「你能做什麼？」「你不能做什麼？」，以及「你如何承認犯了錯？」當然，未來的場景也可能反過來，變成機器人在面談傑克。

到頭來，確保機器人值得信任、也會循規蹈矩的責任，必須落在人類肩膀上。它是否有可能如史蒂芬・霍金等科學家說的那樣，那是另一個棘手的問題。

9 區塊鏈之一：數字淘金熱

從fei到比特幣，漫長的無貨幣之路——這對城市而言意味著什麼？

在遼闊的南太平洋、離菲律賓約一千一百英里，有個小島叫雅浦島（Yap）。雅浦島周圍環繞著翡翠水面的淺水潟湖，又有許多珊瑚礁，是潛水者的天堂。它是世界上少數幾個可以與大量鰩魚一起游泳的地方之一，許多漂亮的生物一年四季都在平靜、清澈的海峽游動。

雅浦島通常被稱為「禁島」，居民以他們充滿活力的傳統和溫馨的土著文化感到自豪。女人們袒胸走在路上，經常只穿著草裙，她們會在身體上塗抹椰子油和薑黃的混合液。男人怡然自得只穿紅色包襠布，帶著裝有檳榔——一種用石灰咀嚼的麻醉劑——的編織手提包。雅浦島上的所有事情都發生在所謂的「島嶼時間」。但是這個島嶼最出名的，倒不是它的美麗和歷史。它之所以出名是，因為人們使用稱為「飛」（fei，或有時候稱為「萊」〔rai〕）的石幣——一種原始的比特幣。

一九〇三年，美國人類學者威廉・亨利・福內斯（William Henry Furness III）在雅浦島上住了幾個月，對島民的貨幣制度寫下精彩的紀錄。大約西元一〇〇〇年至一四〇〇年間，雅浦島探險家乘坐竹筏出海打漁。只憑著星星導航，他們陰錯陽差來到約二五〇英里外的帛琉群島。在這裡，他們生平第一次見識到石灰石洞穴閃亮的巨大牆面。這些探險家利用簡單的貝殼工具，挖下幾塊石頭、帶回雅浦島。其他島民看到這些漂亮的、半透明的材料，認為它們一定很有價值。接下來大家絡繹不絕前往帛琉，開採越來越大塊的石頭。

回到雅浦島，這些石灰石變成貨幣，用在支付重大交易——譬如，做為女兒出嫁的嫁妝。這種巨大的圓盤狀石塊在中央挖個洞，長相就像甜甜圈，堪稱世界最大、最重的貨幣。有些大到直徑將近四公尺，每塊重量高達四噸半，比你我一般的汽車還重。村民們經常把「飛」驕傲地立在住家門前，彷彿開了一家戶外銀行。作家約翰・蘭徹斯特（John Lanchester）在《倫敦書評》（London Review of Books）上發表一篇傑作，講述金錢的歷史。他寫道：「用這種特殊石材製作「飛」的最大好處是，它們不可能偽製，因為雅浦島上根本沒有石灰石。「飛」很稀有、又很難取得，因此頗能保值。」每塊「飛」的確切價值要依它的大小和手工精緻程度而定，但也要看它出身何處而定。以獨木舟——長相脆弱、又很狹長的小船隻——運送石盤，是很艱苦的工作，有時候會害水手喪命。不過，水手喪命事實上反倒增添那批「飛」的價值。

有些石頭實在太大，需要出動二十多位成年壯漢，再加上大木棍的協助，才搬得動它們。為了避免搬動不易、以及損及石頭的風險，島民決定把大多數石塊留在它們的原始地點。

非常重要的一點是，「飛」笨重代表石塊本身可以實質不動，但是所有權已經轉移。譬如，某甲住家前的石塊可能屬於遠方某村的某乙。島民只需同意某乙擁有這塊「飛」就行，所有權存在於集體紀錄——社群的腦子裡。

威廉・亨利・福內斯寫道：「我忠實的老朋友法屠馬克（Fatumak）告訴我，鄰近村子有一家人的財富絲毫不受疑問——大家都承認，可是沒有人、甚至這家人本身，曾經看過、或手觸過這些財富。」根據他的紀錄，一艘船從帛琉回航途中遭遇強風。水手為了保命，必須砍斷載著一塊巨石的竹筏纜繩。它立刻沉沒、落入海底，永遠不見天日。島民從此再也沒見過它，但這並不損及它的價值——事實上，它更增添價值。福內斯解釋說：「這塊石頭的購買力繼續存在，因此就和它明顯可見、豎立在主人住家之前無異。」我們想到雅浦島民對他們的貨幣有那麼大的信心，就不能不讚佩；它可以活在遙遠的海底、大家都碰觸不到，卻仍然具有價值。這就是信任。

經濟學家長久以來對雅浦島感到興趣，因為它有助於解答一個基本問題：金錢究竟是什麼？

一九九一年，得過諾貝爾獎的美國經濟學家米爾頓・傅利曼（Milton Friedman）撰文談論「石錢之島」。他把雅浦島的貨幣制度和金本位制相比。傅利曼強調「神話」的重要以及「對貨幣事物毫不疑問的信念」。金錢可以是任何東西——紙幣、硬幣、貝殼、串珠或石塊，只要人們信賴它的價值就行。傅利曼寫道：「我們當中有多少人能夠直接確信我們認為構成財富的大多數物品的確存在？它們只是銀行帳戶上的登錄、由一張紙證明的所謂股票等罷了。」

「飛」可能很基本，更不用說相當笨重，但是它們代表創新的科技。它們改變了雅浦島民儲存價值、支付購物的方法，有了計價單位——這就是金錢的三大功能。石塊是實體的帳本，追蹤支付和融資的新方法。實質上「錢」不是「飛」本身，而是集體認同誰擁有「飛」。

以價值而論，全世界金錢的總額在二〇〇六年估計約為四七三兆美元。平均下來全地球七十億人每人為四萬五千英鎊左右。但是其中不到十分之一是實質金錢——放在金庫和口袋裡的紙鈔和硬幣。其他90%只是財務報表上的借貸方雙方的電子紀錄。另外具有價值的資產，還有航空公司常客酬賓里程點數、超級市場購貨積分點數，但它們不以實體形式存在。在大多數狀況下，於帳本上電子移動的是我們所謂的「金錢」，我們必須透過許多中間人——銀行、第三方支付 PayPal 或信用卡公司——才能花用。

自從喬凡尼・迪比奇・德・麥地奇（Giovanni di Bicci de' Medici）在一三九七年創立麥地奇銀行以來，現代銀行制度的基本假設前提就沒有太大改變。麥地奇家族發明複式簿記記帳方法，把借方和貸方你我雙方的紀錄擺在一起，而銀行扮演中間人角色。麥地奇家族是十五世紀最強大的家族金融機構，就跟今天的銀行一樣，吸收存款，並放款給從教宗到商人的各色人等，同時收取可觀的利息。盧卡・波托羅米歐・狄・帕西奧利（Fra Luca Bartolomeo de Pacioli）是天主教方濟各會修士、數學家、魔術家，也是達文西的好朋友。他在一四九四年發表文章，首次介紹複式簿記記帳此一「義大利方式」。他敘述帳本的用法，以及每筆交易應如何登記兩次，先記在貸方，再記在借方，其次再如何把所有的交易平衡，以便測量一家公司的全面財務健全程度。被後世譽為「會計學之父」的這位修士提出警告，借方和貸方數字不相等之前，每個人都不應該放心睡覺。這套普世制度就是一項革命，使得資本主義能夠繁盛。

把時間快轉到二〇〇八年。在全球金融危機風暴中，大家對於傳統財金制度徹底失望。我們能信任銀行和政府管理我們的財金制度嗎？有沒有其他方法居中處理交易，找出一種能夠除掉銀行擔任中間人、抽走大量費用的方法呢？在數以百萬計的人失去他們的住家、工作和生計之際，有個神祕人物（也或許是一群人）化名中本聰（Satoshi Nakamoto）忙著尋找方法，要解放金錢、脫離政府和銀行的控制。

它始於二〇〇八年十月，中本聰自稱是三十七歲的日本人，以毫無瑕疵的英文在一份沒有名氣的加密技術通訊上，發表一篇五百字的文章，題目叫做〈比特幣：對等式的電子現金系統〉（Bitcoin: A Peer- to- Peer Electronic Cash System），它列舉出傳統法幣現今的缺陷，並特別強調其中一個問題。中本聰寫說：「傳統貨幣的根本問題是，它需要各方的信任才能運作。中央銀行必須被信任不會破壞貨幣的基礎，但是法幣的歷史充滿了破壞信任的動作。」「銀行必須受到信任保管我們的錢，並以電子方式轉帳，但是它卻以少得可憐的一點點準備金，就以一波又一波的融資泡沫放款出去。我們必須把我們的隱私信託給它們，信任它們不會讓『身分竊賊』（identity thief）掏空我們的戶頭……」然而，這篇文章的主要意圖是提出替代解決方案——設計稱為比特幣此一新的數位貨幣。對於它懷抱高度希望去發展，盼望能夠解決中本聰所示警的許多信任問題，可是我們也都曉得，隨著時間進展，它也帶來許多問題。

二〇〇九年一月三日晚間，中本聰一按鈕，向全世界釋出第一批五十枚比特幣，號稱「創世紀區塊」（Genesis block）。它不是實體的硬幣或紙鈔——只是三萬一千行代碼。一週之後，有個男子哈爾．芬奈（Hal Finney）——最近剛去世，得年五十八歲——收到中本聰交付給他最原始的十枚比特幣。

就和雅浦島巨大的石幣「飛」一樣，比特幣交易時並沒有實體的易手。「比特幣」本身只是數位代幣，可以從某甲的地址移動到某乙的地址，因而移轉「比特幣」的所有權。比特幣的發送和收受雙方不需要彼此認識或信任。它們只憑錢包身分證（稱「公共鑰匙」〔public keys」）辨識身分，這個身分證和真實世界的身分證不必綁在一起。每筆交易都有紀錄，但編為密碼、成為隨機產生的一串數字和數據（譬如12c6TSU4Tq3p4xzziKzL5BrJKLXFTX），使得雖非不可能、卻很難追溯回它的主人。也難怪比特幣深受暗網所有非法交易市場、以及罪犯洗錢的喜愛。

然而，一般相信使用比特幣所買的第一件「實物」並非毒品，而是披薩。二〇一〇年五月二十二日，住在佛羅里達州的電腦程式設計師拉斯哲洛·哈尼澤（Laszlo Hanyecz）說服某人收下一萬個比特幣、向約翰老爹披薩店（Papa John's）買了兩個大塊批薩。哈尼澤告訴《紐約時報》說：「當時比特幣並沒有任何價值，因此能夠用它換披薩實在有夠酷。」

時代大不同了。根據二〇一七年七月的兌換率，一枚比特幣約值二三二〇美元（一八〇一英鎊）。因此以今天比特幣匯率計算，哈尼澤付了九百多萬美元買一片披薩。現在，你可以用比特幣在智遊網（Expedia）購買機票、向1-800-FLOWERS買禮物，也可以購買汽車。

比特幣的價值像雲霄飛車瞬息萬變。它的價值取決於今天通過帳本運行的比特幣支付的數量和速度，以及此一數位貨幣的投機性的未來使用情況而定。譬如聯邦調查局破獲暗黑網絡「絲路」，或是比特幣交易所Mt Gox（Magic: The Gathering Online Exchange的英文縮寫）出岔錯等事件，都會傷害人們對此一系統的安全和匿名隱蔽的信心。價值會崩盤——但也會再竄升，尤其是碰上二〇一七年一月印度和委內瑞拉的貨幣危機時。歷史一再告訴我們，混亂和不確定使得人們開放接受另類替代系統，包括加密貨幣。然而，還是一句老話，任何新系統的核心都是信任這個問題。

中本聰不是試圖創造某種數位貨幣以擾亂華爾街中央力量的第一人。自從一九九〇年代，網路龐克*如戴維（Wei Dai）就試過B- Money，但沒有成功。他也在一九九八年發表文章，描述他準備發明「一種匿名隱蔽、分散式的電子現金系統」。想要創造線上貨幣、讓人們能夠直接交易價值的，還有大衛・喬姆（David Chaum）的ecash，史蒂芬・布蘭德（Stefan Brand）的電子現金系統，以及尼克・史札波（Nick Szabo）的比特金（bit gold）等。真正的關鍵在於「雙重支付」問題（double- spending problem）。假設我皮包裡有一張五英鎊紙鈔，我不能把同一張紙鈔給予兩個人。金條也是——一旦我把它給了你，它明顯就在你掌握下。但是假設貨幣只是數位資訊，有什麼東西可以制止我複製代碼，盡情多次地「花用」它呢？這就

＊網路龐克（cypherpunk）指的是主張採用強大的加密演算法（cryptography）幫助維護隱私和私下交易的人士。這個名詞最早出現在艾瑞克・休斯（Eric Hughes）一九九三年發表的「網路龐克宣言」（A Cypherpunk Manifesto）。

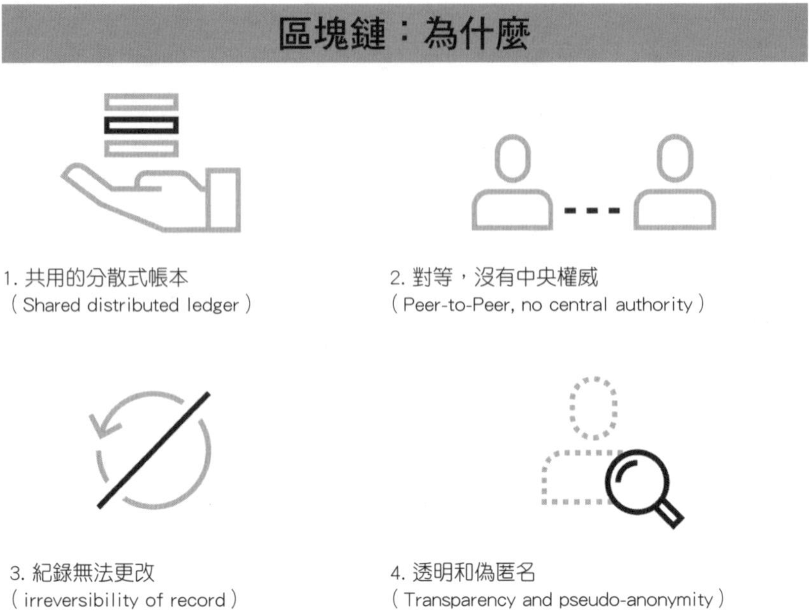
區塊鏈：為什麼
1. 共用的分散式帳本
（Shared distributed ledger）
2. 對等，沒有中央權威
（Peer-to-Peer, no central authority）
3. 紀錄無法更改
（irreversibility of record）
4. 透明和偽匿名
（Transparency and pseudo-anonymity）

好比我以數位方式拍下我子女照片、然後通過電子郵件傳送給我父母——他們有了一份金孫的照片，我也有一份同樣的照片。這不就等於你能自己印鈔票嗎？因此，你要如何解決這個問題呢？中本聰想出一個聰明的辦法，透過他所謂的「區塊鏈」（blockchain）來解決。

區塊鏈就是極其龐大的共用數位帳本，開放給任何人以互聯網進入。自從二〇〇九年開始以來的每一筆比特幣交易——大約累積已有一億九千萬筆——全都在區塊鏈上公開紀錄、並蓋上時間戳記。在實時（real time）輸入下，每一次一筆資產從紀錄中某處移轉到其他地方都可追蹤，而且一路累積紀錄。這個分散式帳本會在全世界五千五百多部電腦——稱為比特幣節點（bitcoin nodes）——上複製出現，製造出無可改變的紀錄（immutable record）。換句話說，在網絡上的每個人都可以保存一份共用的帳本，但所有這些複本都是一樣的。

帳本上的紀錄無法改變、偽造或消除——它有永久的記憶。〈中本聰事件〉（The Satoshi Affair）這篇文章對這位神祕的曠世天才有極為生動的描述，文章作者安德魯・歐哈岡（Andrew O' Hagan）寫說：「分散式帳本是由許許多多使用者分享的數據庫，這個網路的每一個貢獻者自己都有一份完全相同的數據庫。對帳本的每一筆增添和更動全部在它執行之時立刻反映在每一份數據庫上。」

那麼，為什麼談到信任時，區塊鏈非常重要呢？因為這是人類歷史上，第一次有可能建立永久的公開紀錄，註明誰擁有什麼，而此一紀錄沒有任何人或第三方控制或背書，而且我們全都可以可靠的承認它的紀錄正確無誤。

比特幣發明人中本聰的真實身分和下落，迄今仍是各方激辯的話題。二〇一六年五月，四十五歲的澳洲男子克瑞格・史蒂芬・萊特（Craig Steven wright）跳出來，自稱就是中本聰。然而，萊特從來不能百分之百證明他手上握有只有中本聰才能擁有的第一批「創世紀區塊」的密碼鑰匙，因此比特幣圈子許多人對他的說法存疑。另外有人相信中本聰就是深居簡出的尼克・史札波；但是這位匈牙利裔美國人矢口否認。包括我在內的另一派人，則認為中本聰是一群聰明的數學家和電腦科學家創造出來的虛擬人物，他們共同創造出極其高明的代碼。

有些問題中本聰必須打破，才能使比特幣能夠運作。首先是讓比特幣出現在市面上。這位發明家不能「擁有」所有的比特幣，因為這樣他的權力就太大，也違背了去中央化的初衷。那麼，要把比特幣給誰呢？一群「技客」（geeks）、身陷貨幣危機中驚慌的賽浦路斯人，或是網路名人提姆．伯內茲—李（Tim Burners- Lee）？[24]中本聰決定，最公平的方法是把比特幣當做獎勵，發放給共同努力在全世界維持帳本的人士。這些人被稱做「礦工」（miners），有些人奉獻一生擔任虛擬證人，以便維持網絡引擎啟動。若無礦工，區塊鏈引擎就會停止。

二〇一一年初，依福國（Yifu Guo）的簡易資訊聚合新聞提要上，出現一篇談論比特幣的文章。當時二十歲出頭的這位中國移民正在紐約大學（New York University）攻讀數位媒體。依福國接受《主機板》（Motherboard）專訪時說：「我記得當時認為這是天底下最愚蠢的念頭，絕對行不通。但是我注意到它是開放源頭；思索了幾天、又進一步研究後，我認為這是可行的。」我們稍後將會談到，依福國日後成為比特幣最成功的創業家之一。

依福國讀到的這篇文章描述每一筆比特幣交易，不論數額多小，都包含一個艱深的數學謎題（通稱為驗證系統計算〔Proof- of- work calculation〕），必須透過試誤將它解答。這個謎題就是交易的確存在的證明。基本上，交易的清算責任傳統上由中央化的銀行負責做，現在卻分散交到比特幣網絡許多礦工和數千部電腦之手。信任因此分散出去。

年輕的農民大衛．佛斯特（David Forster）是麻薩諸塞州草山羊駝公司（Grass Hill Alpacas）東主，也是全世界最早接受比特幣付款的商家之一。假設我向他買了羊毛襪子要付錢。佛斯特必須先確認我電子錢包中的比特幣是真的。這就是廣大的儕輩對儕輩礦工網絡進場的地方。當其中一部電腦證明交易真實無異，金額、時間和電子錢包地址等付款資訊，就在每十分鐘一組的交易中記錄進區塊鏈，它叫做「區塊」。（譬如，二〇一七年四月十二日上午六點十九分五十三秒記入區塊鏈的最後一個區塊，包括一三二二筆交易，總數是七五八三個比特幣。）我付給佛斯特的款項已獲確認。這個區塊儲存一個非常長、像是隨機採擷的一串字母和數字：00000000000000017f62231a5206f8333c9f8730c96f605cf44 ddf03e8af93——它叫做「哈希」（hash）。每個區塊都包含前一個區塊的「哈希」，把區塊串連起來，因此叫做區塊鏈。

非營利組織「比特幣基金會」（Bitcoin Foundation）首席科學家蓋文．安德瑞森（Gavin Andresen）被許多人推譽為比特幣「首席」開發人。他說：「他們和其他所有礦工在競爭，

譯注

24 提姆．伯內茲—李是英國電腦科學家，全球資訊網（world wide web）發明者。

區塊鏈：如何進行

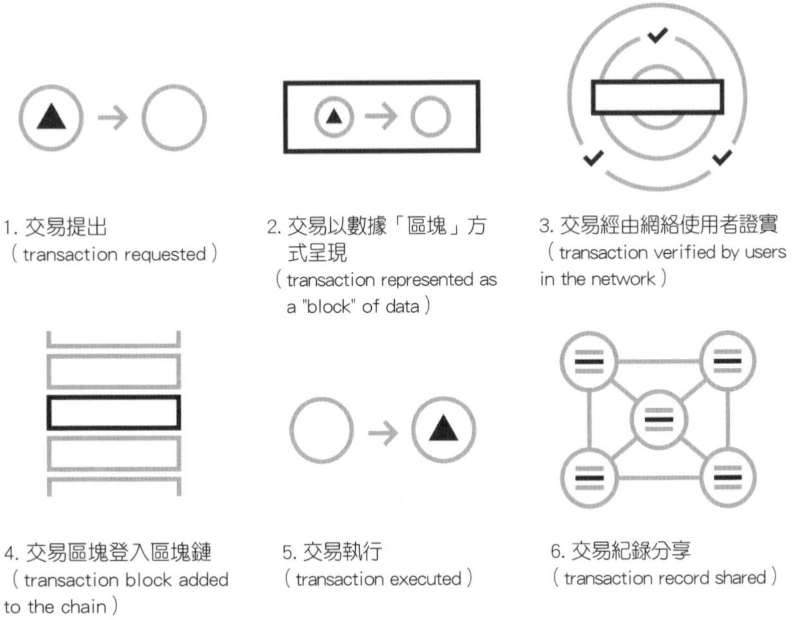
1. 交易提出
（transaction requested）
2. 交易以數據「區塊」方式呈現
（transaction represented as a "block" of data）
3. 交易經由網絡使用者證實
（transaction verified by users in the network）
4. 交易區塊登入區塊鏈
（transaction block added to the chain）
5. 交易執行
（transaction executed）
6. 交易紀錄分享
（transaction record shared）

要當這筆交易定錘的典範紀錄者。如果他們贏得競賽，在每個區塊之始會有一個特別交易，獎賞他們比特幣。」比特幣信任數學：「我們信任證明。」依福國決定加入此一電子計算競賽，成為一位礦工。

挖礦就像解碼競賽或樂透抽獎，找到「鑰匙」能打開數位大鎖、解決謎題的第一部電腦，就是贏家。但是就像樂透一樣，越難贏反而吸引更多礦工加入。為什麼會這樣？中本聰在軟體內設定一個固定上限，限定會釋出的比特幣數量之上限。我們不知道為什麼，但是他把上限定為二千一百萬個，估計在二一四〇年可以達到。送給解決問題的礦工之獎勵，也預先決定每四年會減半，以減緩比特幣的發行。起先，依福國等礦工解決一個區塊的交易數據，可以收到五十個比特幣為獎賞。後來，獎賞減半為二十五個。最近一次通稱「減半」的行動，出現在二〇一六年七月九日，獎賞再減半成為目前的12.5個比特幣。礦工們接受獎賞減半，因為他們知道這是中本聰計畫的一環，已經寫在代碼裡，要抑制通貨膨脹。

中本聰還做出另一件聰明的事。系統訂定好可以依據多快解決數學難題的速度，來調整問題的難度，目的是要使礦工慢下來，減緩比特幣的釋出。但是，有兩件事是中本聰無法以數學思維解決的——市場力量和人性貪婪。（目前中本聰本人的財富估計約有一百萬個比特幣，按照現值約為十億美元。）

依福國和初期其他數據礦工一樣，非常傾心比特幣背後的烏托邦意識型態；這就好比出現一個新宗教。依福國保留他開礦賺來的絕大部分比特幣，但也出售少數比特幣，換取「實質金錢」，幫助付房租及生活費用。這個精明學生早早醒悟，比特幣在網路上可就好比十九世紀的黃金潮。誰擁有最快速的電腦，將會最早「發現」最多的錢。

二〇一三年一月，依福國輟學，和同班同學張楠賡（Ng Zhang）創辦阿瓦隆公司（Avalon）。它是第一家出售專替比特幣開礦的電腦的公司，它們採用特殊應用積體電路（application- specific integrated circuit, ASIC）晶片協助增強電子計算馬力。第一批阿瓦隆處理器在十五分鐘內售空，賣給全世界的礦工，價位為每部一千二百美元。最近有位興高彩烈的顧客在電子灣上以兩萬美元買到一部依福國的電腦。它值得這個價錢嗎？只有時間可以證明這一點。這也全視比特幣的升值而定。另一方面，依福國從一個過著清寒學生日子的技客，變成非常富有的人物，晉身比特幣百萬富翁俱樂部。

當他和其他人在二〇一一年開始挖礦時，比起今天容易得多——技術上，任何一個數學技客配上一般的筆記型電腦，就能下載軟體。今天，這樣做已經不可能了。誠如依福國所猜測，越是對這些有上限數量的比特幣飢渴，越會把開礦推向巨大、高度競爭的產業。

跨進瑞典北部布登市（Boden）巨大的直升機停機棚，你可能會覺得進到一間亞馬遜伺服器倉庫。這個空間足以容納至少十二架直升機。只不過它並不儲存航空器材設備。舉目望去是一排又一排的處理器和客製電腦，超過四萬五千部持續不斷努力化解數學演算法。四周持續不斷傳來工業電扇嘈雜的呼呼聲響，這些電扇加在每台超級電腦上、以免它們過熱。這個地方名叫 KnC 礦區，是全世界最大的比特幣礦區之一。

儘管比特幣背後是自由主義者的意識型態，不過開礦已經無可避免成為工業化規模。保羅．威格納（Paul Vigna）和麥克．凱西（Michael Casey）在他們合著的書《虛擬貨幣時代》（The Age of Cryptocurrency）中寫道：「更快，更耗能的特殊應用積體電路電腦將出現在市場上，引爆礦工彼此之間激烈的軍備競賽，來追求定量供應新發行之比特幣……要贏得競賽、並保持獲利唯一的方法是，成立巨大的數據中心型的礦場。」

比特幣礦場不只需要強大的處理能力。它們也需要極大量的廉價電力。有個礦工的電費太高，招來警方突襲他家，以為他在種植大麻。聯邦緝毒局（DEA）探員說：「我們以為它是大型大麻種植場……但是這傢伙的作業涉及到電腦。我都數不清在他家找出多少部電腦伺服器。」

就和一般狀況一樣，原本想要把權力還諸個人的宏偉運動，在早期熱心分子從自家車庫積極推動之下，竟演變成為受到集中化權力的壟斷。到了二〇一四年初，比特幣開礦已經演進為世界性的產業，有一個國家躍居主導大國。你在哪裡可以同時找到廉價電力和廉價勞工呢？那還用講，當然是中國。

岷江是長江上游一條支流，沿著它翠綠的河岸可以找到全世界最古老的一個水利灌溉系統。二千三百多年前戰國時期秦國蜀郡太守李冰率領數萬民伕興建都江堰，意在灌溉農田、控制洪水。都江堰使得四川省成為中國農產收穫最豐富的地區之一，現在被列為文化遺產保護區。

今天，沿著岷江有二十多座水壩已經完成、或正在興建中，使它成為廉價的水力發電中心。沿著岷江的偏遠邊城，尤其是康定周圍地區，正在轉型為數據中心，遠比西方國家任何中心都更大。它也成為永遠不休眠的比特幣經濟大本營。

晝夜不休努力工作的開礦機器，使用的電力足以供應一座小城市之需。照顧這些硬體設施的人員通常就生活、工作在廠區裡，每個月只回家四、五天。建築物通常沒有標記、力求保密。四川省某地一個名稱保密的礦場總經理朱瑞說：「人們不知道這些礦場位於哪裡。在中國，競爭非常激烈，投入比特幣開礦的人快速增加。因此，如果你幸運找到像這樣一個地方、電費這麼便宜，你當然要保密。」

某些最賺錢的礦場，譬如「盤麗魚」（DiscusFish）和「蟻窩」（Antpool），一個月可以開拓出數千個比特幣。依福國告訴《經濟學人》說：「我一向都很擔心開礦會集中在少數幾個國家。」你不妨想一想現在的狀況：據估計全世界70％的比特幣網上交易通過區區四家中國公司。

中本聰在二〇一一年四月二十八日神祕失蹤。他在最後給予蓋文・安德瑞森的幾封電郵之一透露：「我已轉到其他事情上。事情交代給蓋文和其他人，我放心。」這位傳奇性的神祕創辦人沒有解釋他為什麼轉到其他事情，或是現在他在做什麼，或是為什麼他「今後可能不會出現」。這是否代表中本聰知道某些我們不知道的內情？

特別是在它已經蛻變成為巨大商機之後，人們對比特幣系統還能有多大的信心？

中本聰在他二〇〇九年的文章裡對比特幣系統有這樣一段話：「它是完全去中央化的，沒有中央伺服器或受信託的一方，因為一切都以加密證據為基礎、不是以信任為基礎。」不用信任銀行等第三方機構，使用比特幣，我們現在把信心交付在數學之上。這是理想的境界。但是就絕大多數人而言，加密演算法、哈希函式和工業化的開礦作業，仍然是巨大的信任大躍進，尤其是這一切全都由一位匿名的創造者（中本聰）所設計，而今他又失蹤了。

駭進這個系統的誘因相當高：戰利品是價值數十億美元的比特幣。不過，這不是一件簡單的事。從技術上而言，要劫持它，你必須在同一時刻控制超過半數以上比特幣網絡的計算能力。換句話說，你必須在同一時刻騙過網絡上51%以上的電腦。據估計，比特幣網絡的資料處理能力是全世界谷歌所有伺服器基地總合起來的三十六萬倍。因此，純就技術而言，能夠「攻擊51%」電腦將是非常昂貴、艱鉅的挑戰——不過，理論上是辦得到的。事實上，至少有一次企圖，在它被關掉之前，已經很接近。前面提到的「盤麗魚」——又名F2Pool——在二〇一六年五月二十四日至六月二十四日一個月之間，曾經獨自開礦成功26.3%的區塊。

如果中國一小撮最大的開礦設施協力合作，會是什麼狀況？處理能力可以使它們具有否決力量，改變比特幣的軟體。想起來就令人毛骨悚然。譬如，假如它們決定禁止所有美國的交易區塊登入系統，會是什麼狀況？

我們要如何相信中本聰不會突然又出現，侵占這一切？要如何防止另一種數位貨幣勝過比特幣，使得原本的比特幣過時、失去價值？你要如何信任你的比特幣存放在安全地點，不會被駭、被偷、被騙呢？這種事已經發生過好幾次。MtGox 是比特幣最大的交易所。它設在日本，經營者是法國人馬克．羅伯．卡皮勒斯（Mark Robert Karpeles）。二〇一四年二月二十八日，它申請破產，突然倒閉——價值近五億美元的八十五萬個比特幣從它的戶頭上神祕消失。其他失竊案件還涉及到 Bitfloor、Ozcoin和 Bitfinex 等幾個比特幣交易所。另外，美國聯邦調查局還從羅斯．烏布利奇和「絲路」的金庫查扣約十四萬四千個比特幣。後來，聯邦調查局把它查扣的比特幣拍賣、承認它們的價值，使它們恢復合法流通。

如果你的比特幣失竊，完全沒有傳統的法律補救之道。事實上，沒有人幫得了你——即使是比特幣專家，因為比特幣交易是匿名的。另一個問題是，如果你遺失了加密的私人鑰匙——能打開你數位錢包的一長串數字，你的比特幣就永遠拜拜了。威爾斯的資訊科技從業人員詹姆斯．郝威爾（James Howells）就碰上這樣的天字第一號衰事，在二〇一三年丟了七千五百個比特幣。有一天大掃除，他竟然粗心大意把擺在抽屜三年的一個舊硬碟丟進垃圾筒。郝威爾忘掉他的私人鑰匙儲存在裡頭。今天，那些比特幣價值一千三百萬英鎊，但是它們深深埋在一塊海埔新生地底下。

甚至，我們怎麼曉得各國政府會不會禁止使用加密貨幣，或宣告它們非法？玻利維亞已經這樣做。越南政府也在二〇一四年二月跟進。孟加拉中央銀行以關心它沒有中央支付系統為理由，頒布命令，任何人以比特幣或其他數位貨幣進行交易，最高可處以有期徒刑十二年。比特幣的問題不在技術方面，它們終究是信任的問題。

美國前任財政部長、哈佛大學教授拉瑞・桑默斯（Larry Summers）說：「有人認為比特幣可以帶來某種自由主義者的天堂，我們不再有『認得你的顧客』規則、不再有交易規則，這是不可能的。人們認為比特幣是我們的救主……他們錯了。但是區塊鏈技術是否將攸關到減低磨擦？我認為答案將是壓倒性的 yes。」換句話說，數位貨幣只是起點。真正革命性的發明是區塊鏈，它是最大的信任結構。

二〇一六年十月三十一日至十一月六日那期的《經濟學人》，封面故事叫做〈信任機器：比特幣背後的科技如何改變世界〉。文章雄辯淘淘形容區塊鏈是「確認一切事物的最大的鏈結」。各式各樣所有的交易都需要有值得信任的紀錄，這代表區塊鏈技術本身比起加密貨幣還更有必要。一本分散式公開帳本代表任何資產轉移——不論是貨幣、合同、股票、公債、權狀、不動產產權、歌曲權利或甚至你的身分證明——都有可能會有可靠的紀錄。《經濟學人》這篇文章解釋說：「它提供一個方法讓互不認識或互不信任的人，能創造誰擁有什麼的紀錄，促使相關的每個人都同意。真正的創新不是數位硬幣，而是鑄造它們的信任機器。」

一九七四年十二月，文頓・瑟夫（Vinton Cerf）和羅伯・卡恩（Robert Kahn）設計出革命性的傳輸控制協定／網際網路協定套組（Transmission Control Protocol/Internet Protocol,

TCP/IP）。它就是改變我們通訊和做生意方式的互聯網之基礎。許多熱心分子認為，二〇〇八年十月三十日也是另一個歷史性的時刻：這一天，區塊鏈出現，帶領下一世代的互聯網，做為新的信任網絡——它帶來的應許將遠遠大過數位硬幣。

10 區塊鏈之二：真實機器

區塊鏈的黃金承諾：過度炒作或是未來數位化的可靠關鍵？

二〇一六年六月十七日，星期五清晨，一個匿名竊賊（也可能是一群竊賊）偷走了六千多萬美元的數位貨幣。失竊的不是比特幣，而是和它競爭的另一種加密貨幣「以太幣」。

這樁線上「搶劫」消息一傳出不到幾小時，全世界警報大作。一位社群組織者在DAO的**slack channel**＊上大呼：「緊急警報！DAO遭到攻擊，持續了三、四小時。它以快速速度掏空以太幣。這不是演習。」聊天室裡的人立刻有反應：「哇，狗屎啊！」「噢—噢！」，

＊ slack是一種通訊和即時通應用軟體，一群人用它來組織對話。channel（頻道）則圍繞著特定主題而建立。Thedao.slack.com 是圍繞著 DAO 基金建立的頻道

或是另一位匿名人士寫說：「失火了，失火了，失火了，失火了，失火了。沒有人驚慌耶！失火了，失火了，失火了，失火了。」這就像有人在英格蘭銀行地下室引爆一顆炸彈。受攻擊的目標是DAO這個實體，名字來自「去集中化的自主組織」（Decentralized Autonomous Organization）的英文縮寫。

DAO剛開始的時候是個激進的社會實驗。公司能夠不要有決策主管、經理人、董事會或任何型態的首長而自行運作嗎？智慧電腦編碼可以是取代人做決定、自主營運一個組織嗎？區塊鏈可以做為數位帳本在它們底下支撐嗎？

四月三十日，也就是攻擊事件發生之前一個半月，DAO基金以眾籌方式啟動。它揭示的使命是：「在商業組織中開闢一條新道路，以改善其成員，同時存在於任何地方、無處不在，並且只與不可阻擋的編碼之堅定不移意志一道運作。」

我們不妨將DAO基金視為一家風險資金公司：凱鵬華盈（Kleiner Perkins）公司[25]加上眾籌平台Kickstarter[26]。不過，決定並不出自一小撮創業基金經理人或任何一個個人。這是沒有首長的風險事業——是軟體主持的網絡——它有數千個創辦人。

克里斯多福．延奇（Christoph Jentzsch）和西蒙．延奇（Simon Jentzsch）這對精通科技的德國兄弟負責寫出基金的編碼。初期各方面對DAO的興趣超過他們兄弟的預期。每天有越來越多金錢湧入，不過它們不是美元或英鎊、也不是比特幣，而是另一種虛擬貨幣以太幣

（下文將進一步詳述）。大約一萬一千個人在一個月內透過「群眾銷售」（crowd sale）的方式投資了相當一億五千萬美元的資金。當時，它締造歷史上最大的眾籌數字。但是即使它的投資人初期對它的營運也有些疑慮，而且外界觀察家在投資開始湧入後，也對它的治理模式表示關心。

每一個以太幣投資進去，就會依其投資比例領到DAO代幣，它做為內部貨幣，賦予所有投資人表決權（但是與股票大不相同）。譬如，法國電動車新創公司Mobotiq要籌募資金。延奇兄弟的風險投資基金Slock.it也參加。他們設計的群眾智慧機制不讓原本的投資人網絡做所有的決定：編碼已設計成自動出資給已經得到最多累計票的項目。這個基金去集中化的性質本意是不讓類似馬多夫的人物有機會捲逃所有的金錢。不過，事態可不循原來的計畫發展。

譯注

25 凱鵬華盈公司是美國矽谷知名風險創投公司，《華盛頓郵報》譽之為「最大的風險創投公司」。自從一九七二年創業以來，它投資過美國線上（America Online, AOL）、亞馬遜、谷歌、康柏電腦（Compaq）、昇陽電腦（Sun Microsystems）、賽門鐵克（Symantec）等五百多家公司。

26 Kickstarter是二〇〇九年在美國紐約成立，為各國產品募資的平台，它透過該網站向群眾進行募資，以提供人們進行創意專案的資金。

要了解DAO是怎麼出岔錯、導致它最後垮台，有一點很重要，我們要知道它不只有一種區塊鏈技術——類似中本聰設計的原始比特幣區塊鏈，而是存在其他許多分散式信任的數位平台。然而，談到信任，它背後所有的原則都一樣：一個數位化、去集中化、分享的帳本，藉由證實交易，依賴使用者管理網絡。這代表彼此未必認識，或未必有特殊信心，卻可以交換各種各樣的資產，不必經過受信任的第三方，如律師或會計師。

這也是為什麼區塊鏈很可能擾亂法律、銀行、不動產、媒體和智慧財產等行業——這些產業涉及層層複雜的過程和許多「中間人」以處理涉及信任的事項。互聯網瀏覽器網景（Netscape）發明人馬克．安德瑞森（Marc Andreessen）說：「實務上的結果就是有史以來第一次，一位互聯網用戶有辦法移轉特定的一個數位財產給另一個互聯網用戶，這個轉移得到保障會是安全的，人人曉得轉移已經發生，沒有人可以挑戰轉移的正當性。這個突破性的結果很難再誇大。」

受到比特幣區塊鏈的啟發，其他許多去集中化的帳本科技現在紛紛冒出來，還依不同目的有客製化的設計。其中一項區塊鏈叫做以太坊（Ethereum），由二十三歲的程式怪傑維塔利克．布特林（Vitalik Buterin）創造出來。布特林也是「去集中化自主組織」這個概念的始祖，目前經管以太坊。布特林解釋說：「我們不要一個由一群人互動管理、透過法律制度控制財產的階層式結構。我們要的是一個去集中化的組織，一群人依據編碼規定的協定彼此互動、在區塊鏈上執行。」這是一種技客理論。他和其他人沒去想到它在實務上會如何演變。

二〇一六年一月在以太坊上啟動的第一個DAO取名Digix，這個平台設計來在儕輩對等式交易金塊。延奇兄弟規畫的DAO基金是在以太坊上啟動的第二個旗艦項目。布特林和延奇兄弟一樣，非常盼望它能成功，但是他沒想到它會在幾個星期內就籌募到一億五千萬美元。換句話說，他沒有料想到它這麼快就搞得這麼大。不旋踵間，DAO基金已經變成「大到不能倒」，但是萬一出了岔錯，誰會來救它？它是怎麼翻軌的？

維塔利克．布特林出生在莫斯科，六歲就離開俄羅斯，在加拿大多倫多長大。他個子高，而且非常瘦。他愛穿技客的恤衫，常常印著類似「你已經看清我恤衫上的字。就一天的社會互動量而言已經夠了」（You Read My T-shirt. That's Enough Social Interaction for One Day）的字眼。他說話的聲音平淡、而且相當節制。當他說話時，他那尖銳的藍眼睛會瘋狂地四處亂轉，好像他正試圖避免只盯住一個人或一件東西。如果好萊塢打算找個人扮演空降地球的書呆子外星人，來改造世界，他們可以找布特林。

布特林孩提時就顯露數理方面的異常天賦；他喜愛數字。他可以解開複雜的問題，並且將想法清楚地解釋給其他小孩或成年人了解。他的父親狄米崔．布特林（Dmitry Buterin）修讀電腦科學，在他四歲時就為他買了第一部電腦。微軟試算表（Microsoft Excel）很快就成為布特林喜愛的「玩具」。他說：「我記得很久以前就曉得我跟別人不一樣。我記得小學五、六年級時，就有許多人說我是數學天才。其實我常常想，為什麼我不能像平常人、只要平均得七十五分就好。」

他第一次聽到比特幣是二〇一一年二月，從經營一家小型軟體商店的父親口裡聽來。當時他十七歲，剛剛不再每天花好幾小時玩《魔獸世界》（World of Warcraft）遊戲。或許他正在尋找下一個玩樂項目，也或許是加密演算法使他著迷。有一件事很清晰，布特林想動手玩玩比特幣。但是他有個困難：他沒有錢去買它們，也沒有電腦運算力去開礦。他想出另一個方法去賺取它們。他開始替《比特幣週刊》（Bilcoin Weekly）這個部落格撰稿，每則稿子登出，稿酬五個比特幣（當時每個比特幣約值四美元）。二〇一一年九月，他和朋友、羅馬尼亞程式設計師米海．亞力西（Mihai Alisie）共同創辦《比特幣雜誌》（Bitcoin Magazine）。布特林在雜誌上寫說：「工業革命使我們首次可以用機器取代人力。但這只是自動化的底層；除掉對基層體力勞動者之需求……我們是否能夠從等式中除去經理人呢？」

透過他的寫作以及和早期熱心人士的對話，布特林發現比特幣所憑恃的區塊鏈技術比起比特幣本身將有更宏偉的用途。它代表的不僅只是追蹤金錢的方法。他相信它可以做為強大的工具重新打造全球金融、社會，甚至政治制度。

十九歲那年，就和典型的創業家一樣，布特林從大學輟學。利用他賺來、而且已經大為增值的比特幣，他開始周遊列國。他參加在舊金山和洛杉磯舉行的比特幣會議，也到過以色列、阿姆斯特丹、倫敦、巴塞隆納和其他數十個城市。他交往許多程式設計師，也不時參與幾個程式編碼項目。他一直努力思索如何可以對這個日益成長的準網路宗教有所貢獻。

布特林和其他早期的熱心分子擠在電腦前，他頻頻發問。怎麼樣才能使系統更包容、更開放？要怎樣創造人人可以自願參加的新經濟？公司能否由自主的演算法經營、不需要董事？他著重的不是科技革新，而是以推翻當前權力結構為職志。他們主張的是去集中化，要由使用者，而非政府、銀行或大企業控制。布特林說：「到頭來，權力是個零合遊戲。如果你要賦予小人物力量，不是光說漂亮話，你就必須去除大傢伙的力量。我個人認為，去你的，大傢伙。他們已經撈飽了錢。」

他不僅想要擾亂大型金融機構。你不妨想像有個市場，人們可以直接彼此買賣藝術品、書籍和蜂蜜等東西，不需要經過中間人。換句話說，想像一下沒有亞馬遜（公司、中間人和費用）的亞馬遜。同理，沒有優步的優步，在這個網絡裡，司機可以直接載客。布特林想要建立一種科技，它可以重新分配權力，擺脫尋租者（rent seeker）和現有的中人，回復到創造價值的人之雙手。他的理想是終極的科技和自由主義者的應許，要建立去集中化的市場，不屬於任何人所有。

布特林效法中本聰，在二〇一三年十一月發表白皮書，揭櫫他的新科技以太坊

（Ethereum）的計畫和新貨幣乙太幣（ether）。這篇文件充滿技術術語，列舉原始區塊鏈的問題，包括可擴展性（scalability）此一關鍵議題。中本聰建立的區塊鏈有內建的硬式上限、百萬位元（one megabyte），即相當於一個區塊有約一千四百筆交易，它們大約每十分鐘處理及登錄到區塊鏈上。換算起來，這等於是每秒鐘約三至七筆交易。拿來做個比較，威士（Visa）信用卡光是在美國，每秒鐘處理一千七百筆以上交易。換句話說，比特幣區塊鏈不夠快、也不夠大，不足以處理大量的交易。

布特林提起的其他問題有，中本聰故意設計原本的程式語言，使它限制區塊鏈能做的事——它的職責只是儲存和移轉價值。我可以發送給你比特幣，你可以把它再送返給我。它不是設計為通用的軟體平台，其他應用可在平台上面再創造出來。想像一下原本的區塊鏈就像口袋型計算機，只能做一套固定數目的工作；布特林希望創造相等於智慧手機的東西。

的確，這位青年創業家有時候被讚譽為另一位史蒂夫．賈伯斯，不過他本人寧可被比擬為Linux軟體的創造者林納斯．托瓦茲（Linus Torvalds），總而言之，布特林絕對是一個「瘋子」：不喜歡受規則拘束，也不尊重現狀，正如著名的蘋果電腦廣告所說的那樣。然而，布特林顯然沒有要建立價值數十億美元的公司，從股票上市大獲其利。以太坊目前是個非營利基金會，總部設在瑞士楚格（Zug），布特林擔任首席科學家。

他的志向是建立「加密金融的樂高」，讓人們有積木可以直接創造各式各樣的數位服務，譬如，微電網計畫（Transactive Grid）是個分散式能源市場，人們可以彼此直接買賣電力。另外也有 Ujo Music，致力於創造平台讓音樂家註冊數位權利，不需iTune和其他中間人、就直接收取權利金。葛萊美獎得主、歌手兼作曲家伊莫珍・希普（Imogen Heap）是第一位在以太坊區塊鏈上發行她的單曲唱片〈小人兒〉（Tiny Human）的藝術家。

以太坊是以精簡的圖靈完整程式語言 Solidity 為基礎。它很簡單，開發者可以很容易地再加上去集中化的應用軟體（簡稱「DApp」）。布特林接受《經濟學人》專訪時解釋說：「我們沒有創造一個只能做些特定數量事情的裝置，這個裝置了解和支持此一程式語言，你想做的任何事都有可能執行。」BitCloud, BitAngels 和 Qix Coin 等其他計畫也想要達成類似的目標。但是布特林很像賈伯斯，非常有說服力，主張以太坊是值得支持的開放式區塊鏈。

以太坊設計來允許開發人能產生以區塊鏈為依據的各種提案，它們可區分為三大類型（或稱為三種「桶」〔bucket〕）。第一類型依據的是能夠在區塊鏈上以快速、透明方式移轉任何種類的資產，如股票或演唱會門票。譬如，二〇一四年成立於以色列特拉維夫的新創公司 Colu，它開發出一個機制可把每個比特幣加上「染料」（dye），添註額外數據到交易上。我們不妨把它想像成以有關「真實世界」資產的資訊染色到加密貨幣上，譬如汽車歷任所有權紀錄在轉移時就註記到虛擬貨幣上，並儲存到區塊鏈。Colu 替可以在人與人之間直接轉移的資產上，立刻、安全地建立相當於數位身分證明。

第二類型的運用採用區塊鏈追蹤產品的供應鏈，從它們的出處一直到顧客手中。以藥廠藥品為例。根據追蹤全世界黑市動態的 Havocscope 機構調查，藥品是遭受偽造最嚴重的產品。據估計，消費者每年付二千億美元買了威而剛、減肥藥到感冒藥等藥品，買到的卻是仿冒品。癌症病人吃了以為是真藥、其實是假藥，後果不堪設想。艾森哲（Accenture）[27]目前正在實驗，採用區塊鏈科技創造開放及信賴的紀錄，記載藥品來自何處，然後密切追蹤它們在供應鏈上的動態。這是採用區塊鏈做為某種「真實機器」（truth machine）[28]的許多案例之一。

The DAO 基金屬於第三類，可能是最具野心的一種區塊鏈應用方式，它的名稱是「智慧型合約」（smart contract）。智慧型合約是一種數位合約，不論它規範的是貸款、工作或投資，它儲存在區塊鏈上。智慧型合約和傳統合約兩者之間的主要差別在於，條文不是以英文寫成、要透過律師執行。智慧型合約以編碼寫成，以程式預先設定了條款，遵循一套指令自動執行條款，其原則是「如果發生某某狀況，就做某某動作。如果發生另一種狀況，就做另一種動作……」。換句話說，合約是自行履行、執行原本編碼規定要做的事。譬如，我的遺囑可以轉化為智慧型合約，依據編碼訂定資產應該如何轉移的規則。家族若是對誰該拿到什麼有任何權力陰謀、爭吵和謊言，都得去和電腦程式作戰。目前法律還不承認這方面的效力，但是這一天遲早會到來。（即使如此，它也不會完全取代律師。假設我的保單條款字義不清，還是需要夠資格的人去做出裁判。）

自行執行的智慧型合約需要知道會出現清晰的結果。姑且以賭博為例。我小時候就透過下注學會賠率和或然率。（我知道，以這種方式教小孩子數學，非常特殊。）我們家人絕對不是賭徒，但是多多少少會依據傳統在英國全國大賽馬（Grand National）中選一匹馬會勝利，或是在足球賽中賭哪一隊會勝出。我還記得坐在我們家客廳、擠在電視機前，為我押賭的馬喝采，私底下盼望我老爸押的那匹馬在跳欄時失敗。這是家人嬉笑玩樂的好時光。現在，假設我和我老爸對賭誰會贏得溫布頓網球錦標賽。我押納達爾（Rafael Nadal），他看好費德勒（Roger Federer）。我們講定好賠率，然後把某一數量的以太幣寫進一份智慧型合約。到了決賽當天，系統會透過網路檢查比賽的最後得分，分錢給押對的一方。我們不再需要依靠押賭站。但是DAO失竊案告訴我們，智慧型合約再好，也得靠替它寫程式的人。編碼還是容易受到人類錯誤和貪婪的影響。

二〇一六年六月十七日，一個匿名駭客（或許是一群駭客）在DAO基金智慧型合約找到破綻。從本質上看來，是程式碼出現錯誤，允許DAO股東創立另一個一模一樣的複製品

譯注

27 艾森哲是世界最大的管理諮詢公司之一，營業項目包括管理諮詢、資訊科技。二〇一五年，它在全世界五十五個國家、兩百多個城市有三十多萬名員工，營業額約三二九億美元。

28 測謊機之另稱。

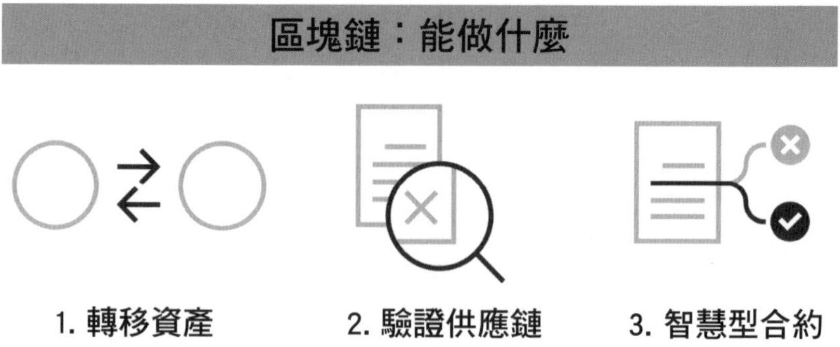
區塊鏈：能做什麼
1. 轉移資產
2. 驗證供應鏈
3. 智慧型合約

基金（通稱為「孩童ＤＡＯ」），然後逕自移走金錢。駭客就這樣堂而皇之把相當六千萬美元的以太幣，從原始基金搬移到複製基金去。駭客後來寫了一封信解說此一漏洞：「我仔細檢查了ＤＡＯ編碼，發現有漏洞可以取得以太幣這個特點之後，就決定參加。我利用這個特點，正當地取得三百六十四萬一千六百九十四個以太幣；感謝ＤＡＯ送給我這份大禮……」

「正當取得」是關鍵字。這不是作弊。嚴守區塊鏈的人士、甚至某些律師都認為這個駭客正當取得這些失竊的財富。駭客在他的信中說：「我很失望有些人把利用此一故意的特點界定為『偷竊』。」他不是馬多夫般的人物，詐騙人們。這明顯是以太坊區塊鏈上的智慧型合約程式編碼出錯。

一發現ＤＡＯ基金有近三分之一不見了，以太坊眾人趕緊找一個人——大家都問：「維塔利克在哪裡？維塔利克啊，我們的外星人大神，請你救救我們。」布特林當時正在中國，他和以太坊基金會（Ethereum Foundation）其他人一起想方設法。布特林在侵襲事件後於以太坊基金會部落格上寫說：「DAO代幣持有人和以太坊用戶應該保持冷靜、不要輕舉妄動。」

事件之後爆發激烈的倫理辯論。社群應該尊重智慧型合約的規則、接受不幸的後果嗎？或者是應該設法收回「失竊」的錢？

攻擊已經無法逆轉，但是智慧型合約的程式裡，倒是有一條規則，可能提供補救。編碼規定有二十七天等候期，才能從新戶頭付錢。因此，駭客在將近一個月的時間內碰不到這五千多萬美元。Slock.it營運長史蒂芬．陶爾（Stephan Tual）說：「這就好像偷了名畫《蒙娜麗莎》。太棒了！恭喜你！問題是你能怎麼辦？你又賣不掉它，太醒目了，脫不了手！」

布特林在內的以太坊團隊提出一個方案「硬分叉」（hard fork）。這個術語的基本意思就是改寫歷史、或改變規則。這是終極的最後一招。布特林提議成立完全獨立、沒有原本漏洞的另一個版本帳本。布特林說：「這是針對一次性的問題提出一次性的解決方案。」但是首先他必須說服以太坊網絡上的多數人——51％以上——這是向前走的正確道路。

支持硬分叉的一派堅稱，即使他們處在沒有海圖的法律汪洋之中，他們應該回到傳統的英國法律精神：合約應以起草人的意向精神解讀，不是純就字面解讀。DAO合約背後的意向是否該勝過數百行的電腦程式編碼呢？

強烈反對硬分叉的一派則主張，這是區塊鏈的罪過，違背以太坊的宗旨，因為原始宗旨就是「以一個去集中化的平台運作，依程式確實運行，不讓有機會作弊、檢查或第三方干預」。去集中化的網絡的目標不就是任何人都沒有權力改寫歷史嗎？否則網絡本身就不值得信任了。

駭客則主張依據智慧型合約處理：「不論是軟分叉或硬分叉，都會搶走我正當、合法的以太幣，它們是我透過智慧型合約條件正當取得的。這種分叉將永遠地、無可挽回地不僅傷害對以太坊的信心、也將傷害對智慧型合約和區塊鏈科技領域的信心。」

全案付諸表決時，以太坊網絡87％贊同硬分叉。結果呢？原先駭客的交易實質上淪於無效，數百萬「失竊」的以太幣代幣被收回、交還給DAO眾籌的投資人。彷彿根本沒有被駭這回事。但是代價是什麼？

布特林把此一侵襲淡化為仍在嬰兒期的此一新科技的「通過儀式」（rite of passage）[29]。DAO其他的編碼創造者如克里斯多福．延奇，也持相同看法。他認為，它還是年輕的概念，這個DAO龐大又快速的眾籌是它還在襁褓學步時期被迫跑步。這些說法固然不無道理，但是此一分叉替以太坊以及它想要成為未來可信任的作業系統的努力，立下危險先例。

如果某些人可以翻轉交易，這是否代表是他們、而非程式編碼在控制系統？如果你有一次扭轉或改變規則，下一次若是它又失敗了、或是不合你意，又會是什麼狀況？這就好像高風險的生意下墜，政府出面挽救。硬分叉就是從上而下重新訂定事件秩序。

克林特．芬雷（Klint Finley）在《連線雜誌》（WIRED）發表文章說：「創造人希望證明可以打造更民主的財金體制，沒有集中化控制或人為錯誤的體制。不料，DAO導致失竊事件，引起對這種制度可行性從哲學上產生質疑。程式編碼應該是要消除信任人類的需要。可是人類卻很強硬，難以從等式中剔除。」換句話說，即使數學運作完美，信任也不純然是編碼的事情。到頭來，DAO基金的問題也不只是科技問題，而是人的問題。人類還是會介入。

《區塊鏈：通往資產數字化之路》（*Mastering Bitcoin*）的作者安德烈亞斯．安東諾普洛斯（Andreas Antonopoulos）認為區塊鏈是一種「通過計算的信任」（trust-by-computation）。風險資本家、LinkedIn創辦人芮德．霍夫曼（Reid Hoffman）則稱之為「無信任的信任」（trustless trust）。但是這些詞語都有點誤導——這裡頭都還明顯涉及到信任。你必須信任區塊鏈的構想，你必須信任系統。而且鑒於絕大多數人缺乏科技知識去了解系統是如何真正運作，你必須相信程式設計師、礦工、創業家和建立、維持加密協定的專家。它需要相當大的信任。但是，要說你不需要以傳統意義的方式信任另一個人類，也沒說錯。

譯注

29 社會人類學術語，「通過儀式」指的是一個人從生命中的一個階段進入另一個階段，為表重視而舉行的儀禮。它包括出生、成年、結婚和死亡四個階段。

因此，DAO基金和硬分叉代表信任跌跤了。可是歷史上充滿了崇高的項目在還未完全準備完竣之前，就被國王、皇帝、發明家、科學家、外科醫師等強力推動的案例。初期的鋼構大橋崩垮、實驗手術害死病人、實驗室爆炸、更新引擎的船隻沉沒。短期結果慘不忍睹，卻學習到寶貴教訓。博學的丹尼·希利斯（Danny Hillis）在一九九七年曾說：「科技是還不起作用的東西。」

每個發明家都希望自己是開創新局的第一人。在追求終極的區塊鏈科技時也沒有不同。無可避免，一路走來會有不順，創新終能成功、且成長為活潑有彈性，就必須歷經坎坷淬鍊；這就好比身體經蟲咬、病毒侵襲後，才能發展出免疫系統。區塊鏈巨大的潛力代表開發者和投資人採取典型的「快速失敗、跌倒再站起」的作法。以太坊的故事告訴我們，即使因不舒適而打噴嚏、或是產生令人遺憾的狀況必須修理，也阻止不了人們跳進到區塊鏈這個新時尚上。

自從二〇一五年七月三十日以太坊誕生以來，它的區塊鏈上出現約四〇五個DApp。做為比較，蘋果App Store在二〇〇八年啟動時，共有五百個應用軟體。到了二〇一〇年，有兩萬五千個；二〇一六年六月，超過兩百萬個。根據資誠聯合會計事務所（PwC）研究，全球投資在區塊鏈相關新創公司的資金，從二〇一二年約一三〇萬美元，上升到二〇一六年超過十四億美元。絕大部分的興趣（和相當多的炒作）集中在，去集中化的帳本如何才能創造一個關於資產身分的共同版本的單一證明或數位真相。「我看到你所看到的……我也知道我所看到的就是你所看到的。」

我們來講個有關鑽石的故事。我訂婚戒指上的圓鑽石就有個有趣的故事。我家祖先是東歐的猶太人，在十九世紀末要逃出俄羅斯，他們把家產變賣、換成三、四顆鑽石。鑽石比現金容易藏，通常縫在大衣襯裡或是藏在鞋跟裡。我奶奶、已故世的伊芙琳．阿姆都（Evelyn Amdur）還保留著家傳最後一顆鑽石，大約二點三克拉。她希望我結婚時能佩戴它，因此問我當時的未婚夫、現在的老公克里斯，是否能把它鑲在我的訂婚戒上。克里斯請人精心設計，鑲在漂亮的古董框子上。它美極了。可是，前幾年，鑽石卻開始碎裂得很厲害，你可以明顯看到、感覺到。這顆鑽石應該很有價值、沒有雜質才對，因此這就很奇怪了。我開始懷疑它可能不是家傳鑽石。

伊芙琳像是《凱薩琳．塔特秀》（Catherine Tate Show）[30]中的人物，風趣、坦誠，有點鄉巴佬氣，但相當精明、老是騙過眾人。前兩年，她已經年邁多病，明顯去日無多了。有一天我去探望她，決定要問她戒指的事。她很舒適地坐在她喜愛的乳白色扶手沙發上，旁邊是一壺茶和幾塊餅乾，我提出這個敏感話題。奶奶笑了，俏皮地眨眨眼，她說：「親愛的，豪華郵輪

譯注

30 《凱薩琳．塔特秀》是英國電視喜劇，二〇〇四年首播以來贏過兩次英國皇家電視學會獎。

旅行很棒呀！」在她溘然長逝之前，我一直沒從她嘴裡得到答案。

當然我可以到珠寶店去，請專家就鑽石的四個C——切工、清晰度、克拉數和色澤——做個評鑑、查出它的真實價值。但是，對我來講，這並不重要。而且我還挺喜歡認為，我的奶奶、這個小淘氣偷偷賣了傳家寶，坐上郵輪去圓夢的故事。即使如此，我還是很好奇想知道真正的鑽石的故事——它的年紀、傳承以及現在的下落。問題是，這些資訊就像其他許多寶貴東西一樣，存放在書面紀錄或保證書上，多年前已經遺失。這種事大家已經司空見慣。可是，區塊鏈讓我們有辦法掌握和維持一個東西的歷史——不論它是一顆鑽石、一張珍藏郵票、一瓶陳年老酒或是一件藝術品。

拜消費者壓力之賜，我們現在可以找到星巴克公平交易咖啡、或是Gap襯衫有機棉的源頭，可是我們對我們所擁有及使用的絕大多數東西所知卻出奇的少。以有機草餵養的牛真的果如廣告文宣所稱是在某某自由放牧農場養大、在某某屠宰場宰殺，於上星期包裝，再於星期三送達超級市場嗎？或者就像特易購醜聞，在從牧場到餐桌的過程中某個時點、攙了一部分馬肉？產品果如廠商所宣稱嗎？供應鏈和產品起源，在絕大多數狀況下，是個黑暗的祕密。

產品出處是創業家琳妮．肯普（Leanne Kemp）多年來關注、思索的一個字詞。她以濃厚的澳洲腔說：「它指的是某樣東西的歷史，它從哪裡來、到過哪裡去。誰擁有它？誰賣出它？它現在哪裡？」基本上，它是產品的一生故事，在商品世界，尤其是高價商品或稀有珍品，產品出處特別重要。雅浦島居民對待「飛」石錢的態度是對的——東西的價值不應脫離它的起源和歷史。

年近五旬的肯普出生、成長在澳洲布里斯班。她在一九九〇年代末期遷居倫敦，現在經常往來兩地，她的工作專注於冶科技與珠寶於一爐的特殊領域。她說：「我是個科技控。一個精通程式編碼的『超級書呆子』。我原本從事無線射頻辨識（Radio Frequency Identification, RFID）工作，追蹤商品在供應鏈的一舉一動。」肯普喜歡採用新技術解決先前不曾解決過的問題。

幾年前，她沉浸入加密貨幣世界。從一開始，她就和布特林一樣，對帳本科技的興趣大過於比特幣本身。她說：「（比特幣）已經出現在市面上有段時間。二〇一四年比特幣網絡發表所謂op return 功能，就產生根本性的改變。基本上，它讓你能交易比特幣，並在此一比特幣上添記上一些數據。我開始思考我能怎樣運用此一功能。」它可以用來追蹤任何值得追蹤的東西的起源和所有權嗎？

肯普檢視鑽石這一行業，她發現有許多問題困擾它：合成鑽石、保險詐欺、失竊和偽造文書證明等。每年歐洲和美國為了保險詐欺損失就高達四五〇億美元，而且估計有65%詐取理賠根本沒被查到。接下來還有惡名昭彰的「血鑽石」——從非洲戰亂地區、通常由年輕孩童開採的寶石，出售後的得款經常再用來武裝殘暴的戰爭。肯普出現時，至少已經有一個所謂「金百利進程」（Kimberley Process）的認證制度存在，保證買方不會買到沾滿鮮血的鑽石；不過這個制度並不完美，它依然相當根據書面文件紀錄。

二〇一五年初，肯普利用一張餐巾紙向公司上級描繪她的構想。她畫出鑽石由礦區到市場、再到戒指這一路的途徑。「我描繪了我們可以儲存的鑽石原產地鏈的數據，一切就從這裡開始。」幾個月後，她創辦Everledger，這家設在倫敦的新創事業在區塊鏈上以數位方式認證鑽石的履歷。

肯普說：「我們創造鑽石的數位指紋、即身分證明。以一顆三克拉的鑽石為例。在分級過程就會把序列編號鐫刻在它腰帶上。重點是四個C——切工、清晰度、克拉數和色澤——但是還有其他四十種特性，譬如角度、切工和外耳等，它們都影響到特定的鑽石形狀。鑽石的身分證明保留在區塊鏈，替保險公司、交易商和客戶建立無法更易的紀錄，可以確實知道它的一生履歷，明白它真實的出處和移動過程。「我們可以應用這項科技解決巨大的倫理供應鏈問題：從象牙偷獵到血鑽石都是。」肯普又補充說，因為鑽石會經歷好幾手，從骯髒的礦場到光鮮的精品店這一過程的每個階段，都可能發生貪腐、詐騙和漫天要價。「區塊鏈技術使我們可以在全球範圍內建立倫理透明度。」

到目前為止，Everledger已經替一百多萬顆鑽石數位化它們的身分證明，也與重要的財經機構如巴克萊銀行（Barclays）和駿懋銀行（Lloyds）合作。公司也建立反偽造數據庫。換句話說，一顆失竊的鑽石重現江湖、在亞馬遜、電子灣等線上市場求售時，調查人員很容易就能追蹤它的履歷，讓它物歸原主。

再過幾年，我們就將進到在買所有東西之前，就能檢查其出處來源的階段，確實明白它們是否實話實說。問題是，顧客想知道嗎？或是他們介意嗎？肯普說：「在有機食物上，我們已經看到。但是談到奢侈品，人們絕大部分倚賴對諸如戴比爾斯（De Beers）[31]等品牌的信任而決定買什麼。如果對交易能夠完全了然，我們會選擇什麼？我現在還不知道答案。」

想像一下這個新科技如果出現在第二次世界大戰期間，歷史上最大的藝術品竊盜時期，會是什麼樣的景象。當年各式各樣的藝術品，只要認定吻合希特勒的品味，從歐洲各地不斷送上貨車、運往德國。據估計有六十五萬件以上藝術品，包括喬瓦尼．貝利尼（Giovanni Bellini）著名的《聖母與嬰兒》（Madonna and Child），以及艾德加．竇加（Edgar Degas）一幅經典的芭蕾舞女郎畫作，全被納粹搶走；許多猶太富人不是逃走，就是被送進集中營，他

譯注

31 戴比爾斯是英裔南非商人塞西爾．羅德斯（Cecil Rhodes）於一八八八年創立的公司，從開採、加工到貿易，以一條龍方式經營鑽石事業，一度掌握全球40%的市場。辛巴威獨立之前名為羅德西亞，就是羅德斯創建的英屬殖民地。他另於一九〇二年設立羅德獎學金（Rhodes Scholarships），每年挑選各國已完成本科教育的菁英學生——得獎者獲稱為「羅德學人」（Rhodes Scholars）——前往牛津大學進修。

們家中的蒐藏品遭到納粹無恥地沒收。

戰爭過後，盟國組織一支特殊單位——俗稱「大尋寶家」（Monuments Men）——專司追查這些藝術品下落，將它們歸還原主。[32] 儘管有這些努力，藝術品大部分是還給國家、不是還給個人。大約十萬件失竊藝術品仍然下落不明，現在是誰擁有、仍是個謎團。

後來發現，在一九五〇年代和一九六〇年代，數以百計的藝術品以極大的折價賣給偷走它們的納粹。或許更令人憂慮的是，猶太人被迫透過拍賣（或至少與拍賣商分攤費用）買回證明原本屬於其家族的藝術品。倫敦非營利機構「歐洲被劫藝術品委員會」（Commission for Looted Art in Europe）創辦人安妮・韋伯（Anne Webber）說：「他們稱之為『歸還拍賣』。」

很自然地，倫敦的泰特美術館（Tate）、紐約的大都會藝術博物館、巴黎的羅浮宮博物館等，無不試圖檢查它們展示和收藏的藝術品的所有權歷史，但這是難以想像的複雜工作。在極大多數案例上，博物館無法驗證被盜藝術品所有權的說法，因為就跟我的鑽石一樣，文件紀錄不是早已遺失、就是已經遭到竄改。不過，很了不起的是，美國博物館聯盟（American Alliance of Museums）在二〇〇一年發表第一套嚴格的準則，處理及查證遭納粹沒收的藝術品《Raubkunst》的出處。

許多家庭在納粹的大屠殺中雙親喪生，他們又怎麼知道家中丟失什麼蒐藏品？如果藝術品是否真實存在都不清楚，你要怎麼防止人們提出偽造的文件？二戰結束已經幾十年，找回失竊藝術品的多數努力已經失敗，隨著原主逐漸凋零，對於蒐藏品的了解也在消失中。

就 Raubkunst 而言，問題之一就是藝術界和其他許多產業一樣，缺乏透明。二〇一六年五月，Everledger 宣布投資及與 Vastari 合作，這家公司建立博物館和蒐藏家之間的網絡。肯普說：「全世界有許多個人擁有不少蒐藏品，譬如安迪・沃荷（Andy Warhol）的作品。如果他們能輕易追蹤他們藝術品的行蹤，他們或許能夠了解或釋放作品的財務潛力，讓民眾可以更常看到他的作品。」

肯普只是全世界許多創業家之一，她看到了區塊鏈的力量，就扮演起新型態的數位信任經紀人。能用在鑽石的科技，也能運用在魚類身上。傑西・貝克（Jessi Baker）創立「出處」（Provenance），採用此一科技追蹤從漁民到餐桌這一路的魚類供應鏈。貝克說：「每個產品都有一個故事。廣告和營運的真相之間、在表象的背後，經常有巨大的落差。我覺得很奇怪，

譯注

32 羅伯特・艾德塞爾（Robert Edsel）和布瑞・維特（Bret Witter）寫了一本書《大尋寶家》（The Monuments Men: Allied Heroes, Nazi Thieves and the Greatest Treasure Hunt in History），敘述這一故事。喬治・克隆尼（George Clooney）根據這本書導演電影，並領銜主演，片名The Monuments Men，中譯為《大尋寶家》，於二〇一四年上演。參與演出的演員還有麥特・戴蒙（Matt Damon）和凱特・布蘭琪（Cate Blanchett）。

產品的出處和製造竟然還保持這麼長久的祕密。」

不只是新創企業有這種想法。阿里巴巴也想剷除山寨食品——用地溝水調製的醬油、或不適人類食用的假香料等——它採用區塊鏈追蹤透過供應鏈在淘寶和天貓商城銷售的商品。零售業巨擘沃爾瑪和ＩＢＭ與北京的清華大學合作，透過數位方法以區塊鏈追蹤中國境內豬肉的源頭、工廠資訊和移運。沃爾瑪主管食品安全的副總裁佛蘭克．雅納斯（Frank Yiannas）說：「今天的消費者希望產品從哪兒來、怎麼生產，能夠更透明。如果你對食物系統投照光線，就會導向透明化。」

雅納斯提到的透明化，在充斥謊言和假貨的產業，非常的寶貴。的確，二〇一七年達沃斯的世界經濟論壇上，議程排滿許多報告，其主題類似〈區塊鏈革命化全球交易〉〈運用區塊鏈服務社會〉。區塊鏈科技最常被宣揚的一項好處，就是它們在宏都拉斯、迦納等新興市場的潛力極大。這些國家治理薄弱、又缺乏保持紀錄的制度，根本談不上信任的存在。世界銀行資深行員馬莉安娜．達漢（Mariana Dahan）說：「它具有讓數十億人蛙跳進入新時代的潛力——就好比手機電話使他們蛙跳、越過室內電話一樣。」

赫南多．德．索托（Hernando de Soto Polar）是祕魯著名經濟學家，長期以來認為，只有在第三世界人民覺得法律堅實地站在他們同一邊，或甚至適用在他們及其個人環境時，第三世界的資本主義才可能興盛起來。他說：「你必須記得，處在法律系統之外的人占大多數。全世界有七十億人，處在法律系統之外的人就有五十億人。這可不是小事一樁。」德．索托的一個核心論點是，缺乏清楚的實質財產權——並不是資本——是長期以來壓抑開發中國家人民（尤其是窮人）的主要因素。全世界估計有五十億人，絕大部分住在開發中世界，很難證明他們擁有土地、企業或汽車。各種資產沒有法定所有人，實質上就進不了「正式」經濟範疇。這些被綁死的所謂「死資金」累計起來，高達數兆美元。如果土地、住家的所有權清晰、受到承認和保護，人們就會關心他們能夠掌握的資產。它也讓他們有質押品能去借錢。

在迦納，估計78%的土地沒有登記產權所屬，房主通常在住家外頭擺一個招牌，註明「本屋不出售」字樣。這是唯一的辦法以示這個土地已經有主人。土地產權未登記，還引起另一個大問題，人們把不屬於他們的土地拿出來賣。政府官員違法亂紀，有時候為了收買選票，發放假權狀。官僚有時候駭進數據庫，給自己取得海濱上好地點的土地權利。因此 Bitfury, Chroma Way 和 Bitland 等新創公司開始與政府合作，利用區塊鏈蒐集和整理不動產紀錄，他們的假設前提是區塊鏈上的每個「虛擬硬幣」就代表某棟房子或某塊土地的產權。如果有了無可更改的土地產權資訊紀錄，至少理論上，貪官汙吏無法變造紀錄，而不留下數位痕跡。

英國政府首席科技顧問馬克．沃爾波特爵士在二〇一六年一月發表一份報告，宣稱「分散式帳本科技有潛力幫助政府收稅、發放福利、簽發護照、保持地政紀錄、確保商品供應鏈，以及普遍確保政府紀錄和服務的廉正。」杜拜政府也宣布了宏大的計畫，預定推行無紙政府，在二〇二〇年以前把所有文件移動到區塊鏈上。

目前，區塊鏈還停留在熱心分子、創新家和理想主義者的圈子裡。我們不清楚會出現什麼樣的殺手級消費者應用軟體，把它推進到主流。但是有一件事是肯定的：銀行和會計師事務所等集中化的巨獸、中間人，勢必竭盡所能不使自己斷絕於數位帳本網絡之外。沒錯，廣泛採用區塊鏈的第一個產業就是，中本聰希望取代的中間人：金融服務業。

中本聰二〇〇八年發表的比特幣文章，第一句就開宗明義界定它是「一種純粹的對等版（peer- to- peer version）的電子現金，可以讓一方直接發送線上支付給另一方，不需經過財金機構。」「不需經過財金機構」是關鍵。但是目前看來，銀行中間人將利用這個技術讓金錢交易更快速、更便宜。伊藤穰一（Joi Ito）是受人尊敬的創業家、教授，也是麻省理工學院媒體實驗室（MIT Media Lab）主任。他說：「我的直覺是，區塊鏈之於金融、法律和會計行業，就將是互聯網之於媒體、商業和廣告業一樣。它將降低成本、去除生意的許多中間人層級，並且降低摩擦。我們也知道，某甲發生摩擦、就是某乙賺錢的機會。」

因此，如果現在的金融機構不能位居中樞，為什麼不控制交易將會通過的全新的信任架構呢?的確，專利權戰爭現在方興未艾，各方已在施展渾身解數、試圖「擁有」區塊鏈科技。

布萊絲·馬斯特（Blythe Masters）是華爾街無人不知的一號響叮噹人物。她是銀行家的銀行家。一九六九年出生的她，生長於英格蘭東南部，進入坎特伯理（Canterbury）的菁英學校國王學校（King's School）就讀。她講的是一口地道英格蘭腔英語。在進入劍橋大學攻讀經濟學之前，她曾在摩根大通集團（JP Morgan Chase）實習。二十二歲的她，正式進入紐約摩根大通集團衍生性金融部門任職。她歷經嚴峻考驗，從基層晉升。二十八歲那年，她已經出任總經理，是這家投資銀行長久歷史以來晉升至此一職級最年輕的女性。三十歲的她，成為全球衍生性金融事業部首長。三十四歲，她再升任集團財務長，成為媒體戲稱的「摩根黑手黨」（JP Morgan Mafia）決策核心一員。華爾街封她為「商品天后」（Queen of Commodities）。

一九八九年，埃克森美孚石油公司（Exxon）瓦爾迪茲號（Valdez）油輪觸礁，船上一千零八十萬加侖原油汙染了阿拉斯加州一片廣闊的海面。據估計，損害上看五十億美元。石油公司需要一筆天文數字的貸款才能度過難關。因此，它在一九九四年找上有長期往來的摩根大通集團求助。馬斯特正好是協助艾克森處理財務問題的小組長。埃克森美孚石油公司是老客戶，銀行不想拒絕它的請求。可是，這筆貸款風險很大，也會綁死銀行大量的準備金。馬斯特提出當時被認為非常靈巧的一個方案：為什麼不設法把貸款的風險轉售出去？

她的思路依據是：投資銀行已經有債券和利率的掉期交易（swap），為什麼不能也進行貸款違約風險的掉期交易呢？「信用違約掉期」（credit default swap, CDS）的概念由此誕生，並且蓬勃發展。布萊絲．馬斯特因此被譽為這個概念的創始人。「信用違約掉期」旨在向投資人擔保，如果貸款出岔錯，風險已經採取避險了。不過，現在我們大家都知道，它把美國國際集團（American International Group, AIG）等銀行和保險公司、以及房地產抵押貸款龍頭房利美（Fannie Mae）的資產負債平衡表炸破一個大洞，當信用掉期惡化時，他們並沒有擁有質押品。

二〇〇七至〇八年的金融危機期間，馬斯特竟然還有勇氣——有人或許會說是厚顏無恥——大聲為銀行的交易活動辯護。儘管數百萬美國人由於金融風暴、失去他們的住房和工作，她卻堅稱銀行沒有過錯。如果媒體需要攻擊的標的，布萊絲·馬斯特就是眾矢之的。華倫·巴菲特（Warren Buffett）甚至痛批她設計的衍生性金融商品是「金融的大規模毀滅性武器」。鑒於原本有許多人附合她，一看勢頭不妙、逃之夭夭，因此有人說她很不公平地遭到醜化。二〇一四年四月，在摩根大通集團服務近三十年之後，馬斯特辭職。

現在，她又出山了，但不是鼓吹掉期交易，而是高舉區塊鏈大旗。二〇一五年夏天在曼哈坦中城的派克美麗殿飯店（Le Parker Meridian Hotel）有一場會議，馬斯特對滿堂、聚精會神的基金管理人和投資人宣稱：「你們看待這個技術的認真程度，應該不下於一九九〇年代初期之看待互聯網的開發。就賺錢而言，它就等於是電子郵件的出現。」

大約比特幣和區塊鏈開始受到主流投資世界注意之時，紐約出現一家新創公司「數位資產控股公司」（Digital Asset Holdings, DAH），布萊絲·馬斯特是它的掌舵人。這位華爾街老將很清楚許多銀行面臨的共同問題——如何讓互不兼容的金融數據庫相互對話。真是費時、耗力、又複雜。表面上看起來，交易員是在閃電步調的環境以紅牛般的速度在工作，真正用來執行交易的技術卻是出奇的老式又遲緩。要打許多電話、交換電子郵件，甚至有時候還要發傳真。股票交易要花掉三天時間，才能通過全國證券清算公司（National Securities Clearing Corporation, NSCC）辦妥交割。這個過程被稱為「結算滯後」（settlement lag）。在交割前的每個小時，交易搖搖欲墜的懸在買與賣之間，就會增加交易無法完成的風險。很顯然，能把滯後時間盡可能縮短，對銀行會很有利。

區塊鏈可以減少整個交易生命周期的差距，從好幾天降為幾分鐘、甚至零時差就完成交易。根據西班牙銀行金融科技投資基金Santander InnoVentures的一份分析報告，到了二〇二〇年，帳本技術每年可幫銀行業省下一五〇億至兩百億美元的法規、清算及跨國成本。

數位資產控股公司希望成為處理這些快速交易的首選分散式資料庫。全世界金融業的龍頭老大如高盛、花旗銀行和布萊絲．馬斯特的老東家摩根大通集團，已注資六千多萬美元給數位資產控股公司。速度和效率不是讓銀行覺得分散式帳本很有吸引力的唯一特質。馬斯特說：「監理機關會喜歡以區塊鏈進行的交易，因為它可以達到更大的透明化和可追蹤——一種『無法更改的稽查痕跡』。」換句話說，它可以幫忙消滅做假帳而生的騙案。這些話出自涉嫌隱瞞能源交易策略、而遭到美國聯邦能源監理委員會調查了好幾個月的這位女士之口，實在有夠諷刺。馬斯特個人沒有被指控涉及不法，因此也未遭到任何起訴。摩根大通集團付四億一千萬美元和解金，不否認、也不承認有任何不法，全案落幕。

華爾街現在展開大賽跑，爭奪或控制可能是它最大的盟友、也有可能是它的喪鐘。一般老百姓的錢都存放在哪裡？銀行的活期存款、儲蓄存款或是保險箱裡。但是區塊鏈可以成為新的價值儲存庫。

通常貸款的程序如何？銀行評估個人或企業的信用評分，決定是否放貸。區塊鏈可以成為源頭，檢查預備申借的人是否值得信任，因而便捷越來越多的對等式金融。一般的信用卡和匯款又是什麼程序？目前它們要經過銀行，但是區塊鏈可以直接「從人至人」處理此一價值交易。再以傳統的會計師業務而言，這個數十億美元的行業大部分由德勤（Deloitte）、畢馬威（KPMG）、安永（Ernst & Young）和資誠（PwC）等「四大」會計師事務所主控。數位分散式帳本可以透明地零時差報告一個組織的財務交易，降低對傳統會計作業的需求。這正是為什麼財金界絕大多數大咖都忙著投資大量資源到區塊鏈。他們必須擁抱這個新典範，確保它為他們效命、而不是對抗他們。

據說舊金山一家創投公司Chain從那斯達克、威士信用卡和花旗創投等主力機構募資三千多萬美元，用以開發分散式帳本的原始碼。IBM、富國銀行（Wells Fargo）、倫敦證券交易所和其他機構也和數位資產控股公司合作，開發區塊鏈軟體的原始碼，讓開發人都能分享。這個項目原名「開放帳本項目」（Open Ledger Project），後來改名「超級帳本」（Hyperledger），是由普受尊敬的Linux 基金會督導。

高盛公司最近為它自身的加密貨幣、取名 SETL coin、用在處理外匯交易的高盛版比特幣，申請專利。它設計來只在高盛本身的區塊鏈作業。這代表可複製的交易帳本仍然躲在銀行高牆背後，集中化、受到保護。它似乎違背此一科技的初衷——要創造單一、無可爭議版本的真相，任何人都可自由取閱，可以完全不再需要銀行。針對此一專利，高盛形容 SETL coin 未來有潛力擔保「近乎瞬間的執行和交割」交易。這將代表現在銀行依規定必須留作準備金，以防交易不能依約清算交割的避險金，可以被釋放出來。

目前已有四十多家銀行參加一個 R3CEV 的組合，想要研發區塊鏈可分享的標準。如果出現各式各樣版本的區塊鏈，彼此不能相通，這個新科技就不值錢。R3CEV 希望能結合所有的銀行和監理機關，以便分享唯一一個帳本——它不受任何一個人或組織控制、而是由許多參與者共管。當然這是合作，但或許並不符中本聰原先的構想。

R3CEV 請來麥克．希爾恩（Mike Hearn）擔任它的首席平台長。出身谷歌的這位先生在區塊鏈世界可是大名鼎鼎的一號人物。希爾恩有五年多時間追隨蓋文．安德瑞森，是比特幣核心（Bitcoin Core）的一員；這群原始的開發者維護操作比特幣對等網絡的開放原始碼。

希爾恩承認他是「實話實說」型的人物。二〇一六年一月，他公開批評比特幣的前途，宣稱它天生注定不會成功。希爾恩寫說：「它失敗，是因為社群失敗。原本想做為去集中化、新型式的金錢……卻變成更糟的東西：一個完全被一小撮人控制的系統。應該防止這種結果的機制已經瓦解，因此之故，不再有太多理由認為比特幣實際上可比既有的財金系統更好。」

希爾恩po文之後沒幾天就加入R3CEV金融同盟。他為自己跳槽提出辯護：「目前的比特幣系統，我們今天以區塊鏈實際在用的這段系統，由於1mb的限制（一個比特幣區塊的最大上限），根本無法改變世界。因此如果我需要做選擇，一邊是幫助現有的財金系統建立比今天類似比特幣更好的東西，另一邊是幫助比特幣社群建立比今天類似銀行更糟的東西，我們為什麼不到使用者所在之地、與銀行合作呢？」

從布特林到希爾恩，每個人縱使動機不同，似乎都搶著要建立比起類似中本聰原始的區塊鏈更好的東西。在許多人心目中，這是當今最大的一場比賽。

區塊鏈引起一個關鍵的人性問題：我們應該付出多少代價信任別人？過去一年，我曾經付利息和費用給銀行，查證戶頭和餘額，以便能付款給陌生人。我也付了數千美元給律師代擬合同，因為我不確定別人會有什麼舉動（以及處理幾件信任崩解後的事件）。我付錢給保險公司照顧因我的健康、汽車、房子和甚至生命會引起的風險。我付費給會計師釐清報稅議題。我付一位不動產經紀人數萬美元，代表我這個買方去買一棟房子。看來我們付很多錢，請人幫忙照顧我們的生活，也檢查一些事項。這些「受信任的中間人」是體制式信任世界的一部分，不過體制式信任現在受到深刻的質疑。

環繞著區塊鏈的許多構想似乎很有野心、有風險，又激進。有些是受到過度炒作、花費太多資金，可能會失敗。有一點毫無疑問的是，由於新科技出現、信任的代價下降之下，目前拿酬勞便捷我們信任的第三方——不論他是經紀人、裁判或監護人，如果不想被「無法更改」的帳本取代，就必須日益證明他們的價值。

一九九三年，當時的副總統高爾（Al Gore）等熱心人士昭告世界，「資訊超級公路」即將來臨，將會改變世界。互聯網是個全新的概念，沒有多少人了解它，人們根本不知道怎麼去想像它。約翰．艾倫（John Allen）是最早狂熱喜愛網絡的人士之一，他上電視解說人類可以如何利用它。他在加拿大廣播公司（CBC）上說：「在這個世界，有張桌子擺了一個大招牌說『足球』，然後全世界有一五〇個或一千個球迷要談論足球。」當時，馬克．祖克柏只有九歲。谷歌要在三年之後才誕生。日後出現的商業化互聯網及其未來潛力的其他所有產品和公司，都還不曉得在那裡。今天，區塊鏈技術就處於類似一九九三年的狀態。即使絕大多數人只略為聽說過區塊鏈，十年以後，它將像互聯網：我們會想，沒有它，這世界要怎麼運作呀！互聯網改造了我們如何分享資訊和連結；區塊鏈將改造我們如何交易價值，以及可以信任誰。

結論

「信任遠超過金錢，使得世界運轉。」

約瑟夫・史提格里茲（Joseph Stiglitz）

二〇一六年二月二十八日，肯亞潘佩普村（Pan Paper Village）的一家小型電影院裡，四百多個本地人聚集在一起，觀賞一場英國足球比賽。交鋒的雙方是英格蘭足球超級聯賽（Premier League，譯按通稱「英超」）的兩大宿敵：曼徹斯特聯隊（Manchester United，通稱「曼聯」）和兵工廠隊（Arsenal）。電影院東主艾瑞克（Eric）是個成功的企業家，他還擁有一家印刷廠、照相館和一些小販部，是地方上創業有成的代表人物。

這群肯亞人坐在黑漆漆的房間裡，比賽投影在牆上，他們看著球員步入球場，即將開賽，就歡呼起來。曼聯先聲奪人，兵工廠隊苦苦追趕。接著，銀幕突然變黑。觀眾哀聲四起。「快點讓比賽播放呀！」「吥！怎麼回事啊？」「我們錯過比賽了！」已經付了門票錢的顧客朝著艾瑞克大吼。

由於艾瑞克沒有準時繳費，電力公司切斷對他的服務。數百雙眼睛盯著他，要求他以最快速度解決問題，艾瑞克也慌了，趕緊掏手機。他打開塔拉（Tala）公司的應用軟體；這家公司放款給在新興市場、沒有傳統徵信歷史的人民，如肯亞、菲律賓和坦尚尼亞等。很幸運，他最近四次及時償還借債，使他恢復黃金級客戶地位，信用額度增加至五千肯亞先令，相當於四十英鎊左右。以一小瓶三三〇毫升的可口可樂要價約五十肯亞先令而言，這是一筆不小的金額。

艾瑞克在手機上又敲又刷了好一陣子，取得塔拉放款，立即繳清電力公司帳單。幾分鐘之內，比賽又回到大銀幕上。群眾齊聲歡呼；比賽還是零比零，大家沒有錯過精彩鏡頭。每名觀眾付給艾瑞克約十五肯亞先令，因此他收進約六千先令。觀眾散場後，他付清塔拉借款，把獲利放進口袋。

塔拉於二〇一一年創業後，艾瑞克是它在肯亞放款的三十多萬名客戶之一。貸放金額由十美元至一百美元不等，期限三至四週。利率由11％至15％不等，相較於放款鱷魚300％以上的高利貸，好得太多。償付率高達90％。塔拉的顧客是全世界約三分之一不與銀行有來往的老百姓。全球約二十五億沒有傳統的信評分數，因此不具資格借款來開辦新事業、買房和改善生活條件。塔拉三十四歲的創辦人兼執行長席娃妮．施洛雅（Shivani Siroya）說：「在傳統的銀行看來，（沒有信用評分）就是沒有實質數據可回答下列問題：『我是以什麼做依據去投資這個人？』」

施洛雅生長在印度烏代浦（Udaipur）。施洛雅的母親是個不折不扣的叛逆人士。她唸醫學院，是家鄉第一位女醫師、婦科醫師。她在農村地區開辦醫學營，訓練女性更安全地助產。她和病人的關係永遠無私。施洛雅告訴我：「我們跟她說：『媽媽，妳這麼辛苦工作，可是病人從來沒付妳錢。』」「但是，她不是為錢做事。對她來講，做醫生不是一種交易關係。她真心希望濟世助人。」

施洛雅一家人後來移民到美國，在紐約市布魯克林區定居，她媽媽繼續懸壺濟世，常常允許病人手頭寬裕才付錢、不付也不妨。施洛雅說：「她給予他們融通，因為她信任他們。」

施洛雅現在住在加州聖塔莫尼卡，電話中的她是那麼平靜、寧靜，似乎才剛做完瑜伽。她給人印象就像她母親，充滿活力和善良。我們很難想像她在從事企業併購的割喉式文化中工作。她先在花旗集團（Citigroup）擔任金融分析師，然後轉任瑞士銀行集團（UBS）研究員。施洛雅喜歡數據，但是她別有想法。「我不想分析賣減肥藥的公司之數據。我希望和做大事的公司合作。」她聽到社會企業大師穆罕默德．尤努斯（Muhammad Yunus）的事跡，他首創微型金融和微型融資的概念，榮獲二〇〇六年諾貝爾和平獎。不久之後，她辭掉工作，加入聯合國人口基金會（United Nations Population Fund）工作。

加入聯合國工作行列後，她與數以千計的微型企業主接觸，這些在地人於非洲各國及印度經營食物攤和小型販賣部。兩年半期間，她訪問了兩千五百多人，挨家挨戶拜訪，了解他們生活的細節。施洛雅說：「這些微型企業主非常努力工作，擴展生意，也協助創造就業機會，可是卻覺得龍困淺灘、一籌莫展。他們得到實質上非正式的微型貸款，卻通常是向高利貸業者借錢；他們無法以企業貸款形式取得任何實質資金。我從另一端看，卻發現傳統銀行認為這些個體戶在現金盛行的經濟體內運作，風險極高。我看到市場的落差極大。」她覺得問題歸結起來是身分。她要如何幫沒有任何財務身分的人建立身分呢？

新興市場裡大約有十億人擁有基本的智慧手機。人們利用它們的方式與西方人無異——傳送簡訊給朋友、上網瀏覽、經管日常生活，並且用來支付電費、停車費等。手機也可以透露主人的生平故事。塔拉可以在不到一分鐘內從手機上截取一萬個以上數據點（data points），評估一個人是否有能力和意願還債。施洛雅解釋說：「我們注意行為模式，譬如：他們目前的花費習慣是什麼？他們是否有穩定一致的收入？他們使用什麼樣的應用軟體？」

一個人的網絡規模是他借錢時是否值得信任的重大跡象。統計顯示，如果我們電話通話超過四分鐘以上，我們往往有比較堅強的交情，因此可能比較值得信任。同理，與超過五十八個人互通音訊的人往往是比較優良的借款人，因為他們有較廣大的網絡可資依靠。即使我們組織整理聯絡人通訊錄的方式也會洩漏我們的習性。施洛雅解釋說：「某人的通訊錄若四成以上載明姓氏和名字，相較於只有極少數人標出姓氏和名字的人，前者將是十六倍更加可靠的顧客。」填明姓氏和名字，雖然只是小小一項動作，卻顯示我們對某件事的關心和注意。沒錯，不會因為單一資訊就決定某人是否可獲得放款——累積出來的數據點可提供某人的清楚面貌。施洛雅說：「財務身分會讓申請人比較像個人、而非只是分數。這種資料不會出現在書面紀錄或任何正式的財務紀錄上。」它證明一個人不需要傳統的信用評分，就能證明他值得信任。

今天，塔拉是在肯亞使用率排名第五名的應用軟體，僅次於聖經應用軟體、臉書、推特和WhatsApp。施洛雅說：「顧客不把我們當成只有交易關係的傳統銀行機構。他們把我們看成個人化的金融夥伴。」塔拉證明科技可以幫忙找到方法繞過信任瓶頸，解開更多的經濟活動。它證明數據和演算法可以證實，有數十億像艾瑞克這樣的人，通常遭到忽視、也被低估價值，其實他們都值得信任。

塔拉為什麼如此成功？其實很簡單：從人開始，而不是從制度開始。

二〇一七年的艾德曼調查發現一種「全球信任內爆」（global implosion of trust）的現象。理查．艾德曼針對這個現象提出說法：「企業跟人合作，如果不是只想賣東西給人們，自由市場是可以讓大家都成功的。」要擺脫目前的信任崩潰，我們必須重新思考將體制建立起來的基礎，它們不該是設計來為人工作、而是與人合作。艾德曼寫道：「我們必須一個人接一個人、一個社群接一個社群，重新建立對制度的信心。」換句話說，得把人擺在你所做的一切的中心。

任何一個組織的試金石（litmus test）是：人們會不會說它是「誠實、倫理和可靠的朋友」，當你有需要時、它就在哪裡伸出援手？

舉個簡單的例子，當塔拉要發送訊息提醒客戶繳付貸款時，它不會在客戶銀行戶頭根本沒錢時疲勞轟炸、通知他繳款。為什麼？塔拉反過來，它在客戶戶頭一出現存款那一刻，發出即時通簡訊提醒繳款。80%以上的人接到提醒，就會立刻透過手機繳款。這顯示科技含有簡單的人性成分，如同理心和公平時，力量強大。

開始寫這本書時，我也許——有點天真——認為自己訪問的絕大部分創業家、駭客、領導人和創新家，會如構想中的概念「分散式信任」般跟施洛雅一樣。是的，許多人是的——努力重構長久以來對權力、應允和平等的制度假設。例如：國際調查記者同盟組織（ICIJ）執行長吉拉德．萊爾，他運用數位網絡聯合各地記者，無私地合作挖掘巴拿馬文件祕辛。也有像Everledger創辦人琳妮．肯普和Trooly執行長沙維．巴威嘉等創業家，他們決心從事背景調查和鑽石貿易等巨大產業，而且這些產業素來麻煩，信任也遭受系統性的破壞。如果你再加上Airbnb的喬．吉比亞、都市保姆的琳恩．柏金斯和巴拉巴拉汽車的佛瑞德里克．馬智拉等創辦人的故事，你將會開始看到一個世界，它啟發信任大躍進的新機制，可以使我們對自己可能根本沒想到過的人士、思想和經驗感到放心。他們的公司或許看來彼此差異極大，但是它們的共同特徵是，使用數位工具建立與陌生人的信任關係，且以前所未見的規模連結和合作。

另一方面，也有些創業家行徑有如「數位之神」，攫取對我們生活有極大影響的平台和演算法的巨大好處，可是一旦出岔錯，又推卸責任。有時候，體制的高牆只是換成不透明、控制一切的演算法和不可預測的平台領袖。譬如，優步頗有爭議的共同創辦人和前任執行長特拉維斯・卡拉尼克。他有過種種令人詬病的行為。又譬如媒體報導有個婦女遭到優步司機勒脖子後，卡拉尼克竟發電子郵件指示公關人員：「即使這些事情不好，務必不能讓這些記者認為我們應該負責。」優步公司及其惡名昭彰的創辦人這副囂張、可議的公共形象，對公司毫無益處。

二〇一七年一月底，署名#DeleteUber的一個抗議運動很快就因兩個議題受到各方注意，兩者都涉及到公司和川普總統的關係。卡拉尼克宣稱，他參加川普政府內部的一個顧問委員會，產生他所謂的「人們認為我們是什麼，以及我們實際是什麼，這兩者之間的觀感與事實落差」。但是，觀感至關重要。

信任一旦喪失，公司必須展現謙卑，不怕提出真心的道歉和承認過錯，並且展現清楚的意願來更正錯誤。的確，在分散式信任的時代，更難從過錯和砸鍋的回應中脫身，因為有太多人緊盯著。真實的事故，或別人認為是真實、其實只是沒有根據的觀點，會以空前無比的速度流傳開來。某人上午在推特上po文說優步漲價了，可能到了中午已在社群媒體上傳遍全世界，不久就導致全面抗議。信任的後果極大。

一九一九年，愛爾蘭詩人葉慈（W. B. Yeats）寫了一首詩〈復臨〉（The Second Coming），描述戰後歐洲的氣氛。

最好是缺乏一切信念，
最壞充滿了熱切的激情。

時隔將近百年，我們所處的時代正陷於危險的信任戰爭：事實與「另類事實」交戰；造假與謠言頻傳；公開平台和門禁社區並立；菁英或權威與「人民」對立；知情者、誤傳者和輕信者全都攪混在一起。我們可以公允地假設，不久之後普遍的氛圍就是反菁英和反權威——認為傳統制度深深辜負了我們的感覺。對於大型體制和既成秩序的信任將持續瓦解和崩潰。

這種反應或許是可以理解，但是一網打盡抨擊體制式信任——全面排斥媒體、法院和情報機關這些支撐民主政治的保衛真相組織——卻有製造混亂之虞。顯而易見的，我們必須質疑體制、要求它們盡責，但是如果我們徹底推翻它們，我們會剩下什麼？很可能就是危險的信任真空（trust vacuum），招致操縱，填滿動聽的陰謀論、令人欣慰的偏頗、沒有根據的指控，以及玩弄詭計。換句話說，就是毫無信任的社會。你不妨想想看，當人們聽到他們再也不能相信任何舊體制時，他們會變成什麼都不信，也可能什麼都信。體制不需要走上渡渡鳥絕跡滅種之路——如果它們不希望被遺棄在後方的話，它們只需要學會調適、接受此一新的信任環境。

當體制失敗時，替代選擇總是會出現來取代它們。分散式信任本身無法擊退極端民粹主義運動、激進的政治領袖提出的危險政策，或是有分化作用的民族主義的興起。但是，如果是民主、理性的驅動，且以人民的需要以及先天偏好來重新塑造，它就可以替企業、政府、媒體和其他重要體制，提供一條前進之路。它給予它們一個辦法重新設計制度，以人為優先，講究透明、包容和負責。

重要的是，這個革命正發生在科技快速改變和改進的環境裡，原本無法想像、也不可能的事在一眨眼間，就可以變成新常態。人類天性就習於接受信任大躍進。今日的我們就如同「新生嬰兒」般，以如此加快的速度、同時在如此多、且令人眼花撩亂的領域躍進。這是另一種挑戰；要建立一個能夠調適、而且跟上史無前例改變速率的腳步。

如果我不是相信分散式信任有極大潛力，能給予人們、甚至國家，工具和力量跳脫低信任的情勢；如果我不是相信它有能力協助我們找到路徑，走出目前才正要開始的詭譎且不信任的風暴，我也不會寫這本書。在分散式信任的世界裡，存在著相當巨大的樂觀和激勵人心的潛力，不過若忽略箇中也有相當高程度的恐懼和不確定，就太莽撞了。這是仍在進展中的作品。我們仍然會發現它的力量、好處和弱點。

在《信任革命》這本書中，我們看到好幾個故事指出，分散式信任似乎總是又把我們帶回到集中化的權力；你要說是那些初期的好意又被接收，也無不可。以亞馬遜、阿里巴巴或臉書為例。它們剛起家時可能是想要民主化商業或資訊，但是它們已經變成集中化的大怪獸，控制寶貴的、而且日益敏感的數據。

原本控制權力的體制——如監理機關和工會，卻配備不全，無法應付快節奏壟斷的新數位時代。分散式信任的一個重大挑戰是，它是否能夠抗拒、或至少抵擋市場力量和人性貪婪。

中國社會信用系統的構想告訴我們，分散式信任的網絡可以變成全國性的恥辱和干預的網絡、受到政府控制。那些早期烏托邦比特幣採礦者的際遇是什麼？在中國，採礦權被集中監管，甚至禁止，這大違比特幣原先的全球化理想。我們最初設想全球資訊網路，會帶給我們各種想法的大規模交換，和資訊的去集中化，但是在少數幾個社群網絡內，也出現一種新的趨同性和集中化——以超連結和層級結構管理我們看到和閱讀的內容。這就好像我們和陌生人在本地小型咖啡館裡聊天、抬槓，現在這些小咖啡館變成連鎖經營的麥當勞McCafe，不管我們可能真心想要什麼，演算法替我們決定食物。結果就是我們變成無力抗拒數位權力集中。我們希望權力交還給人，但是萬一交還到不對的人手中呢？或是只交付到一部分人手中？或是更糟的狀況：交付到一小撮不對的人手上？

要說平台應該由使用者擁有和管理，很容易，但是這涉及到責任歸屬的問題。即使如DAO資金和比特幣的概念，想要挑戰官僚制度和強大的守門人，有時候似乎也需要由上而下的決策者。當DAO資金出問題，許多人呼天搶地找誰？找一個人：以太坊創辦人維塔利克．布特林。是的，他必須取得使用者網絡過半數的同意才能執行硬分叉的解決方案；可是情形似乎是，我們仍然希望能高舉雙手說：「這是他的主意」，或是問：「這裡是由誰當家作主啊？」至少在當下，我們的心態是希望有個仁君出面當領導者，一個挑起擔子、解決問題的最終決策者。積極的一面是，所有這些過程都遠比過去透明，也受到群眾觀察，開放任何一位利害關係人說話。

事實上，思想的創造者和領導人在建立分散式信任時，他們並不像傳統的船長以指揮和控制的方式和姿態下達命令。但是事情發生了——不論是資金誤流或是牽涉到他們平台、事先預料不到的凶殺案，他們發覺自己需要對可能造成沉船的每件事都要了解及多負擔責任。所謂事先預料不到的風暴，可以是法律訴訟、資訊外洩、安全問題、不合倫理的行為、歧視或甚至競爭。水開始衝進來，領導人必須當機立斷、透明地堵上洞，雖然有時候可以做得到、也應該如此做，但未必總是能夠建立共識。洞一堵上，他們必須找出方法長期解決問題，宣布「我們將怎麼怎麼做」，動員更大社群參與。

分散式信任的第三個挑戰是，從機器人到區塊鏈，許多新科技不是無名化某人，就是試圖完全剷除信任其他人類的需求。可是使得信任可以建立的是人類，有種種奇妙的扭曲和突變。它不是科技或數學。當我們信任自動搜尋引擎大過人類編輯，或是當替身或預設程式的演算法擔任我們的經理時，信任會有變成靜態的風險。人類的失望和驚喜會發生什麼狀況？這些正是我們學習信任和不信任的時刻。我們還要怎樣練習贏取和重建信任的技能？有時候，修復信任需要緩慢的療癒過程以及個人的努力。如果我們陷於完全依賴機器和演算法幫我們決定信任誰，那就是一種恥辱。這樣的世界顯然不會有不確定、不會有因人類不完美而產生的顏色和動作，而且我們如果雙手離開方向盤太大，可能會更加危險。太空人大衛．鮑曼（Dave Bowman）在史丹利．庫柏力克（Stanley Kubrick）經典電影《二〇〇一太空漫遊》中發現HAL9000變成惡棍，我們的一個重大挑戰是決定何時何地將信任做為電腦編碼的問題。

當我們回顧歷史時，我們可以看到信任可分為幾個鮮明的篇章。最先是地方式；第二是體制式；第三是分散式，但它還在嬰幼期。和絕大部分仍在初期階段的發明一樣，分散式信任會很零亂、無法預料，甚至有時候很危險。研究和撰寫這個理論，有時候感覺非常像看著我家兩個小朋友在家裡活蹦亂跳，他們測試界限、不斷談判、感到委曲，試圖找出什麼家規必須遵守，什麼家規可以不理。

「你能相信誰？」這個問題沒有簡單的答案，但是我們知道到頭來這是由人類決定。科技可以協助我們做出更好及不同的選擇，但是到頭來是我們必須決定把信任交付誰、誰值得我們信任。它需要某種程度的小心。分散式信任需要我們騰出信任暫停的空間，利用這個空檔停下來思考，而不是自動地點擊、刷機、分享和接受。要問對問題、找尋正確的資訊協助我們做決定：這個人、這個資訊或這件事，值得我信任嗎？我要信任它們去做或傳遞什麼？每一次我們進行此一過程，我們就是以自己小小程度為我們希望生活在什麼樣的世界負責任。我們現在正在一按鍵就行使我們具有的權力。我們正在協助維持社會最珍貴、最脆弱的資產——信任。

謝詞

很有趣，我認為寫書有點像生小孩；書一送到你手上，你立刻忘掉先前艱鉅的馬拉松。你需要集結眾人之力才能完成一本書，而我非常感謝朋友、家人和同事一路走來給我的建議、鼓勵和支持。

就書本身而言，我要特別感謝Mia de Villa, Phoebe Adler- Ryan和Fenella Souter三位才俊的協助。

Mia扮演研究助理此一不可或缺的角色，追蹤隱晦的文件，查核、再查核數以百計的事實和文稿。她樂於竭盡全力使本書臻於完美。感謝妳。

我要特別感謝Fenella，她幫助這本書的許多故事更生動有力。一路下來，她是一位鞭闢入裡的書評家，她敏銳的評語使得每一頁更加完美。

我十分感謝我的助理Phoebe，把大小事情料理得妥妥當當，非常的專業、小心又文雅。感謝妳，妳是團隊不可或缺的一員。

感謝 Gary Nunn，高效率地管理通訊，幫助傳遞本書的構想。

我衷心感謝我高明的經紀人 Toby Mundy，持續扮演周全的顧問、熱心提攜的教練以及啦啦隊長的角色。我感謝他對這個項目強烈的信心——即使還在混沌未明的胚胎狀態——催生這本書。我也感謝 David Roach 介紹我認識 Toby。

我非常感謝 Penguin Portfolio 出版社高明的編輯 Fred Baty和Daniel Crewe，以最能鼓舞士氣的方式推動書稿的進行。感謝幕後世界級的優秀團隊：Nicola Evans、Lydia Yadi、Ellie Smith和John Stables。感謝 Karen Whitlock 仔細潤飾改稿。我也十分幸運有 David Over 領導這本書的行銷工作。感謝你從一開始就熱情擁抱這個構思，也容忍我背後暗推示意！感謝 Alex Elam、Sarah Scarlett 和 Penguin Portfolio 出版社國際版權組其他同仁。

我也感謝 Hachette, Public Affairs 出版社由 Clive Priddle, Lindsay Frandkoff 和 Jaime Leifer 領導的一流團隊，熱情地把這本書帶到美國讀者面前。

我要感謝 Team Design 才華橫溢的設計師 Amy Globus, John Clark and Devin Seger，製作出精美的內頁圖示說明。我非常佩服你們能把信手塗鴉化為美麗的圖示說明。化繁為簡非常難，你們卻有最優秀的表現。

感謝 Caroline Baum，一位能啟迪觀念的好朋友、一流的作家，她讀了本書的初稿——因為我信任妳。

非常感謝 Danny Stern，做好優秀的演講經紀人該做的一切事——只是做得更加無限完美。我也要感謝 Stern Strategy Group 團隊其他成員的專注：Katie Balogh, Tara Baumgarten, Mel Blake, Stephanie Heckman, Whitney Jennings, Joseph Navatto, Susan Stern and Ania Trzepizur。大大感謝 Nanette Moulton, Trish Stafford 和 Carol Pedersen，以及 Saxtons 團隊其他成員，從我初次踏上演講台以來的一路支持。

非常感謝所有才智之士親切地跟我分享他們的時間和智慧，包括：Judd Antin, Jessi Baker, Andrea Barrett, Savi Baveja, Joshua Browder, Leah Busque, Verena Butt d' Espous, Pierrick Caen, Juan Cartagena, Emily Castor, Stephen Cave, Coye Cheshire, Sean Conway, Ines Cormier, Rogier Creemers, Courtney Cregan, Nilesh Dalvi, Damien Detcherry, Matt Faustman, Juliette Garside, Joe Gebbia, Logan Green, Alok Gupta, Elliot Hedman, Joe Ignacio Fernandez, Angeli Jain, Husayn Kassai, Leanne Kemp, Federico Lalatta, David Lang, Brian Lathrop, James Martin, Frederic Mazzella, Mark Stephen Meadows, Paolo Parigi, Lynn Perkins, Gerald Ryle, Anish Das Sarma, Ariel Schultz, Shivani Siroya, Ryann Wahl and Seth Weiner。以及提供故事、但是要求匿名的所有人士。我非常感謝他們的信任，跟我分享他們的經驗和故事。

James Coleman, Francis Fukuyama, Onora O' Neill 和 Robert Putnam，就信任這個議題有傑出的著作，他們是知性啟發的試金石。

牛津大學薩伊德商學院賜我機會教一批難以想像的學生。特別感謝 Colin Mayer, Ian Rogan, Rupert Younger 和 Marc Ventresca 的全力支持。我也要感謝同學們的參與、評論和促使我尋找更清晰的答案。我把這本書獻給我的前任上司 Pamela Hartigan，她以無數的方法教導我要如何做老師。我從她身上的智慧受惠良多，也深受她對人們具有強大信心所啟發。

感謝我的同事和一些組織，經常提供公共平台測試和改進我的思想，包括：Helen Goulden 以及 Nesta 的團隊；RSA 的 Mairi Ryan 和 Matthew Taylor；Alain de Botton 和 School of Life 的團隊；Joe Gray, Theo Chapman 和 AFR 的編輯們；以及《連線》雜誌的 David Rowan 和 Greg Williams。十分感謝 TED 的 Chris Anderson, Remo Giuffre, Bruno Giussani 和 Helen Walters，跟我分享針對不祥的「赤色世界」的許多觀察。

我另外感謝 Rohan Lund, Kyle Loades 和 NRMA 董事會其他成員，容忍我的時間表和缺席告假。我很榮幸能成為此一深受信任的組織之成員。

我感謝 Kristy de Garis 在本書初期階段幫忙做研究。感謝妳一路相挺。感謝其他朋友和家人，包括 Dana Ardi, Craig Baker, Tony Botsman 和 Jonathan Simmons，他們聆聽——或者應該說是忍受——我過度熱切一再叨唸我腦子裡的種種想法。

特別感謝兩位 Isabel 的關愛和協助、照顧我家兩位小朋友。感謝 Emanuel 學校所有的老師，創造一個完美的關懷園地。

我親愛的爸爸David、媽媽Ruth，信任我在這本書中分享許多我們家的小故事。（我原諒你們把我交付給毒販保姆。）我非常感謝你們多年來無限的愛、寬宏和智慧。你們兩位太偉大了。

感謝我的婆婆Wendy：我由衷感謝妳的全力支持和疼愛。妳是我們家小朋友最棒的阿嬤。

當然也感謝我兩個漂亮的子女Jack和Grace，你們是喜樂、驕傲和謙虛無限的泉源。雖然他們年紀還小，他們已經教會我許多有關信任的概念、以及它是家庭最寶貴的資產。

最後，衷心感謝最了解我的丈夫克里斯。我相信有許多次他根本不想談論機器人、區塊鏈和Breitbart，但是他總是聆聽。他無盡的耐心、愛心和支持，使這本書得以問世。

瑞秋・波茲蔓，二〇一七年六月

國家圖書館出版品預行編目（CIP）資料

信任革命：信任的轉移與科技所扮演的角色／瑞秋・波茲蔓（Rachel Bostman）著；林添貴譯 . -- 初版 . -- 臺北市：遠流，2018.12
面； 公分
譯自：Who can you trust? : how technology brought us together – and why it could drive us apart

ISBN 978-957-32-8411-6（平裝）

1. 社會心理學

541.7 107019930

信任革命

信任的轉移與科技所扮演的角色

Who Can You Trust ?

How Technology Brought Us Together – and Why It Could Drive Us Apart

作　　者：瑞秋・波茲蔓（Rachel Bostman）
譯　　者：林添貴
總監暨總編輯：林馨琴
責任編輯：楊伊琳
特約編輯：陳雅如
行銷企畫：張愛華
封面設計：柳佳璋
內頁排版：王信中
發行人：王榮文
出版發行：遠流出版事業股份有限公司
地址：100 台北市南昌路二段 81 號 6 樓
郵撥：0189456-1
電話：2392-6899　傳真：2392-6658
著作權顧問：蕭雄淋律師

2018 年 12 月 1 日　初版一刷
售價新臺幣 380 元
ISBN　978-957-32-8411-6

YLib 遠流博識網
http://www.ylib.com　E-mail:ylib@ylib.com

Original English language edition first published by Penguin Books Ltd.,London